Impressum

© konkursbuch VERLAG CLAUDIA GEHRKE 2006
PF 1621 D-72006 Tübingen
Telefon: 0049 (0) 7071 66551
Fax: 0049 (0) 7071 63539
E-Mail: office@konkursbuch.com
Internet: www.konkursbuch.com
Gestaltung: Verlag & Freundinnen
Cover: Gemälde von Pedro Fausto
Druck & Bindung: Drukarnia Drogowiec

ISBN 3-88769-244-6

konkursbuch 44

Schreiben

Herausgegeben von
Claudia Gehrke & Regina Nössler

Inhalt

Claudia Gehrke & Regina Nössler
Schreiben

Klassenarbeiten schreiben. Federmäppchen. Schulhefte mit Fettflecken von den Butterbroten. Tintenverschmierte Finger. Deutschaufsätze schreiben. An die Tafel müssen und dort mit Kreide schreiben.

Es lag fast nahe, dass wir als Herausgeberinnen eine Weile mit der durchaus prickelnden Fantasie lebten, die hier versammelten Texte zu benoten und in Rot Beurteilung und Note darunter zu schreiben.

Kann man überhaupt „Schreiben lernen" – wie viele teure Kurse suggerieren – oder Schreiben benoten? Insgeheim schreiben so viele Menschen, ganze Heerscharen, und zwar keineswegs Postkarten oder Tagebücher, sondern vermeintlich literarische Texte. Es müssen sich Tausende und Abertausende unveröffentlichter Romane in den Schubladen (Festplatten) befinden, die ein Zuhause suchen, nämlich einen Verlag.

Wenn man als Verlegerin nicht antwortet, erhält man enttäuschte – bis böse – Briefe, Anrufe und E-Mails. Das „Opus" der Schreibenden erscheint ihm und ihr jeweils so wichtig, dass sie – so sie den Mut gehabt haben, und den haben erstaunlich viele, den Text loszuschicken – sich nicht vorstellen können, dass andere diese Wichtigkeit nicht sofort erkennen.

Herzbluttexte, junge weibliche Mörikes, die in einer E-Mail auf acht Seiten ihre romantische Novelle von vier Seiten erläutern, oder eingereichte Kurzgeschichten mit 150 Seiten für eine Anthologie. Das Glücksgefühl über die zu Papier gebrachten Worte und dann noch der Stolz, Autor oder Autorin zu sein – dass dies so ganz ohne Antwort bleibt, macht traurig oder wütend. Das versteht die Verlegerin gut. Schreibende sehnen sich nach Kommunikation, nach der Bestätigung ihrer Gefühle von außen. Danach, dass diese bedeutsame Liebe, diese ganz einzigartige Liebesgeschichte, die zum Schreiben beflügelt hat, auch anderen mitgeteilt wird.

Oder danach, dass dieses ganz spezielle geschilderte Leid, das durch das Schreiben überwunden wurde, auch anderen helfen möge, ihr eigenes Leid zu überwinden. Daher muss es doch gelesen werden, unbedingt! Aber die Verlegerin schafft das Lesen nicht. So manche Perle wird auf diese Weise sicher ungelesen verschwunden sein. Da kann man dem Internet samt den neuen Möglichkeiten, seine Texte in eine Öffentlichkeit zu geben, nicht dankbar genug sein. Denn in den Bergen täglich eingehender Manuskripte (Tausende und Abertausende …) lässt sich vieles leider gar nicht mehr wahrnehmen.

Lesen all diese Menschen auch? (Nein.) Schreiben sie „nur"? Da man fürs Schreiben nicht unbedingt eine Ausbildung braucht, wie z.B. fürs Musizieren, glauben viele, es zu können. Die Fähigkeit zu schreiben haben sie schließlich im Alter von etwa sechs Jahren erworben. Außerdem kostet Schreiben so gut wie nichts – im Gegensatz zu teuren Malutensilien, Musikinstrumenten, Studienjahren …

Schreiben scheint bei vielen – nicht bei allen – eine besondere Art des Glücksgefühls zu erzeugen. Professionelle Autoren hingegen sehen offenbar vor allem die Mühe, die es machen kann, „Qual und Plackerei".

Schreiben. Qual und Lust. Ein Wohlschmerz.

Es gibt Leute, die sich nicht waschen, denen es nicht möglich ist, während eines Schreibprozesses duschen zu gehen, aus Angst, all die Worte dabei abzuwaschen. Die Fähigkeit zu schreiben könnte im Abfluss verschwinden.

Andere Leute haben ein geradezu libidinöses Verhältnis zu ihren Schreibwerkzeugen. So ist es festgelegt, welche Sorte Text, welches Buchprojekt mit welchem Stift geschrieben wird – Filzstifte (am beliebtesten unverändert der *Stabilo Point 88*), weiche Bleistifte, Füller. Obwohl heute fast alle mit dem Computer schreiben, lieben besonders Autoren Schreibwarenläden (die früher häufig „Schreiben und Schenken" hießen) und stöbern gern in diesen kleinen Paradiesen aus Papier und Schreibgeräten.

Ist „Schreiben" schon das Schreiben einer Einkaufsliste?

Ja. Sogar bei Einkaufszetteln erfindet man oft eine eigene Sprache.

Ist die Notiz auf dem Küchentisch mit der kurzen Mitteilung, dass man später nach Hause kommt (Kuss), bereits „Schreiben"?

Ja, auch …

Schreiben als Vergewisserung der Identität: Wenn man „alles" verloren hat, scheint neben den Lebensgrundlagen Essen und Trinken kaum etwas so wichtig wie ein schriftliches Dokument, das beweist, dass man der oder die ist. Ein Ausweis, eine Geburtsurkunde, oder einfach nur eine Unterschrift. In der *ZEIT* war vor einem Jahr zu lesen, dass nach der Tsunamikatastrophe Menschen auf den abgelegenen Nikobaren und Andamanen-Inseln von einem Helfer vor allem eins wollten (nicht etwa Kleidung): Papier und Stift. Sie wollten ihren Namen aufschreiben, wieder eine schriftliche Spur von sich schaffen: wer sie sind, was ihnen gehört hatte. „Wer schreibt, bleibt."

Schreiben als Festhalten von Eindrücken. Das Reisetagebuch zum Beispiel ist der Versuch, die Flüchtigkeit des Abenteuers, der tollen Ausblicke, Landschaften, der Aufregungen und Pannen in etwas Bleibendes zu verwandeln, gleichzeitig mit dem Erleben.

Seit es Kameras gibt, und besonders digitale, wird in Bildern notiert (übrigens auch eine Form des Schreibens).

Liebesbriefe – wenn das Schreiben nicht schon erfunden wäre, müsste man es eigens für dieses Genre erfinden. Romantische, schöne, zu Tränen rührende, beglückende Liebesbriefe (für den Adressaten wie für den Absender selbst), Briefe, die man immer wieder hervorholt, mit ins Bett nimmt, hundertmal liest, Briefe, die man voller Lust, Verlangen und Sehnsucht nach der anderen Person verfasst. Aber auch ihre Schattenseiten. Liebesbriefe wollen etwas erklären. Liebesbriefe werden geschrieben, damit die andere Person nicht „reinquatschen" kann. Es ist möglich, sich auszulassen, ohne die andere Person zu denken, ohne sie zu hören. Man kann sie im Schreiben neu erfinden, ganz für sich. Jetzt kann man richtig loslegen, endlich. „Alles" sagen, ohne ein einziges Mal unterbrochen zu werden – etwa durch das Auflegen des Hörers.

Vielleicht also ist das Schreiben von Liebesbriefen auch ein egoistischer Akt und keineswegs nur ein wunderbares Geschenk, das man der anderen Person machen möchte. Wünschen wir uns nicht manchmal Liebesbriefe von Menschen, von denen wir aber keine erhalten, während uns ellenlange von anderen erreichen, unerwünschte ... Liebesbriefe werden immer noch per Post geschickt, handgeschrieben, oder auch getippt, auf anspielungsreichen Postkarten verfasst …

Oder sie werden als E-Mail verschickt. Die Geschwindigkeit, mit der sich eine E-Mail versenden lässt, birgt ganz neue Gefahren in sich. Wie schnell ist ein solcher Brief abgeschickt, innerhalb eines Sekundenbruchteils. „Ein Wimpernschlag, der Fallbeil ist." (Annette Berr) Im Moment des Verschwindens denkt man oft: O je! O nein! Hätte ich das bloß nicht abgeschickt! – aber da ist es bereits zu spät. Manchmal entstehen auf diese Weise wunderbare Formulierungen, die bei längerem Nachdenken gelöscht und nie versendet worden wären, gelegentlich jedoch auch unnötiger und langwieriger Ärger.

10

Klassenarbeiten schreiben, Deutschaufsätze schreiben, mit Kreide auf die Tafel (begleitet von einem kreischig-quietschenden Geräusch), Gedichte schreiben, Einkaufszettel, Briefe ans Finanzamt, Romane schreiben, Postkarten an die wahrscheinlich gar nicht so Lieben daheim – Schreiben begleitet uns durch das ganze Leben, ungefähr seit dem Alter von sechs Jahren. Mit einem abgekauten Bleistiftstummel, einem bunten Werbekugelschreiber, einem eleganten Füllfederhalter oder in *Times New Roman* und *Arial*.

(Dieses Buch wurde übrigens in ITC New Baskerville 10,3 auf 13,3 Punkt gesetzt.)

Annette Berr
Schreib was!
Wie ich Schriftstellerin wurde

„Kannst du nicht mal was Nettes schreiben!?"
Das nun auch noch! Mir fällt nichts ein. Gar nichts.
Auch nichts Nettes.
Wochenlang. Morgens aufstehen, mit gebeugten Schultern den
Rechner umschleichen, gar nicht erst anziehen, lohnt ja sowieso nicht – solange ich nichts geschrieben habe, darf ich nicht
raus. Der Schlafanzug müffelt, der Morgenmantel auch. In der
Hoffnung, Kaffee würde mein Hirn auf Touren bringen, trinke
ich zwei bis drei Tassen. Das klingt harmlos. In eine Tasse passen
0,7 Liter Flüssigkeit. Das hört sich schon anders an. Dann stelle
ich mich mißgelaunt vor den Monitor. Unbewegt. *Andere schaffen
1000 Worte am Tag! Du faule Sau gehst hier nicht weg, ehe du nicht dein
Pensum gemacht hast! Wer essen will, muß auch arbeiten.* Mittlerweile
bin ich vom vielen Kaffee ganz hibbelig. Aber bewege mich nicht
von der Stelle. Kaffeeschweiß klebt auf meiner Haut. Das erklärt
den Geruch.
Na gut, wenn mir partout nichts einfällt, dann darf ich eine Ab-
waschpause einlegen. Und vielleicht darf ich auch noch saugen,
und das Bett neu beziehen – *aber dann stehst du wieder hier! Capice!*
Warum habe ich bloß nichts ordentliches gelernt? Dann hätte
ich mittlerweile einen Führerschein. Und ein Auto. Bezahlten
Urlaub. *Bezahlte Krankheit!* Aber nein ... es mußte KÜNSTLERIN
sein. Stand von Anfang an fest. Mit fünfzehn hatte ich mich
entschieden – nur die Richtung war noch nicht klar. Ich schau-
spielerte, malte, zeichnete, fotografierte – und warf mich dann
doch aufs Schreiben, weil Papier billiger ist als Pigmente, und
billiger als alles andere. Meine Eltern gingen mit mir zum The-
odor-Heuss-Platz, dort gab es einen kleinen Laden, der günstig
Ausstellungsstücke und Vorführmaschinen verkaufte. Die Familie
schenkte mir eine Olympia Monika, mit leicht zerkratztem Deckel
und Farbspritzern auf dem Gehäuse. Olympia Monika. Unverges-

sen. Für damalige Verhältnisse klein und schnittig, aber für eine dürre Siebzehnjährige ein schwerer Brocken. Ich schleppte das Ding überall hin mit, so wie andere ihren Hund. Selbst wenn ich trampte, Monika war dabei. Überall schrieb ich. Kurzgeschichten. Gedichte. Jede Menge Briefe. Notizen. Notizen. Notizen. Was ich mit den Notizen wollte? Mich hatte *Zettels Traum* von Arno Schmidt überzeugt, daß nichts unwichtig sei, und alles irgendwann verwertbar. Noch heute schleppe ich diesen Fehler in Form einer schweren Holztruhe bei jedem Umzug mit. Seit damals nie geöffnet! Schätzungsweise 60 Kilo Papier. Wenn ich Zeit habe, werde ich aussortieren und wegschmeißen.

Aber erst mal schreibst du hier was hin! Sortieren ist eine Arbeitsvermeidungsstrategie! Man muß nicht in alten Ideen wühlen – das machen nur Leute, die Angst haben, sie hätten keine neuen.

Mensch, aber mir fällt nichts ein!

Vielleicht sollte ich die Truhe wenigstens mal ÖFFNEN.

Um Gottes Willen, bloß nicht! Da werden sich deine Erben mit rumärgern dürfen.

Wer weiß, ob Studenten der Literaturwissenschaft und Germanistik meinen Nachlaß sortieren!

So berühmt glaubst du zu werden? Mit deinen kranken und abartigen Sujets!? Als Frau? So berühmt, daß dein „Werk" für die Nachwelt erhaltenswert ist?!

Wieso? Immerhin HABE ich wenigstens ein Thema. Andere werden von gar nichts getrieben.

Wenn du ehrlich bist, schreibst du doch jedesmal die gleiche Geschichte!

Mag sein, aber jedes Mal ein bißchen besser.

Na dann mal ran. Schreib. Werde besser. Präziser. Literarischer. Innovativer ... Bedenke wieviel Bäume sterben müssen, für dein Geblubber.

Ich sauge die ganze Wohnung. Mir ist schlecht. Ich kann nicht wie normale Leute essen, leben, schreiben, Bücher lesen oder DVDs kucken. Alles entgleitet meiner Kontrolle und wird zu etwas, von dem selbst zuviel noch nicht genug ist. Ich fühle mich krank. In den letzten drei Tagen habe ich 22 Folgen „Emergency Room" gesehen. Meine Wohnung sieht aus wie der Fahrstuhl in „Shining". Alles voll Blut. *Intubieren! Aneurysma! Sauerstoffsättigung fällt!*

Das Schreiben war für mich immer eine körperliche und seelische Tortur. Während des Schreibens denke ich: Das krieg ich niemals zuende! Und wenn es fertig ist, denke ich: Was ist das für eine Grütze! – Da helfen keine Verkaufszahlen, Stipendien, Literaturpreise – das sitzt tiefer. Unterhalb aller öffentlichen Anerkennung. Aber auch für meine Nächsten ist das Schreiben aus vielerlei Gründen ein Horror. Damals schrieb ich noch bevorzugt nachts. Christel, hochschwanger, kam hoch, morgens um fünf und sagte: „Das geht nicht mehr! Ich brauche meinen Schlaf." Also baute ich meinen Schreibtisch auf dicke Handtuchstapel, um das scharfe, beißende Klacken der Stahltypen auf der Hartgummiwalze abzudämpfen. Christel wurde zwar trotzdem nicht glücklich mit der Tatsache, unter mir zu wohnen, aber zumindest konnte sie von da an wieder schlafen. Nicht so meine späteren Nachbarn in der Reichenberger Straße 115 a – wo ich für ein Jahr in einer Hinterhof-Parterrewohnung lebte, nachdem ich wegen Drogenmißbrauchs und asozialem Verhalten aus unserer Hausgemeinschaft geflogen war. Die Mieter der Hinterhof-Parterrewohnung im Nebenhaus wußten nichts von meinem Beruf und konnten sich das leise scharfe klack klack klack, was ihre Nachtruhe raubte, nicht erklären. Sie klopften bei mir und fragten, ob ich nachts heimwerkern würde – ich starrte mit aufgerissenen Augen und wirrem Blick, da ich mitten in einer Geschichte lebte, also der Realität entrückt war, starrte sie an, und wußte nicht, was die von mir wollten. Auf den Gedanken, meine Schreibmaschine könne sich durch zwei Grundmauern, also mindestens zweihundertzwanzig Zentimeter Backsteinziegel, fressen, auf den Gedanken kam ich nicht. Mein Anblick muß seltsam gewesen sein, halbverhungert, grünrosa Haare (gefärbt mit Crazy Colour), Morgenmantel, Puschen in Pink, und sehr sehr schmuddelig, da ich während eines Schreibprozesses alles andere liegen ließ, oder schlichtweg vergaß. Wasserkessel benutze ich nur noch die mit Flöte auf der Tülle, zu viele

Kessel und Töpfe habe ich schon verbrannt. – Später erfuhr ich, daß sie ihre Wohnung gekündigt hatten, mit der Begründung, nachts würden Ratten in der Mauer sitzen und ohne Unterlaß knack knack knack laut knabbern.

Meine mechanische Schreibmaschine hat mich lange begleitet, wenigstens drei Bücher habe ich auf ihr geschrieben. Zwischendurch hatte ich für kurze Zeit eine etwas kleinere, und vor allem leichtere Reiseschreibmaschine. Eine Triumph-Adler namens Gabriele. Allerdings hat mein damaliger Freund Jan aus Versehen ein bißchen Heringsfilet mit Tomatensoße in meiner Gabriele verloren (es ist ihm während einer unserer Schlägereien von der Stulle gerutscht). Wir haben es nicht mehr aus der Mechanik rauskratzen können. Fortan wurde mir übel, sobald ich nur ihren Deckel hob. Ich denke, das war Monikas Werk. Sie war bestimmt sehr beleidigt, daß ich eine Ersatzmaschine benutzt hatte. Nun war Monika wieder meine Einzige.

Bis ... ja, bis ich bei einem Literaturwettbewerb einen Laptop gewann. Im Wert von sechstausendvierhundert Mark. Natürlich wollte ich den sofort verkaufen. Was für ein schierer Reichtum! Ein halbes Jahr ohne Geldsorgen!

Was mich schließlich bewog, ihn doch zu behalten, weiß ich gar nicht mehr. Auf jeden Fall revolutionierte er das Schreiben. Von nun an nicht mehr Papier auseinanderschnippeln und mit Uhu zusammenkleben, sondern Textpassagen markieren, mit einem Klick ausschneiden und woanders einfügen. Wow. Hammermäßig.

Bisher war es so gewesen, daß ich während der Endproduktionsphase eines Buches bei irgendwelchen Freunden, die eine große Wohnung besaßen, auftauchte, 270 Schreibmaschinenseiten, deren Ränder mit kleinen Korrekturanmerkungen vollgekritzelt waren, chronologisch auf dem Fußboden verteilte (für den Überblick), und dann mit rotem Filzstift, Schere und Kleber den Teppich versaute.

Der Computer war der Anfang eines neuen Schriftsteller-Zeitalters. Unschätzbarster Vorteil: Er ist sehr leise!

Von nun an kann ich schreiben, ohne andere zu stören. Jedenfalls ist die Störung nicht mehr so offensichtlich. Wer mich kennt, kennt auch diesen speziellen, entleerten Gesichtsausdruck, der besagt: „Dieses Hirn arbeitet." Denn Schreiben passiert bei mir periodisch. Und wenn ich drinstecke, schreibe ich rund um die Uhr. Tagelang. Wochenlang. Überall. Im-

Blick in den Monitor.

merzu. Auch nachts. Einschlafen, vor Unruhe erwachen, *Mensch, was du da vorhin geschrieben hast, das geht ja gar nicht, völlig falsche Wortwahl,* aufstehen, Rechner hochfahren, dringend eine Änderung einfügen, einschlafen, erwachen, im Duden nachschlagen, handschriftliche Notiz, hinlegen, dösen, aufstehen, Rechner läuft noch ... gesellschaftliches Leben völlig an die Wand gefahren. Wohnung vermüllt. Alle Jackentaschen voll mit Zetteln oder bekritzelten Bonbonpapieren. Rauschhaft schreiben. Körperlich. Dynamisch. Verschwitzt und erregt. Schön, wenn sich alles fügt, was wochenlang im Untergrund vor sich hingebrodelt hat.

Dann die zweite Phase. Verdichten. Kürzen. Verdichten. Alles rausschmeißen, was „den Leser" unterfordert. *Wo ist der Sub-Text?!* Feinschliff. Schreiben ist wie Musik machen. Die Worte in einen Rhythmus zwingen. Jeden Satz so lange laut vorlesen, bis die Melodie stimmt (auf die Gefahr hin, daß es kein richtiger Satz ist) – Objekt, Subjekt, Prädikat – das muß leider auf der Strecke bleiben. Ich denke in anderen Satzschemata: Auftakt, triolisch, Stakkato, behäbiges zähes Fließen (Largo/ Larghetto). Paukenschlag. Jetzt einfachen treibenden Zweiviertel (Andante), gespickt mit vielen Zischlauten und „tzt" ...

Schöner Beruf.

Wirklich.

Ina Paul
Warum, um Himmels willen, Schreiben?

„Warum tust du dir das eigentlich an, tagaus, tagein am Schreibtisch zu sitzen und Papier zu beschreiben, anstatt aus dem Haus
zu gehen und dein Leben zu genießen?" Das fragen mich immer
mal wieder Freunde, Bekannte, ehemalige Kollegen.
Und ich? Ich antworte, wahrheitsgemäß: „Ich weiß es nicht."
Ebenso gut könnte ich antworten: „Ich kann nicht anders", denn
wenn ich anders könnte, würde ich ja nicht schreiben.

Ich habe erst sehr spät, mit fünfundfünfzig, angefangen zu schreiben. Als mein erster Roman veröffentlicht wurde, war ich einund-
sechzig; ein Rezensent schrieb: „Fontane lässt grüßen!".
Angefangen habe ich mit kurzen, kleinen Erzählungen, dann folg-
ten Novellen, Romane (mittlerweile mehr als zwei, auch wenn erst
zwei veröffentlicht wurden), parallel dazu Hörspiele, Sonette.
Wenn ich nicht würde schreiben wollen, würde ich es bestimmt
nicht machen! Erinnere mich deutlich daran, dass ich während
meines Berufslebens als Dramaturgin (in dessen Verlauf ich,
weiß der Himmel, mehr als genug Papier beschreiben musste,
beschrieben habe) immer mal wieder behauptete, ich würde
dann, wenn ich es einmal nicht mehr müsste, „nie wieder einen
Griffel in die Hand nehmen!" Nach der Abwicklung Ende 1990
habe ich es dann gerade mal neun Monate ausgehalten (genau
so lange, wie eine Frau braucht, um ein Kind auszutragen), bis
ich begriffen hatte, dass ich niemals mehr einen Job bekommen
würde, und dass ich etwas machen müsste um zu überleben. Und
da habe ich angefangen zu schreiben. Etwas, was ich schon immer hatte machen wollen, seit meiner Studentenzeit, wenn mir
Beruf/Full-Time-Job und diverse andere Verpflichtungen Zeit
dafür gelassen hätten.
Nachdem mein erster Roman erschienen, verkauft und der zweite
im Umbruch fertig, der Verlag aber am Eingehen und ich drauf
und dran war, erneut in ein tiefes schwarzes Loch zu fallen, hat mir

mein ältester Enkel (damals noch Gymnasiast, mittlerweile Student) eine Postkarte mit einem Zitat von Mark Twain geschickt:
„Es ist idiotisch, sieben oder acht Monate
an einem Roman zu schreiben, wenn man in jedem
Buchladen für zwei Dollar einen kaufen kann."
Gleich, ob der junge Mann mich nur amüsieren oder zur Vernunft bringen wollte, ich habe mich nicht vom Schreiben abbringen lassen, so wie die meisten Menschen, die angefangen haben zu schreiben, sich dann nicht mehr davon abbringen lassen, obwohl man mit Schreiben im Normalfall weder seinen Lebensunterhalt verdienen noch einen Blumentopf gewinnen kann.
Qual hin, Lust her, wenn man erst mal damit angefangen hat, merkt man, je länger, je mehr man schreibt, dass die Geschichten, die sich in unserem Kopf tummeln, nicht etwa weniger, sondern im Gegenteil mehr werden, und dass alle diese Geschichten ans Licht wollen. Jedenfalls ist das bei mir so gewesen.

Wenn ich ein Foto von meinem Schreibtisch machen würde, unaufgeräumt, so wie die Herausgeberinnen es sich gewünscht haben, wäre nichts zu sehen. Keinerlei Ordnung oder Unordnung, keine Bücherstapel, weder ungeordnete noch geordnete Papiere, keine Accessoires. Nichts als eine leere Tischplatte: honigfarbenes Holz mit ein paar Gebrauchsspuren. (Notfalls kann, könnte ich auch auf irgendeiner anderen Unterlage oder sogar stehend freihändig schreiben.)
Manchmal steht meine Schreibmaschine auf dem Tisch (eine Textverarbeitungsmaschine der Marke *brother*, kein Supergerät mit Internetanschluss und allem Drum und Dran, denn so weit bin ich noch nicht fortgeschritten). Dieses Gerät, mit dem ich seit zehn Jahren arbeite, kann ich mittlerweile quasi im Schlaf bedienen, und deshalb kann ich mich nicht davon trennen, wenngleich ich schon mehrmals den Versuch unternommen habe, mich auf modernere Geräte umzustellen.
Es kommt vor, dass ich mich morgens gleich nach dem Aufwachen an den Schreibtisch setze, ungewaschen, ungekämmt, unan-

gezogen, ungefrühstückt, weil ein Gedanke, ein Satz aufs Papier (in den Datenspeicher) will, muss, ehe er wieder verloren geht. Manchmal kann ich dann nicht wieder aufhören, bis mich irgendwann Durst, Hunger oder etwas ähnlich Profanes hochtreibt. Manchmal liegt nichts als ein dünner Stapel weißen Papiers auf dem Tisch, dazu ein (güldener) Drehbleistift mit einer weichen Mine. Dann ist Achtung geboten! Dann gehe ich nicht ans Telefon. Dann dichte ich: Sonette, handschriftlich. Das Dichten nämlich funktioniert bei mir nicht an einem technischen Gerät! Oder: Ich bin einfach noch nie auf die Idee gekommen, dass ich an einer Maschine dichten könnte.

Im Laufe des Tages, der Nacht steht immer mal wieder ein frisch gefüllter oder schon halb geleerter Tee- oder Kaffeepott neben dem Schreibgerät auf dem Tisch. Die Tee- oder Kaffeekanne zum Nachschenken aber steht in der Küche, damit ich so oft wie möglich aufstehen muss. Früher habe ich beim Schreiben oft stundenlang in derselben Position verharrt, unwissend, wie schlecht das für die Physis ist.

Disketten, Bücher, Papier und Stifte stehen oder liegen in einem extra dafür entworfenen selbst gebauten Regal zu meiner Linken, in Reichweite. Nur selten bleibt ein Buch, ein Nachschlagewerk eine Zeit lang auf dem Tisch liegen, und nur beim Textausdrucken sammelt sich eine Zeit lang Papier auf dem Tisch.

Wenn ich Besuch habe, ist derselbe Tisch mein Tee-, Kaffee- oder Esstisch. In meinem früheren Leben, als ich mit Mann und Kindern in einer viel zu kleinen Wohnung wohnte, habe ich mir immer Platz für einen eigenen Schreibtisch gewünscht, auf dem immer alles liegen bleiben könnte. Jetzt, wo ich allein lebe und durchaus einen eigenen Schreibtisch haben könnte, verzichte ich darauf, zugunsten von mehr freiem Raum. Schließlich: Wenn ich mit meinem Besuch Tee trinke, kann ich ja sowieso nicht schreiben, und wenn ich schreibe, habe ich keinen Besuch, so einfach ist das!

Als ich zum ersten Mal einen Text für ein Buch schrieb (Journalistisches über Vietnam, wo ich zwei Jahre lang gelebt und für den

20

Rundfunk gearbeitet hatte), hatte ich nur eine winzige Schreibe-
cke auf dem (eiskalten) Flur unserer winzigen Neubauwohnung,
in deren beiden Zimmern mein Mann und unsere erste Tochter
schliefen, nachts, wenn ich schrieb. Wie ich das ausgehalten, geschafft habe, ist mir heute ein Rätsel.

An meinem Schreibtisch mit dem Blick Richtung Fenster, hinter
dem nichts als der Himmel über Berlin zu sehen, oder mangels
Sicht nicht zu sehen ist, kann ich mich jederzeit fühlen, als wäre
ich ganz allein auf der Welt, besonders nachts, und vielleicht
schreibe ich deshalb so gerne nachts, zwischen zehn Uhr abends
und zwei Uhr früh. Die beiden Stunden nach Mitternacht sind
meine liebsten, besten, glücklichsten, auch die produktivsten.
Vielleicht brauche ich zum Schreiben das Gefühl, weit und breit
der einzige Mensch zu sein, der wach ist, während alle anderen
schlafen. Und die eine Zeile, die angeflogen kommen muss, damit ein Sonett entstehen kann, kommt fast immer nur in diesen
Nachtstunden angeflogen, keine Ahnung, warum. Aber dass ich
dann, in solch einer Nacht (meistens) nicht aufhören kann, ehe
das Sonett fertig ist, das weiß ich. Nur wenn es sich mir verweigert,
lege ich es gegen drei oder vier Uhr beiseite, um es dann erst in
der folgenden Nacht zu beenden. Länger dauert es nie oder hat
es noch nie gedauert. Angefangenes hebe ich nicht auf, denn entweder wird es auf Anhieb was, in einem Atem, oder es wird nichts!
Ich kann's jedenfalls nicht heraufpressen durch Druckwerk und
Röhren, wie der alte Lessing, sofern es bei dem wirklich so funktioniert hat.

Anders bei der Prosa: Man muss einfach immer nur weitermachen! Oder: Ich mache einfach immer weiter. Vielleicht, weil ich
das im Beruf, bei der Filmarbeit, gelernt, trainiert, verinnerlicht
habe. Es gibt immer eine Lösung! Praktisch heißt das: Sich an den
Schreibtisch setzen, das zuletzt Geschriebene durchlesen, korrigieren, verfeinern und dann weitermachen, wo man beim letzten
Mal aufgehört hat.

Bei den Sonetten, nachdem die eine, erste Zeile da ist, ist der
große Rest (die übrigen dreizehn Zeilen) Arbeit. Dabei hilft

die feste, strenge Form, die zugleich eine Herausforderung ist: zwei Vierzeiler, auf die zwei Dreizeiler folgen, Reimschema abba cddc efe fef (bei den Dreizeilern sind Variationen erlaubt), eine unbetonte, eine betonte Silbe bei einheitlicher Silbenzahl pro Zeile (10/gerade oder 11/ungerade, je nachdem, ob eine männliche/betonte oder eine weibliche/unbetonte Silbe am Zeilenende steht).

Ich, als ich mit Sonetten angefangen habe (bisher sind zwei Bändchen erschienen), habe mich festgelegt, auf abba für beide Vierzeiler, und mir damit einen höheren Schwierigkeitsgrad auferlegt. Manchmal versteige ich mich sogar dazu, auch für die Dreizeiler nur a und b zu verwenden, das heißt, dass ich statt je 2 jeweils 7 Reimworte haben resp. finden muss (unter Vermeidung von Herz-Schmerz natürlich).

Wer genauer wissen will, wie Sonette „funktionieren", sollte die des großen Shakespeare lesen (womöglich alle 154 im Original), dann hat er's „kapiert", oder auch nicht!

Die Meinung, die strenge Form eines Sonetts sei für den Autor, den Dichter ein Hemmnis, eine Behinderung, ist weit verbreitet. Das Gegenteil ist der Fall! (Behaupte ich.) Die vorgegebene Form hält und trägt den Schreibenden (den Dichter), ebenso wie die Originalform eines Gedichts den Nachdichter hält und trägt, natürlich nur, wenn auch die Idee, der Gedanke trägt. Ansonsten sollte man die Finger von Sonetten lassen!

Wenn man beim Schreiben von Prosa eine thematische und/oder Umfangs-Vorgabe/-Begrenzung hat, ist es ähnlich. Wenn man mit einem vorgegebenen Thema, einem limitierten Umfang nicht klarkommt, muss man's eben lassen. Ich meine das Schreiben. Punktum!

Natürlich haben wir beim Schreiben eine Vorstellung von dem, was wir schreiben wollen, werden. Sie wabert gewöhnlich seit längerem oder kürzerem in unserem Kopf, ehe wir mit dem Schreiben anfangen. Aber dann machen die Gedanken, Figuren sich selbständig, fangen an, ihr eigenes Leben zu leben, folgen,

entwickeln sich nach ihrer eigenen Logik (oder Unlogik). So verändert der Prozess des Schreibens jedes Mal naturgemäß das, was
wir zuerst zu schreiben planten (auch in Bezug auf den Umfang),
Überraschungen sind also vorprogrammiert.

Und: Wir selbst verändern uns im Prozess des Schreibens, mit
dem Schreiben und einfach auch im Verlauf der Zeit, in der wir
schreiben. So wie die zurückliegenden und die aktuellen Ereig-
nisse und Erfahrungen unseres Lebens in unser Schreiben einfließen. Und manchmal verändert unser Schreiben sogar unser
Leben. Womit ich nicht etwa meine, dass ein unbekannter ein
bekannter Schriftsteller werden oder ein zuvor erfolgreicher in
der Versenkung verschwinden kann, was selbstverständlich jederzeit möglich ist, sondern das, wonach die Herausgeberinnen ihre
AutorInnen gezielt gefragt haben: „Kommt es vor, dass man etwas
schreibt, das später tatsächlich passiert?"

Meine Antwort lautet: „Na klar!" Es kommt vor, naturgemäß,
schließlich arbeitet unsere Fantasie mit demselben Material, mit
dem das Leben arbeitet. Deshalb ist die Wahrscheinlichkeit außer-
ordentlich hoch, dass etwas, das wir uns ausgedacht, gewünscht,
ersehnt haben, Realität wird.

Meine Novelle „Rückkehr nach Verona" (1992 geschrieben), eine
Romeo-und-Julia-im-Herbst-Geschichte, erzählt von der späten
Wiederbegegnung eines Liebespaares, das vor bald vierzig Jahren
(in den Fünfzigern) getrennt wurde. In einem Hotelzimmer in Verona dürfen sie, kraft meiner Phantasie, nun endlich das machen,
was sie sich mit siebzehn, achtzehn nicht getraut haben. Und die
männliche Hauptfigur hat eine (natürlich nur für mich erkenn-
bare) unverkennbare Ähnlichkeit mit meiner Jugendliebe.

Ich hatte zu der Zeit zwar den Wunsch(-Traum), aber nicht die lei-
seste Hoffnung, meiner Jugendliebe jemals wieder zu begegnen,
war er doch seit bald vierzig Jahren aus meiner Welt verschwunden – für mich unauffindbar.

Aber dann, fünf Jahre später, 1997, in dem Jahr, als mein erster
Roman erschienen und ich vor Glück ziemlich abgehoben war,
geschah für mich das Wunder: Ich bin meiner Jugendliebe wieder

begegnet, und dann haben wir in einem Hotelzimmer in Hamburg, unter ziemlich denselben Umständen, genau das gemacht, was meine Figuren in Verona miteinander gemacht haben. Ein Wunder oder eine sich selbst erfüllende Prophezeiung?

Ich denke eher, es ist einfach so, dass in unser aller Leben solche und vergleichbare Wunder geschehen, vielleicht nicht immer, aber doch immer mal wieder.

Sonst könnte es womöglich auch als Realisierung von Fiktion in Wirklichkeit gelten, wenn Leser sich in Roman-Figuren, -Geschehnissen wieder erkennen. Wenn mich etwa jemand in einer Lesung fragt, wie ich habe wissen können, was ihm oder ihr passiert ist, nämlich genau das, was ich da gerade vorgelesen habe, spricht auch das nur dafür, dass es in der Realität Vergleichbares, Ähnliches, Übereinstimmendes gibt für alles Geschriebene.

Also darf ich weiter der Meinung sein, dass ich mir das, was ich geschrieben habe, ausgedacht habe, da es ja schließlich meinen Gehirnwindungen entsprungen ist. Und gleichzeitig darf ich mir einbilden, Leser erreicht und den Nerv der Leute, der Zeit getroffen zu haben.

Ansonsten gibt es natürlich auch Fiktionen, die für den Autor die Funktion erfüllen, etwas, das er oder sie sich wünscht, quasi zu bannen. Jedenfalls ist das bei mir so. Ob es funktioniert, sei dahingestellt.

Der erste Mann, in den ich mich in meinem neuen Single- und Autoren-Leben verliebte, hatte meine erste Novelle, jene schon erwähnte Romeo-und-Julia-Geschichte, gelesen, sich beeindrucken, berühren, „anturnen" lassen (kurz, sich in die Autorin verliebt) und das, was er da gelesen hatte, auf sich bezogen, obwohl wir uns vorher zweifelsfrei noch nie begegnet waren.

In den drei Jahren unserer Beziehung habe ich dann auch Texte geschrieben (wenigstens zwei), in denen Figuren, Geschichten so angelegt waren, dass er sich hätte wiedererkennen können, abgesehen davon, dass sie ihn hätten „bannen" sollen, das zu tun (oder zu lassen), was ich mir von ihm wünschte. Er (ein Mann, der selber schrieb) hat die Texte gelesen, war angetan, berührt und hat mit mir auch darüber gesprochen, jedoch ohne dabei jemals auch nur im Geringsten den Eindruck zu erwecken, dass er irgendetwas auf sich bezogen, geschweige denn sich in den Figuren wiedererkannt hätte.

Möglicherweise ist das einfach das Schicksal der Schreibenden, dass sich (wenn man Glück hat) Menschen, Leser in Geschriebenem, in Literatur wiedererkennen oder zu erkennen glauben, während sich Adressaten durchaus nicht wiedererkennen, ja nicht mal auf die Idee kommen, sie könnten gemeint sein, ganz unabhängig davon, wie gut (oder schlecht) wir schreiben. Ähnlich ist es mir auch später noch mehrmals mit „Adressaten" ergangen.

Das Beste, Schönste am Schreiben ist das Schreiben selbst, immer erneut Der eine magische Moment, in dem der Gedanke vom Kopf aufs Papier gelangt, sich materialisiert. Quasi ein Wunder. Das ist das, was ich am Schreiben genieße. Und dieser Genuss ist ganz bestimmt auch mit Lust verbunden, mit einer sehr einsamen Lust, die aber nichts mit Selbstbefriedigung zu tun hat, sondern, wie man heute weiß, lediglich mit dem Umstand, dass das Gehirn in der Lage ist, sich selbst zu belohnen, wenn es etwas geleistet hat. Für den, der schreibt, ein Ausgleich dafür, dass Schreiben eine einsame Arbeit ist und selten oder nie belohnt wird, bestenfalls mal durch eine positive Kritik, sofern ein Text gedruckt worden ist, oder durch die Reaktion, den Beifall von Lesern, sofern der Autor das Glück hat, vor Publikum lesen zu dürfen.

Genuss beim Schreiben entsteht für mich aber auch aus der Arbeit an einem modernen Gerät, mit dem einmal Geschriebenes beliebig oft fehlerlos reproduziert werden kann, war ich doch ein ganzes Dramaturgenleben lang quasi mein eigener Sklave, der Handschriftliches zuerst abtippen (oder abtippen lassen) musste, um dann in endloser Wiederholung immer wieder Korrektur zu lesen, so lange, bis endlich alle Tippfehler ausgemerzt waren. (Wie hat man das nur ausgehalten, jahraus, jahrein?)

Ob und wann ein Text gedruckt wird, kann von dem, der ihn geschrieben hat, leider (oder zum Glück?) nicht oder doch nur in den seltensten Fällen beeinflusst werden, gehört also schon nicht mehr hierher. Dabei gilt ein Text ja eigentlich erst dann als Text, wenn er gedruckt worden ist. So wie ein Schriftsteller im Allgemeinen erst dann als Schriftsteller gilt, wenn er gedruckt worden ist.

„Manche Schriftsteller werden erst posthum oder nie gedruckt, das war schon immer so und wird immer so sein", hat mir der Verleger, bei dem mein erster Roman gedruckt worden war, zum Abschied nach dem Eingehen des Verlages im April 2001 mit auf den Weg gegeben, und: „Ein Schriftsteller aber muss schreiben, unabhängig davon, ob er gedruckt wird, sonst ist er kein Schriftsteller!"

Und was habe ich gemacht? Ich habe weiter geschrieben, auch in den folgenden dunklen Jahren, obwohl ich dann irgendwann gar keine Hoffnung mehr hatte, noch mal einen neuen Verlag zu finden. (Dabei stirbt die Hoffnung, gedruckt zu werden, bei einem Menschen, der sich entschieden hat zu schreiben, wahrscheinlich zuletzt, oder ist einfach nicht totzukriegen, wenn ein Mensch sich einmal entschieden hat zu schreiben.)

Im Herbst 2004 hat dann der konkursbuch Verlag meinen zweiten Roman (der eigentlich mein dritter ist) gedruckt – ein nachträglicher Beweis dafür, dass meine Hoffnung, die ich dann doch gehabt haben muss, nicht vergebens war?

Und was mache ich jetzt? Ich schreibe. Und eigentlich ist weiter nichts dazu zu sagen.

Ich stelle Euch heute mein Manuskript mit den
besten Gedichten meiner "poetischen Laufbahn"
in den Jahren 1984 - 2003 vor, und hoffe sehr,
dass der Stoff Euch so sehr begeistert, dass
Ihr ihn zu einem-in sich geschlossenen Gedicht-band
verarbeiten wollt ! Ich habe in meinem Manuskript bewußt entspannte , ja humoristische,
Gedichte anderen, Leidenschaftlichen gegenüber-
gestellt, um das Spannungsfeld in dem ich lebe - und
liebe - anschaulich darzustellen! Außerdem will ich
eine Brücke schlagen von der Sexualität/ Erotik hinüber
zum Göttlichen , denn wer hat die Erotik geschaffen , wenn
nicht Gott, oder u. Umständen eine Göttin oder vielleicht
beide zusammen ?.... Gott paßt nicht in Schubladen!

Bitte"erbarmt Euch meiner Spirituellen Ergüsse"- ich denke,
es wird Euer Schaden nicht sein .

in der Anlage finden Sie das angeforderte Exposé. Da ich noch nie eins geschrieben habe, bin
ich verunsichert, ob der Text aussagekräftig genug ist, um Sie zum
Lesen des Manuskriptes zu motivieren.
Dass alles mehrfarbig geschrieben ist, liegt an meinem Drucker, der zur Zeit spinnt.

eine ungewöhnliche und intensive Liebesbeziehung inspiriert mich zum schreiben von
Liebesgedichten. Leider ist es für einen unbekannten Autor sehr schwer, einen Verlag
zu finden, der bereit ist ein solches Risiko einzugehen. Anbei schicke ich Ihnen einige
Gedichte als Leseprobe. Vielleicht kann ich mit Ihrer Hilfe meinen Traum von einem
eigenen Gedichtband verwirklichen. Geben Sie mir und meinen Gedichten eine Chance.
Ich hoffe auf eine baldige und positive Antwort. Bis dahin verbleibt

zu Einsendungen habe ich noch ein paar Fragen:
a) Sind „ca. 10 DIN A4-Seiten" die üblichen
„30 Zeilen á 60 Anschläge pro Seite" oder eher
„Word hat eben 2,54 cm Rand eingestellt und 1,5
zeilenabstand bei 11 Punkt Arial ist okay"? (Falls
ersteres, muss ich nämlich noch kürzen - bin bei
12 Seiten).
b) Wie geht Ihr mit einem Alias um, wenn ich also
nicht unter meinem vollen Namen veröffentlichen
möchte?
Ich würde mich freuen, bald von Euch zu hören

könnten sie vielleicht noch warten, bis meine
diskette dann übermorgen bzw am montag ankommt? ich
habe mir wirklich so viel mühe gegeben und wäre echt
traurig, wenn es nur daran scheitern würde, weil ich
gerade in einer klinik bin und es nicht zuhause von
meinem pc aus abschicken kann. obwohl, moment, mir
fällt gerade etwas ein. ich habe vorhin eine andere
diskette mit der geschichte an meine freundin per
post abgeschickt. wenn sie den brief morgen bekommt
(ich weiß
aber nicht, ob der briefkasten heute noch geleert
wird), könnte sie von ihrem email-account die
erzählung an sie schicken. eigentlich habe ich sie
auch ganz normal in word (doc-format) gespeichert.
am besten versuche ich beides :-)
> in der hoffnung auf eine ausnahmeviele liebe grüße

Ich habe bisher hauptsächlich publizistisch
gearbeitet und wende mich seit einem Jahr
zunehmend dem literarischen Schreiben zu, ich
habe wunderschöne Liebes- Lyrik produziert
Wenn Ihr davon etwas haben wollt, meldet Euch,
ich freue mich, Grüße

mein name ist alt, anna alt, und ich bin keine
schriftstellerin...
in meinem leben habe ich so einiges erlebt- nichts
wirklich spannendes, eher könnte man mein leben als
eine aneinaderreihung von lethargischen misserfolgen
beschreiben. ich war und bin mein leben lang auf
der suche, auf der suche nah liebe, annerkennung,
erfüllung und bestimmung- jedesmal, wenn ich geglaubt
habe angekommen zu sein, habe ich auch schon wieder
alles erkämpfte verloren...
ewig habe ich mich verleugnet und wusste nicht wem
ich mich anvertrauen kann. um all meine gedanken,
ängste wünsche und träume zu verarbeiten, begann ich
meine emotionen nieder zu schreiben. ich schrieb
weiter, es machte irrsinnig viel spass..., somit
vermischten sich gedanken mit tatsächlich erlebtem
und es entstand eine geschichte, eine erzählung über
sex, angst, trauer und liebe. Ich dachte mir, das
meine geschichte eine chance verdient hat. darum
möchte ich gerne ein exemplar der rohfassung
(rohfassung deshalb, da garantiert noch fehlerhaft/
z.b. gibt es 2x die Seite 47?!?) zu euch senden -
benötige jedoch eine adresse o.ä.
über eine rasche antwort würde ich mich sehr freuen.
bis dahin noch eine erfolgreiche zeit.

liebe grüsse, anna alt

Sehr geehrte Damen und Herren,

„Ist eine Freiheit in mir.
Tief wie mein Glauben.
Größer als die Angst.
Nichts Böses ahnend.
Werde geboren ...“

Interesse an dieser Lebensgeschichte?
Geboren. Misshandelt. Missbraucht. Opfer. Täter.
Zivildienst. Knast. Fremdenlegion.

Kerstin Hensel
MEIN MUHTHOS SCHREIBEN

Mit Kohle auf Klopapier
Palimpseste wohin man liest
Groschenromane? Sache des Anal-Phabeten aber
Für mich fall'n auch'n paar Groschen ab, danke
Ich spucke aufs *Heil!* und aufs Heilen, bin
Weitgehend gesund und rieche die Pest
Des Umunsherum:
Die Aspirinfresser
Mit verdünntem Herzblut in modischen
Irrenmäntelchen der Archepoeten, die scheißbunte Welt
Und Aussichtskarten vom Urlaub:
„Das Essen ist reichlich/wir stranden im Müll!"

(Publikumsfrage: Spüren Sie beim Schreiben Ihr Geschlecht,
Frau Hensel?) Ja, ich dichte
stets mit der Labia majora pudeni meine herrlichen
Hymen, derweil mein Gehirn
In Butter verschmurgelt in der Hexenküche Berlin-Pankow
Und natürlich bin ich
Was ich schreibe: ein geiles Griffelmonster, lasse mich
Erst von der Muse küssen, dann schlafe ich
Mit dem Handwerker.

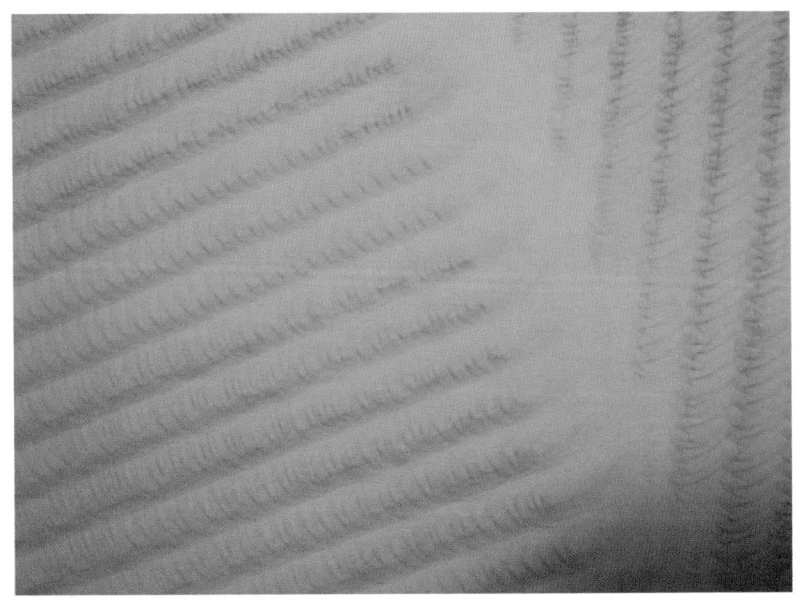

Nicht die Welt als Ding an sich,
sondern die Welt als Vorstellung (als Irrtum)
ist so bedeutungsreich, tief, wundervoll,
Glück und Unglück im Schosse tragend.
(Nietzsche, Menschliches, Allzumenschliches)

Nika Bertram
„Lovely crinkly edges":
vom Weltenbasteln in Büchern, Maschinen und Menschen

Die Buchkultur, heißt es, sei eine sterbende Kunstform. Besonders der Roman würde leise vor sich hin kränkeln, in diesen multimedialen Zeiten. Mit schwachem Herz, schlaffen Muskeln, zahnlos und unverständlich ohne die Dritten. Bringt ihn endlich ins Heim!, fordern deshalb die einen, die jungen Digitalen, und versprechen ihn dort ab und zu einmal zu besuchen, den skurrilen Onkel Roman, wenn sie mal wieder auf's Land wollen, raus aus ihren digitalen Städten. Und die anderen? Die reagieren mit nostalgischer Verkapselung der Guten Alten ZeitenTM und subtilen Formen der Maschinenstürmerei: Wegschauen und Schweigen. Beide Positionen scheinen immer noch unvereinbar und deren Vertreter sich spinnefeind zu sein. Hier, die bleistift-zückenden Neo-Ludditen, dort, eine cyberbesoffene Techno-Elite.
Dabei lohnt sich ein offener Blick über den Zaun, für beide Seiten, in die aufregenden, faszinierenden, so entschleiernden wie erschreckenden Gärten der Literatur *und* der Neuen Medien. Selbst, wenn wir dort nichts Neues, Überraschendes finden sollten, höchstens einen Trost. Jedenfalls will ich hier eine Lanze brechen für die Form des Romans – und fühle mich damit absolut nicht anachronistisch.
Warum eigentlich nicht? Das habe ich mich selbst oft gefragt. Warum war ich damals immun gegen die Verlockungen der New Economy, dem vielleicht einzigen Wirtschaftswunder meiner Generation, warum schrieb ich weiter an einem Roman, statt Business-Pläne zu konzipieren für Projekte, die alle fantastischer klan-

gen als jede Fiktion? Warum schreibe ich immer noch Romane, statt mich auf den Pfad der Hackergilde zu begeben, schon, um dort endlich die Frauenquote zu stärken? Oder bin ich mit dem Schreiben auf dem selben Weg, nur in einer anderen (vielleicht langsameren, weil analogen) Spur?

Erfreulicherweise bin ich nicht allein, gibt es mehr und mehr KollegInnen, die einen Blick in diese Gärten riskieren, und die Bilder suchen, die sie uns (auch von uns selbst) zurückwerfen. Sie gefallen uns nicht alle, nicht immer, aber Wegschauen hilft nicht. Darin liegt der Irrtum der mit luddistischem Stolz verteidigten Haltung der Modernitätsverweigerung. Die Veränderungen sind da und werden nicht gehen, ob es uns gefällt oder nicht. *Deal with it.* Auch wenn wir in Mathe immer schlecht waren und uns dafür nicht einmal schämen mussten, als Künstler. Diese Zeiten sind vorbei. Die *Nerds,* diese *socially challenged* Mathefreaks mit Hornbrille und Digitaluhren, haben gewonnen. Durch eine unglaublich unmögliche Verkettung historischer Entwicklungen öffnete sich Ende des 20. Jahrhunderts selbst für diese Lebensformen kurz eine Luke zum Paradies – und sie sind gleich hindurchgeschlüpft, wurden *hip* und *it,* vermögenswirksam, gern gerufen bei PC-Problemen – und plötzlich neidisch beäugt. Vielleicht war deshalb die Schadenfreude so groß, als 2001 Träume und Türme einstürzten – und mit ihnen die Visionen der Künstler, die ihnen gefolgt waren. Endlich durften sie wieder triumphieren, die Matheversager. Tot, sei sie, die Netzliteratur, tot, tot, tot, kamen sie in die Netzläden, um sich zu beschweren und schlugen ihre Powerbooks wild auf die Tresen. Doch sie haben sich zu früh gefreut. Die digitale Literatur ist nicht tot, noch lange nicht. Sie hat sich nur mal eben hingelegt. Lassen wir sie schlafen, ich komme später auf sie zurück.

Ich gebe es zu: ich hatte nie Probleme in Mathe, nicht in der einfachen, klaren Welt der Schulmathematik. Besonders Geometrie hatte es mir angetan, die Melancholie von zwei gegen unendlich strebenden Parallelen, die sich niemals berühren können. In diesen Funktionen, Graphen und Parabeln lag eine verborgene Ästhetik, ein poetischer, natürlicher Drang nach Symmetrie und Perfektion. Nach runden Lösungen, eindeutigen Aussagen, einer Welt, in der es nur richtig oder falsch gab. Es war ein Ideal, mehr Wunsch als Wirklichkeiten. Meine eigene, familiäre Welt war gerade zerbrochen, unberechenbares Chaos geworden, und die geordnete Welt der Schulmathematik fast ein Refugium. Und eine Lüge. Zu schön, um wahr zu sein. Suspekt. Ich suchte etwas anderes, komplexere Realitätsmodelle – und wurde ein Bücher-Nerd.

Ein Berufstest bescheinigte mir ein gutes, räumliches Vorstellungsvermögen und empfahl ein Architektur-Studium, es dauerte allerdings zehn Jahre, bis ich dieses Talent wirklich schätzen lernte. Als ich das Text Adventure Game zum *Kahuna Modus* im Retro-Look entwarf, als Software-Architektin, verstand ich erst wirklich, wie wichtig die räumliche Vorstellung für die Erschaffung digitaler – und fiktionaler – Welten war. Und noch etwas. Dass ich mich längst eingerichtet hatte und zu Hause fühlte in diesem neuen Medium, vor dieser seltsamen Maschine. Was war geschehen? Wie *konnte* das geschehen? Hatte es meinen Schreibstil beeinflusst, und wenn ja, in welche Richtung?

Wir werden wohl einmal als Zwischengeneration gelten. Aufgewachsen, bis zu den ersten Hochschuljahren, mit der alten Schriftkultur, dann plötzlich mittendrin, in politischen und medialen Wenden, von Gutenberg zur Turing-Galaxis – und gerade jung genug, um noch schnell auf den Zug aufspringen zu können.

Ich kann nicht behaupten, mit Computern aufgewachsen zu sein, aber sie haben mich immer fasziniert. 1985 (als ich fünfzehn war) gab es in unserer Klasse nur einen *Early Adaptor*, dem die Eltern einen C64 spendiert hatten. Er nutzte ihn für eine Strafarbeit, es war eine dieser Du-schreibst-jetzt-50-Mal-Aufgaben, und er präsentierte unserem Anti-Atomkraft-bewegten Lehrer einen Ausdruck und grinste. Ein Jahr später saß auch ich (als einziges Mädchen) in der ersten Informatik-AG an unserer Schule und lernte ein paar Zeilen BASIC. Leider wurde die AG bald aufgelöst (wegen Teilnehmermangel), und den nächsten Computer sah ich erst wieder 1989, in einer WG in Aachen. Es war ein Apple IIe. Er gehörte einem Mathematik- und Philosophie-Studenten, der unsere Aufmerksamkeit sichtlich genoss, als sich die ganze WG zur Vorführung vor seinem Gerät versammelt hatte und staunte. Meinen ersten eigenen Computer kaufte ich dann 1991, benutzte ihn jedoch nur wie eine bessere Schreibmaschine. Viel mehr war aus der Kiste damals, einem IBM PC, auch nicht herauszuholen. Dabei hatte ich die Zukunft doch schon gesehen, in dem kleinen Apple mit seiner bunten, grafischen Oberfläche – ich hatte sie nur vergessen.

Anfangs schrieb ich immer noch mit der Hand vor und tippte danach alles ins Reine. Als traute ich diesem nachtdunklen Bildschirm und dem Tanz der bernsteinfarbenen Buchstaben nicht. Als könnte etwas verloren gehen, verschluckt werden. Andererseits hatte ich kurz vorher noch meinen ersten Roman (200 Seiten, nie veröffentlicht, und das ist gut so) zwei Wochen lang auf einer Schreibmaschine nur ins Reine getippt – übrigens eine schöne Übung für jeden, der glaubt, analog sei besser.

In einem Punkt allerdings bin ich fast dankbar, dieser Zwischengeneration anzugehören: man schreibt wirklich anders mit der Hand. Konstruiert einen Satz zuende, bevor man ihn aufschreibt. Überlegt sich vorher genauer, was man sagen will. Man achtet mehr darauf, keine Fehler zu machen, ob bei der Grammatik, Rechtschreibung oder dem Abtippen (auf meiner Schreibmaschine klang jeder Löschversuch eines Zeichens, als würde ein Specht in – meinen – Holzkopf picken). Doch es sorgte auch für eine gewisse Verkrampftheit (ein falscher Satz, und die Seite musste neu getippt werden), Ungenauigkeiten (siegte die Faulheit, blieb die Seite unverändert) und natürlich einen enormen Zeitverlust durch das ständige Ins-Reine-Tippen.

In der Anfangszeit am PC habe ich versucht, das Beste aus beiden Welten zu kombinieren, die analoge Ernsthaftigkeit bei der Komposition zu verbinden mit der vereinfachenden und befreienden Technik. Ich formulierte sauber, als ginge es um mein Leben, und freute mich, dass ich dann doch nicht mehr alles abtippen musste und so schnell voran kam.

Für mich ist die Handschrift immer noch die persönlichste und damit favorisierte Art zu schreiben, ich schreibe oft mit der Hand und korrigiere nur am Ausdruck. Ein weiterer Schritt war für mich der Wechsel zum Schreiben auf einem Notebook (oder, wie ich gerne noch liebevoll sage, meinem *Laptop)*. Das ist für mich wieder eine Rückkehr zu einem ursprünglicheren Schreibprozess mit dem Notizblock auf den Knien, und es erscheint mir viel natürlicher, als am Schreibtisch steif und festgenagelt zu sitzen.

Irgendwann begann ich, den Computer nicht mehr nur als bessere Schreibmaschine und Werkzeug zu sehen, sondern als potentielle Traum- und Geistermaschine, als einen geborenen Gestaltenwandler und Verbündeten, der mir dabei helfen konnte, meine eigenen Welten nicht nur zu erfinden und aufzuschreiben, sondern auch zu erschaffen oder erfahrbar zu machen.

Im Rückblick denke ich, das lag vor allem an zwei Entwicklungen: zum einen an der zunehmenden Bildlichkeit der Sprache, der Ikonographie der Maschinen und der Interfaces selbst (Tisch, Fenster, Maus – das kannte ich alles noch vom Apple IIe). Jede Kultur gewöhnt sich an eine neue Technologie, indem sie für ihre Beschreibung nach alten, vertrauten Bildern sucht, einer neuen Bildsprache. Zum anderen entdeckte ich damals mit Cyberpunk und Body Horror (für mich) neue Literaturgenres und literarische Beschreibungen dieser unbekannten Welten hinter den Spiegeln. Ich sah die Transformationspotentiale dieser neuen Mythen, auch für meine eigenen Geschichten. Und das schien alles auf einmal ganz nah an unserer Welt zu sein, so verdammt realistisch, wenn auch keine echte *realistische* Literatur, natürlich, dann zumindest laut anklopfende Science Fiction. Wirklicher als die Wirklichkeit selbst.

William Gibson war der Pionier und Schöpfer dieses neuen, mittlerweile arg strapazierten Begriffs des *Cyberspace*, eines kybernetischen Raums, der erzeugt werde durch eine „konsensuelle

Halluzination eines computergenerierten grafischen Raums"
(Gibson). In Gibsons Cyberspace bilden grafische Repräsentationen von Datenstrukturen eine Welt, eine virtuelle Realität, die
über neuronale Interfaces erzeugt wird und eine tiefe Immersion
ermöglicht. Es ist eine gern erzählte Anekdote, dass Gibson als
einer der bedeutendsten Science Fiction-Autoren unserer Zeit
seinen wichtigsten Roman („Neuromancer", 1982) auf einer alten
Schreibmaschine getippt haben soll. Und eine nette Ironie, dass
bisher die visionärsten und einflussreichsten neuen Mythen und
Mythologien zu dem Thema alle zuerst entweder als Buch oder
Film erschienen sind, und nicht als CD-ROM oder Hypertext.
Doch, Gibson war natürlich nicht der Erste, der sich mit dem
Innenleben von Maschinen beschäftigt hatte.

Angefangen hatte es vielleicht mit Doug Engelbart, der 1968 in
seinem Vortrag zum Thema „Bitmapping" zum ersten Mal Maschinen nicht nur als Anhängsel oder Erweiterung des Körpers
vorstellte, sondern als eigenen, zu erforschenden Raum, eine
„City of Bits", eine Welt, die eher Landschaft als Maschine war.
Das hatte eine dramatische Veränderung der räumlichen Vorstellungswelt zur Folge. Er hatte eine moderne Schnittstelle zur
Maschine gezeigt, ein Interface, und damit eine Tür geöffnet zu
einer ganz anderen Vorstellung einer Maschinenwelt, von einer
Maschine, in der es sich (endlich und sogar) leben ließ.
Die ersten Cowboys, die diese neue Welt besiedeln wollten, waren
die Hacker am MIT in Boston und, später, an der Stanford Uni-
versity in Kalifornien. Auch sie trieb eine seltsame Ahnung von
unentdeckten Möglichkeiten, Utopien und Fantasien – und sie
brauchten auch viel Fantasie, um sich vorzustellen, dass diese Ko-
losse, deren Technik ganze Räume ausfüllte, einmal selbst Welten
jenseits der Vorstellungskraft entstehen lassen könnten. Die Welten aus den Büchern, die sie gelesen hatten. Und Hacker lesen
sehr viel, nicht nur Software-Bücher aus dem O'Reilly-Verlag, Science Fiction oder Fantasy. Manche sind wahre Sprachtalente und
fasziniert von exotischen Sprachen, den gesprochenen wie pro-

grammierbaren. Manche hauen ihren Code einfach so raus, andere streben nach Poesie und Eleganz. Einer vertraute mir an, er träume davon, eines Tages seine gesammelten Lieblings-Codes in einem Ohrensessel am Kaminfeuer lesend zu goutieren, gedruckt auf säurefreiem Papier und gebunden in kostbarem Leder.

Hacker und AutorInnen haben einiges gemeinsam, in einem gewissen Sinne sind beide Weltenbastler, die sich mit der Ausschmückung feinster Details ebenso lange beschäftigen können wie mit großen Plänen, Plots, Weltregierungen, Verschwörungen oder (wie Slartibartfast, der Planetendesigner aus Douglas Adams *Hitchhiker's Guide*) mit den *lovely crinkly edges* der norwegischen Fjordwelt. Sie versuchen das Unmögliche möglich zu machen, mit einem feinen Gespür für die Ränder und das nötige *Rendering* der Realität. Wenn sie versunken sind in ihrem Schreibfluss oder dem *Hacking Mode*, einem zen-gleichen Zustand absoluter Immersion, vergessen sie ihre physikalischen und biologischen Grenzen und Gesetze, selbst Essen und Trinken wird unwichtig. Sie sind wie entkörperlicht, schwebend in einer eigenen Zeit und einem eigenen Raum. Sie wissen längst, dass Wirklichkeit subjektiv ist, und zelebrieren die Differenz.

Interessant dabei ist, dass Hacker trotz aller positivistisch-naturwissenschaftlichen Überzeugungen und liberalistischen Haltungen zu merkwürdig irrationalem Verhalten und Naivität tendieren können – und die Gültigkeit der gegebenen Gesetze gerne dadurch in Zweifel ziehen, dass sie versuchen, sie zu ändern oder zu ignorieren. Vielleicht stammt daher ihre Begeisterung für Fantasy oder Science Fiction, also für die Genres, die in diesem Punkt größte Freiheit bieten. Scheinbar zumindest. In Wirklichkeit funktionieren besonders diese Genres nach strengen strukturellen und inhaltlichen Regeln, wie ein Programm. Das wird vor allem deutlich bei den Werken, die (wie der *Hitchhiker's Guide*) genau mit diesen Regeln brechen – und sich darin wiederum ganz regelkonform verhalten.

Anders (im Gegensatz zur Fantasy) ist es bei der Fantastik. Hier erscheinen die Regeln uneindeutig (eben *kafkaesk*). In den fantastischen Welten gibt es kein verlässliches Referenzsystem als Realitäts-Folie. Hier kann alles unheimlich, geisterhaft oder unberechenbar sein, ein noch unbesiedelter Kontinent mit dunklen Wäldern und gefährlichen Tieren. Nur die Mutigsten trauen sich dort hinein, selbst aus den wilden Stämmen der Hacker.

Ein beliebtes Gedankenspiel der Hacker-Kultur ist das der Babuschka-Realitäten, die Vorstellung, dass die von uns wahrgenommene Wirklichkeit nur Teil eines größeren, die Wirklichkeit nur simulierenden Systems sei. Und einmal endlich dahinter und diesem großen Meister auf die Schliche zu kommen, das ist die große Kunst und das Ziel. In der *Matrix*, auf dem *Star Trek*-Holodeck, in der *Truman Show*, von *Tron* über Lisa Simpsons Napfvolk, immer lauert da ein Verdacht, dass es noch eine unsichtbare Tür geben könnte, dass die wahrgenommene Umwelt (frei nach Platons Höhlengleichnis) nur ein Schatten einer höheren Realität sein könnte.

Diese Geschichten erzählen von Immersion, von der Möglichkeit der absoluten Versenkung in eine andere, künstlerisch und/oder künstlich geschaffene Welt. Es ist das Gefühl, das wir in einem Film haben, wenn wir sagen, er reißt uns mit, rührt uns zu Tränen, wenn wir ein Buch verschlingen, nicht aufhören können, oder ein Computerspiel erst am Morgen beenden. Wir sind *drin* – selbstvergessen und glücklich.

Die Auswirkungen ekzessiver medialer Immersion wurden und werden jedoch nicht immer nur positiv gesehen. Früher war es das Telefon, dann das Radio, Film und Fernsehen, heute sollen uns Internet und Computerspiele moralisch verderben. Kaum vorstellbar, aber auch der Roman hatte es im 17. und 18. Jahrhundert schwer, sich zu behaupten als moralisch korrektes Medium. Es gab Warnungen vor falscher Lektüre, Abhandlungen über die Pathologie der Lesesucht (eine Krankheit, die seltsamerweise nur Leser*innen* befiel), und Begriffe wie Bibliomanie, Vielleserei, Bücherwurm oder Leseratte entstanden.

Wer Romane liest, der liest Lügen, stand damals in den Pamphleten. Der Roman als eigenständige Literaturgattung musste sich regelrecht beweisen, mit dem Versprechen von Realismus, Welt-haltigkeit und Welthaftigkeit. Deshalb die langen Vorreden und Rahmenhandlungen bei *Wuthering Heights* oder *Frankenstein* (ei-nem der ersten Science-Fiction-Romane). Sie zeigen den Schwur der Autorinnen, stets die Wahrheit und nichts als die Wahrheit erzählen zu wollen – und ebenso die verkreuzten Finger hinter ihrem Rücken.

Heute stellt niemand mehr in Frage, dass Romane eigenständige fiktionale Wirklichkeitsmodelle erzeugen, die von Lesern für wahr gehalten werden. Es ist kaum zu unterscheiden, wo das Erfunde-ne im Wirklichen beginnt, und das Wirkliche im Erfundenen endet. Romane sind, so Uwe Johnson, Angebote, Versionen der Wirklichkeit. Keine Miniatur, kein Modell und auch kein Spiegel, sondern „eine Welt gegen die Welt zu halten." (Johnson).
Romanwelten sind auch keine Imitationen oder Simulationen von Wirklichkeit. Sie erzeugen Wirklichkeitsmodelle. Nicht mate-riell, wie in einer Virtuellen Realität, sondern in der Vorstellungs-welt jedes eigenen Lesers, der dadurch aktiv an diesen Welten

mitbaut. Verglichen mit anderen immersiven Medien, schneiden Romane deshalb gar nicht schlecht ab.

In Filmen etwa ist die Immersion eher passiv, ähnlich wie im Theater oder in der Oper, wo die räumlichen Grenzen zwar nicht aufgelöst werden können (wie im Film), die Intensität des Spektakels jedoch durch die unmittelbare Präsenz der Schauspieler erhöht wird.

In Virtuellen Realitäten (VR), z.B. Computerspielen, kommt dazu nicht nur die Interaktion, es wird auch eine panoramatische Apperzeption ermöglicht, der Eintritt des Beobachters in den Bildraum. Wir stehen selbst im Geschehen, als Beobachter oder Beteiligter. Allerdings wird hier die Komplexität der Weltmodellkonstruktionen eingeschränkt durch technische und produktionsökonomische Grenzen.

Es gibt noch ein Problem. Sobald wir einen Blick hinter den Vorhang eines Virtuellen Raums werfen, sehen wir – nichts als uns selbst. Oder, wie Zizek sagt, „hinter dem phantasmatischen Schirm entdecken wir nichts weiter als eine sinnlose digitale Maschine". Da ist nichts versteckt, das wir nicht schon selbst hineingelegt haben. Es gibt kein reines Universum der Ideen, keinen Geist ohne obszön körperliche Geister. *Ghosts in the Shell.*

Wir können unserem Körper nicht entfliehen. Selbst in virtuellen Rollenspielen oder Erotik-Chats agieren wir unbewusst noch versteckte, im Körper, der Amygdala (nicht ohne Grund stöpseln sich die Matrix-Cowboys ihre Datenkabel an dieser Stelle am Nacken ein) gespeicherte Wahrheiten aus, auf einer Ebene zwischen den Dingen und Worten, der Ebene der symbolischen Ordnung selbst, unserer rätselhaften Welt der Emotionen. Sorry, Jungs. *Materiality matters.*

An dieser Stelle sei ein Punkt erwähnt, der mir persönlich in vergleichenden Diskussionen von Print-Literatur und Multimedia-Werken zu kurz kommt: der weit verbreitete Irrtum, dass Print-Literatur *nur* Wörter wären, also etwas Reduziertes, *nur* Text, dem etwas *fehle*, eben das Multimediale.

In Wirklichkeit beschwören all diese Wörter Bilder herauf, sind Zeichen für Begriffe und Bilder, die sich in unserer Vorstellung bilden – ist der Text der Code, und wir sind eine Art Lesemaschinen, und damit nicht unähnlich dem Konzept einer Turing-Maschine. Tatsächlich war es ein Ziel Alan Turings gewesen, seine Maschine nach dem Vorbild des menschlichen Geists zu modellieren, inklusive der verschiedenen Bewusstseinszustände. Die so genannten *Rechner* waren damals auch noch keine Maschinen, sondern die *Menschen*, die die riesigen Kalkulatoren bedienten. Die Turing-Maschine war ein ideelles Konzept, die Idee einer Maschine, die jede andere Maschine simulieren konnte, sogar sich selbst, und insofern ein erstes Modell unserer heutigen Computer.

Vielleicht sind gerade die *Leerstellen* an Informationen das Entscheidende, die Lücken, in denen die maschinelle Lesbarkeit und Darstellung enden und der Geist selbst die Leere auffüllen muss, durch Imagination. Vielleicht haben diese *inneren*, in uns selbst erzeugten Bilder sogar eine tiefere Macht als die schon vorgefertigten Repräsentationen, indem sie in uns eine Sehnsucht auslösen, nach etwas, das nicht (mehr) da ist. Wie Phantomschmerzen.

Ich war am 11. September 2001 an einem Ort ohne TV, mit überlasteten News-Seiten, und hatte nur eine Chat-Verbindung, durch die die Nachrichten tröpfchenweise als Textzeilen zu mir durchsickerten. Es dauerte Stunden, bis ich die ersten Bilder sehen konnte. Stunden, in denen meine Vorstellung unaufhörlich Bilder produzierte, davon, wie es dort gewesen und jetzt aussehen könnte. So fand 9/11 für mich quasi zweimal statt, und als ich die Bilder im TV sah, waren sie *fast* eine Beruhigung.

Und wer, welches Medium, steht oben auf dem Treppchen, bei dieser Abstufung nach medialem Immersions-Potential und möglichem Erkenntnisgewinn? Welchen Platz hat darin die Literatur? Nun, sie enthält die Auflösung der räumlichen und physikalischen (je nach Genre-Geschmack) Grenzen, Interaktivität (durch die, nennen wir es neurologische Partizipation der Leser bei der Umwandlung von Wörtern zu Gedanken) und sogar die panoramatische Apperzeption (dadurch, dass ich als Leserin gezwungen bin, mir diese Bilder selbst zu schaffen, kreiere ich damit auch, ganz nebenbei, die Welt nach, eigne sie mir an und kann mich darin bewegen). Und, bezogen auf den Erkenntnisgewinn, sind Bücher, Texte, Bilder und Musik sowieso schlauer als wir selbst – inklusive ihrer SchöpferInnen.

Es gibt viele Versuche und Ansätze, ähnliche Wirkungen mit elektronischer Literatur zu erreichen. Am bekanntesten wurde dabei das (mittlerweile bereits historisch zu nennende) Genre des *Hypertexts*, also der Texte, die in einem elektronischen Medium dargestellt, modifiziert, meist nicht-linear geordnet und elektronisch zugänglich gemacht werden.

Den ersten Klassiker des Hypertexts veröffentlichte Michael Joyce 1990/91 mit *Afternoon. A Story* (geschrieben 1987), mit einer Software namens *Storyspace*. Die Nicht-Linearität, die freie, beliebige Verknüpfbarkeit der einzelnen Elemente der Geschichte, die ideologisch als Befreiung von zwanghaft linear angeordneten Erzählelementen gefeiert wurde, war zugleich das Hauptproblem dieses Genres. Die meisten Geschichten endeten für die Leser in Frust, Entropie oder Langeweile, das Leseerlebnis selbst war fragmentiert (man war einfach nicht *drin*), und die Diskussionen über die Möglichkeiten des Genres waren interessanter als die Inhalte der Werke selbst. Ihnen fehlte die *eine* übergeordnete Erzählung, die zum Beispiel die komplex verwobenen Erzählfäden der TV-Serie *24* zusammenhält, noch dazu durch eine streng umrissene zeitliche Form. Es hätte ein anderes Leseverhalten und -verständnis als bei Büchern angesprochen werden sollen – daran scheiterten die Hypertexte der ersten Generation, sie hatten die neuen Möglichkeiten der Integration verschiedener Erzähltechniken noch nicht genutzt. Andere sagen, es sei noch zu früh gewesen, die Leserinnen noch nicht vertraut genug mit diesen neuen Formen, um das Medium selbst vergessen und die Message darin lesen zu können. Die Entgrenzung des Textkörpers ist literaturhistorisch nichts Neues gewesen: schon bei Laurence Sterne (*Tristam Shandy*), Arno Schmidt (*Zettels Traum*), Flann O'Brien (*Auf Schwimmen-Zwei-*

Vögel) oder Italo Calvino (*Wenn ein Reisender in einer Wintersnacht*) werden die erzählerischen Korsetts – oft satirisch – mit metaphorischen Netzwerken gesprengt, als verberge sich in jedem Werk dieser Freiheitsdrang. Bei O'Brien leben die Romanfiguren sogar mit ihrem Autor im gleichen Hotel und verbünden sich zur Revolte im Kampf für fiktionale Selbstbestimmung. Im Unterschied zu den Hypertexten bleiben diese Texte noch materialistisch an die Buchform gebunden, mit entscheidenden Konsequenzen: zum einen gibt es, trotz der vermeintlich chaotischen Strukturen, noch die übergeordnete Formgebung durch die lineare Seitenfolge, also ein Gesetz, das dem werkimmanenten Chaos einen Referenzrahmen gibt, und das bietet der Leserin erst die Möglichkeit, dieses Gesetz lustvoll zu übertreten: durch Vor- und Zurückblättern oder alternative Ordnungen, nur fiktiv, in der eigenen Vorstellungswelt, als wäre sie selbst eine der Figuren. Anarchie braucht Ordnung, von der sie sich abgrenzen kann. Sonst macht's keinen Spaß.

Sicher, der Vergleich von Hypertext mit Print-Literatur hinkt wie Sekt versus Rotwein. Bezogen auf die Immersions-Intensität ziehen die Hypertexte jedoch bislang deutlich den Kürzeren.

Wie sieht es nun mit anderen elektronischen potentiell erzählerischen Formen aus, die sich durch hohe Immersions-Intensität (und Suchtgefahr) auszeichnen, z.B. mit den Computerspielen? Hier wiederum ist leider der narrative Nährwert oft äußerst dünn, selbst bei vermeintlich anspruchsvolleren Spielen wie z.B. *Myst*, was im Grunde nur ein Schatzrätsel ist. Oder sie wurden gleich von anderen Werken adaptiert und auf „spielbare" Szenen reduziert (*Herr der Ringe, Hitchhiker's Guide, Harry Potter*). 1996 gab es sogar ein CD-ROM-Spiel zu Kafkas *Verwandlung* – wobei die lustvollen Versenkungen in die Welt jenseits des Schirms eher selten vorgekommen sein dürften, bei Nicht-Masochisten.

Eine interessante Zwischenform, eine Verbindung der ludischen und interaktiven Elemente eines Spiels mit reinen Textwelten, sind die (in den achtziger Jahren erfolgreichen und heute leider fast vergessenen) Text Adventure Games. Nicht zuletzt deshalb habe ich mich selbst für ein Experiment mit ihnen am eigenen Roman entschieden. Das Ergebnis war vielsagend: während die Rattenverwandlungsszenen im Buch für wohliges Gruseln sorgten, lösten sie bei den „in-Szene-gesetzten" Spielern Fluchtinstinkte aus. In einem *First Person Shooter* hätten sie wild um sich geschossen. Wie sähe das wohl aus in einem Spiel zu *Heart of Darkness*?

Immerhin, seit den ersten Hypertexten hat es viele spannende Entwicklungen im Bereich der digitalen Literatur gegeben, zum Beispiel die wunderbaren Arbeiten der Susanne Berkenheger. Doch richtig durchsetzen – in der Literaturkritik und Leserrezeption – konnte sich das neue Genre bisher noch nicht. Michael Joyce, der Autor von *Afternoon*, schreibt übrigens heute keine Hypertexte mehr, sondern, wie er sagt, *richtige* Literatur.

Mein eigener Rückzug von elektronischer Literatur hat überwiegend pragmatische Gründe. Die technischen Entwicklungen in diesem Bereich gehen einfach zu schnell voran. Für das, was mich interessieren würde, bräuchte ich mindestens zwei weitere Leben, die ich nur mit dem Lernen von Programmiersprachen verbringen müsste, dazu noch Designer und ein Budget für das Nötigste. Unser Spiel als Two-Men-Show hat schon ein halbes Jahr Produktionszeit verschlungen, für zwei Leute, ohne Budget. Es ist eben ein ökonomisch sehr risikoreiches Feld, und mir bliebe kaum Zeit für das *old school* literarische Schreiben.

Dennoch stelle ich mir gerne vor, wohin die Entwicklungen in der digitalen Literatur gehen könnten, und bin dabei auf einen interessanten Ansatz gestoßen, einen Blick zurück, angeregt durch Steven Johnson. Die Idee der Links, der Verbindung von halben Ähnlichkeiten, so Johnson, das sei alles schon bei Dickens zu finden, in seinen Gesellschaftsromanen, in denen es auffallend oft um die Situation von Waisen, sich selbst überlassenen Kindern und den Versuch der Wiederherstellung von Familienverbindungen ging, um die Sehnsucht nach einem Familienverbund. Dickens' Romane fächern zunächst ein großes Durcheinander auf und beginnen dann mit der Rekonstruktion der Verbindungen.

In diesem Zusammenhang könne man sagen, dass die Links im Internet der Familienzusammenführung von verwaisten Datenpaketen dienen, die zuvor isoliert in der Info-Sphäre herumirrten. Bezogen auf digitale Literatur hieße das, weniger Konzentration auf die dissoziativen Aspekte, nicht das Fragmentarische inhaltlich kopieren und abbilden, sondern, im Gegenteil, Gedankenketten bilden, Dinge verknüpfen, neu ordnen und denken.

Ein Vorbild für diese Form der Assoziationsketten ist Vannevar Bushs Modell einer Memex-Maschine, das er schon 1945 entwickelte. Darin setzt er eine bibliothekarisch-archivarische Sicht der Dinge (jedes Stück fest an seinem Ort) gegen eine dichterisch-assoziative Position, in der kurzzeitig geformte Pfade einen Gedanken bilden (ähnlich wie Mollys Schlussmonolog in *Ulysses*) und einen Weg durch den Dschungel bereiten. Das Modell deckt sich mit den aktuellen Forschungsergebnissen der Neurologie. Das menschliche Gehirn arbeitet ebenfalls mit temporären Verbindungen statt festen Identitäten. Es gibt keinen festen Neuronenhaufen für „Katze" oder „Hund", erst durch die Verbindungen entstehen die Vorstellungen und Gedanken.

Die neuen Medien und Technologien bieten vielleicht die Möglichkeit, sich an den desintegrativen Strömungen der Postmoderne zu „reiben", eine Gegenbewegung, die Sehnsucht nach einer anderen Ordnung, oder den Versuch, eine andere, für unsere heutige Zeit adäquatere Sinnstiftung zu finden. Oder, wir fallen in eine tiefe ontologische Leere, scheinen immer tiefer hinab zu rutschen, vorbei an den kalten, glatten Wänden des Technoliberalismus. Wir suchen Zuflucht in religiösen oder familiären Werten und haben Angst, teilweise zu Recht, teilweise auch völlig unbegründet. Deshalb steht das Streben nach Sicherheit zurzeit so hoch im Kurs, nach einer Sicherheit zu jedem Preis. Wir lassen uns überwachen und kontrollieren und merken gar nicht mehr, wie unser Leben immer konformer, immer gleichförmiger – und auch unkreativer und kunstferner – wird. Und wie wir selbst dabei mitspielen, unsere Freiheit aufgeben und die Dogmen vom alleinigen Lebenssinn der Effizienz verinnerlicht haben. Darin sehe ich eine Gefahr, dass die Menschen den Zugang zu sich selbst, Zeit für sich und die Kontemplation verlieren.

Es muss nicht gleich ein Berg von Utopien oder eine Revolution sein. Es reicht schon, sich die Fähigkeit nicht nehmen zu lassen, sich etwas anderes, ein anderes Leben, eine andere (Arbeits- und Lebens-) Welt vorzustellen oder sich in andere Welten hineinzuversetzen, mitfühlend und mit dem Versuch, sie zu verstehen. Das ist eine ehrenvolle Aufgabe für Kunst und Literatur, egal, in welchem Medium, ob als Buch, Hörbuch oder Biochip.

Die Maschinen selbst sind nur Werkzeuge, die mehr Schönheit und Freiheit oder mehr Zwang und Konformität schaffen können. Es kommt darauf an, wer sie kontrolliert, mit welchen Zielen, und dass wir ein waches Auge darauf haben und uns die Autorität, die Macht über die Realitätsdefinition, nicht nehmen lassen.

Und ein Roman ist letztlich auch nur ein Medium, ein Interface, aber – wow! – in was für eine aufregende Welt: die eines anderen Menschen.

... eine Figur zu sein, die sich so eindeutig gibt,
dass sie für die später Kommenden ohne Schwierigkeiten
zu entziffern ist und kein irreführendes Rätsel wird.
(Hans Erich Nossack)

Corinna Waffender
Zum besseren Verständnis

Ich kenne Sie nicht. Ich weiß nicht einmal, ob Sie eine Frau sind, ein Mann, beides oder etwas dazwischen. Ob man in Ihrer Zeit überhaupt noch solche Unterscheidungen vornimmt und wenn ja, wozu. Vorstellbar ist: Sie haben Germanistik studiert. Sie haben also gelernt, dass sich gewisse Gesellschaftsverhältnisse in zeitgenössischer Literatur ausdrücken. Bei den Recherchen für Ihre Doktorarbeit, mit dem Arbeitstitel „Deutsche Großstadtliteratinnen im 21. Jahrhundert", stoßen Sie im Internet auf meinen Namen. Sie identifizieren mich als Wahlberlinerin; das macht mich interessant, Ihre Aussichten auf ein Stipendium in der deutschen Hauptstadt könnten damit steigen. Weitere Nachforschungen ergeben, dass ich im Alter von neunzehn Jahren mein erstes Gedicht, sowie zwei verstörte Kurzgeschichten in Anthologien eines namhaften deutschen Verlages publiziert habe, um danach spurlos aus dem Literaturgeschäft zu verschwinden. Sie werden selbst herausfinden, weshalb und wie es trotzdem dazu kam, dass ich erst zwei Jahrzehnte später literarische Auszeichnung erhielt, mit knapp vierzig meinen ersten, zwei Jahre später meinen zweiten Roman veröffentlicht habe und danach einige Literaturkritiker auf mich aufmerksam wurden.

Bevor Sie sich meinen Texten zuwenden, entdecken Sie in einer virtuellen Autorengalerie Fotos von mir: Ich stehe mit einer schrecklichen Frisur auf dem Kopf im Garten eines Literaturhauses und friere. Ich sitze konzentriert lesend vor einem Mikrofon auf der Leipziger Buchmesse. Ich stehe mit dem schwedischen Botschafter vor dem Springbrunnen in seiner Residenz in Berlin. Ich lese im literarischen Colloquium um einen Literaturpreis und verstöre das geladene Publikum. Sie überlegen nicht lange. Zufällig sind Sie auf eine Autorin gestoßen, mit der sich vielleicht noch ein akademischer Blumentopf gewinnen lässt. Niemand hat sich ihrer bisher in einer Biografie angenommen, sie scheint eigenwillig genug zu sein, um sich ein paar Jahre mit ihr beschäftigen zu können: 1983 ist in einer Kurzbiografie zu lesen, sie sei „schwul und Glaskugelsammlerin". 2001 verwirrt sie nach einer Lesung in Hamburg eine Journalistin mit den Worten: „Was macht Sie eigentlich so sicher, dass ich lesbisch bin?" 2014 heiratet sie in der Schweiz einen bildenden Künstler. Nein, antwortet sie in einem Radiofeature eines lokalen Senders, sie wolle keine Kinder, und ja, sie schreibe noch immer über Frauen. Wenn sie Zeit dazu habe. Denn noch immer könne sie von der Literatur allein nicht leben.

Sie werden schnell herausfinden, dass es in meinem Leben eine Unzahl von großen Lieben gegeben hat und dass ich stets um Transparenz bemüht war: Meine wichtigsten Briefwechsel habe ich vor meinem Tod nach Jahrgängen archiviert und meiner Nachlassverwalterin übergeben. Sie wird alles aufgehoben und auf Sie gewartet haben.

Wenn Sie nun die Ausdrucke meines Privatlebens in der Hand halten, möchte ich Sie – obwohl ich von Ihrer Professionalität überzeugt bin und Sie keinesfalls kränken möchte – bitten, meine persönlichen Aufzeichnungen streng von meiner literarischen Arbeit zu trennen: Niemals, zu keinem Zeitpunkt, habe ich öffentlich mein Leben zur Schau stellen wollen. Nichts von dem, was sich in meinen Büchern ereignet, ist jemals an anderer Stelle geschehen als in meinem Kopf. Immer habe ich versucht, mich von meinen Figuren zu distanzieren. Wie hätte ich ihnen sonst bei ihrer Entwicklung zusehen sollen? Zugegebenermaßen habe ich mich nicht selten aus dem Leid anderer bedient. Mein eigenes jedoch geriet, wenn überhaupt, nur zwischen die Zeilen.

Ich weiß, ich werde Sie nicht davon abhalten können, den Zeitpunkt des Verfassens meiner Texte mit meiner Biografie in Verbindung zu bringen. Doch ich kann Ihnen versichern, niemals Gesehenes oder Gehörtes gleich aufgeschrieben zu haben. Immer musste ich vergessen, um meinen Fantasiemenschen zu ermöglichen, sich Monate, vielleicht Jahre später, an meiner statt zu erinnern. Vielleicht stimmt es ja doch, was eine meiner Romanfiguren fragt: „Was soll ich schreiben, wenn nicht mich?" Und doch, glauben Sie mir, ich habe das nie gewollt.

Trotzdem: Machen Sie aus mir ruhig ein literaturwissenschaftliches Fallbeispiel. Ziehen Sie akademische Diskurse an den Haaren herbei, legen Sie absurde Theorien zur Analyse zugrunde, um sich mit meinen Texten Dissertationsberechtigung zu verschaffen. Geschichten halten das aus. Sie sind stärker, als man denkt. Wenn sie gut sind, überleben sie jeden dogmatischen Angriff.

Ein Aspekt meines Schreibens jedoch wird Ihnen verborgen bleiben. Er lässt sich nicht herausfiltern. Weder aus meinen Briefen, noch aus meinen Essays und schon gar nicht aus den Romanen und Gedichten (Lyrik war immer meine Lieblingsdisziplin, aber Lyrik war zu meiner Zeit ungefähr so schwierig zu verkaufen wie ein kaputtes Auto: eine Hand voll Ausschlachter, sonst nichts). Nun, da ich enormen Respekt vor Forschungsarbeiten habe, weil sie ungeheure Disziplin voraussetzen, möchte ich verhindern, dass Sie in diesem Punkt auf Glatteis geraten und mit einer gehörigen Fehlinterpretation Ihr Glanzstück der Alma Mater zu einer Farce werden lassen: Sie müssen wissen, was mir das Schreiben bedeutet hat. Weswegen ich geschrieben habe. Warum es eine Kinderkrankheit war, von der ich mich mein Leben lang nicht erholt habe.

Ich schreibe nicht aus freien Stücken. Kein einziges Wort jubiliert aus mir heraus und verursacht Freude. Ich schreibe, weil ich abhängig davon bin. Jeder Mensch hat eine Sucht. Die einen rauchen Kette, die anderen lieben ohne Rücksicht auf Verluste, manche rennen durch Wälder, bis ihnen das Adrenalin an den Ohren herauskommt, wieder andere hängen in Chatrooms wie an der Nadel oder richten sich mit traditionelleren Drogen zugrunde. Ich nicht. Ich schreibe. Seit ich weiß, was Buchstaben sind. Oder besser gesagt: Seit ich dem W begegnet bin.

Fräulein Werner hatte uns in der ersten Klasse das Alphabet beigebracht, und wir sollten jeden Tag zu Hause einen Buchstaben mit Wachsmalstiften in unser Schwungheft malen. Das Schwungheft hatte drei quer verlaufende Linien, daran maßen wir den Abstand der jeweiligen Striche. Ich mochte diese Übungen. Saß im Hinterzimmer des Blumengeschäftes meiner Mutter und malte riesige Buchstaben auf das gelbliche Papier. Wenn ich einen fertig hatte, fuhr ich seine Linien mit den anderen Farben nach, bis auf dem Bogen vor mir ein buntes A oder B oder C lag. Nach kurzer Zeit begann ich, auf der Rückseite der kleinen viereckigen Notizzettel, die auf dem Arbeitstisch verstreut lagen, meinen Vornamen zu schreiben. Oder den meiner Schwester. Nie unseren Nachnamen. Denn genau an ihm entspann sich das erste große Problem meines Kinderdaseins: Ich konnte kein W. Ich schaffte es einfach nicht. Immer kam nur ein verkorkstes schiefes Ding heraus, das so gar nicht zur Reihe der restlichen, wundervoll bunten und geradlinigen Buchstaben passen wollte. Natürlich beherrschte ich bald den Trick, das Schwungheft verkehrt herum zu legen und ein M darauf zu schreiben. Aber das war nicht dasselbe. Ich versagte bei meinem eigenen Namen. Niemand außer mir wusste das. Und niemand sollte es jemals erfahren. Doch eines Tages kontrollierte Fräulein Werner unsere Schwunghefte von der falschen Seite. Sie ging nicht hinter uns durch die Reihen, sondern vor uns. Sie sah sofort, dass mein W ein M war. Ich wäre am liebsten im Boden versunken und rechnete fest damit, dass sie mich vor der ganzen Klasse bloßstellen würde. Sie aber tat nichts dergleichen. Sie lächelte nur und sagte: „Übung macht den Meister!"
Von diesem Tag an schrieb ich, wo ich ging und stand, Ws. In Druckbuchstaben, Schreibschrift, groß und klein, mit Wachsmalstiften, Kuli, Bleistift oder Füller. Wie besessen füllte ich ganze Seiten damit, malte mit Steinen auf Wänden herum oder ritzte es mit einem Holzstock in die nasse Erde. Ohne dass ich es bemerkte, gesellten sich andere Buchstaben dazu, die zu Worten wurden. Ich begann zu reimen. Mutter auf Butter und krank auf Schrank und Hitze auf Witze. Entscheidend aber ist weniger der Inhalt

meiner ersten Gedichte, als vielmehr die Tatsache, dass ich nicht mehr damit aufhören konnte, sie zu verfassen. Nachdem ich mich eines Abends vom Esstisch mit den Worten: „Das Essen in Hessen bei Frau Dresser ist besser"

erhoben hatte, erhielt ich eine schallende Ohrfeige und ahnte, dass Dichten auf eigenartige Weise mit Schmerzen verbunden sein würde.

Zwar hörte ich daraufhin mit dem Reimen auf, nicht aber mit dem Wortemachen. Es war, als fürchtete ich, die Buchstaben könnten mir verloren gehen, wenn ich sie nicht regelmäßig zu Papier brächte. So begann ich zu schreiben, was ich „lose Schrift" nannte: Ich notierte ein Wort, meistens eins, dass mit W begann, und gruppierte andere herum. So entstanden Halbsätze, die ein paar Zeilen später mit jenem Wort endeten, mit dem ich angefangen hatte. Auf diese Weise kreiste ich mich langsam aber sicher von W bis V ein.

Verstehen Sie: Ich hatte nichts zu sagen, ich war ein Kind, das aus Angst vor dem W den Kampf gegen das ganze Alphabet aufgenommen hatte. Ich schrieb und schrieb und stellte fest, dass meine Wirklichkeit nicht ausreichte, um meine Schreibsucht zu befriedigen. Also musste ich mir immer mehr ausdenken. So wurde ich mit acht Jahren Schriftstellerin.

Seither halte ich es nicht länger als etwa fünf Stunden aus, nichts aufzuschreiben. Ich trage immer einen Stift bei mir, mit dem ich unter allen widrigen Umständen Notizen machen kann. Er ist von der NASA getestet und schreibt sowohl in der Antarktis als auch unter Wasser. Ich habe zwar bisher weder am Nordpol noch in der Badewanne geschrieben, aber das kann ja noch kommen. Ich schreibe Einkaufszettel, Zeitungsartikel, Werbetexte, Prologe, Unternehmenskonzepte, Liebesbriefe, Webseiten, Theaterstücke,

Stipendienanträge, Romane, Kurzgeschichten und Gedichte ohne Reim. In meinem Arbeitzimmer steht ein Computer mit überdimensionaler Speicherkapazität, der mit einer kabellosen Tastatur verbunden ist. Auf dem Wohnzimmertisch liegt mein Laptop und im Schlafzimmer ein Notepad, das ich gewöhnlich mit auf Reisen nehme. Alle Geräte können über Infrarot miteinander kommunizieren, und ich sorge dafür, dass die Dateien immer identisch und auf dem neuesten Stand sind. Das wird Ihnen später die Arbeit erleichtern. Im Badezimmer liegt für alle Fälle Seifenfarbe bereit, um mich, falls nötig, selbst zu beschreiben. Damit rücke ich ziemlich nahe an die postmoderne Diskurstheorie heran. Körper, so sagt die amerikanische Rhetorikprofessorin Judith Butler, seien von ihrer jeweiligen Kultur beschriebene Oberflächen. Leider habe ich zu ihrer eingehenden Lektüre wenig Zeit. Denn wie jede Sucht nimmt auch die Schreibsucht unglaublich viel Zeit und Platz im Leben ein. Doch ich versuche, die anderen Körper nicht aus den Augen zu verlieren, um wenigstens das ein oder andere Wort zu lesen, das ihnen auf den Leib geschrieben steht.

Ich habe nie gewählt. Ich habe mich in jungen Jahren infiziert und hänge zeit meines Lebens am Tropf. Ich will nicht schreiben, ich muss. Mehr als einmal habe ich versucht, davon loszukommen. Doch nach zwei Entziehungskuren, elf gescheiterten Liebesbeziehungen und jahrelanger Einzeltherapie habe ich gelernt, mit der Krankheit zu leben: mit dem nötigen Abstand zu meiner Umwelt, zu meinen Figuren und zu mir selbst. Ganz manchmal reime ich natürlich. Aber nur heimlich.

Ich hoffe, ich habe Sie nicht allzu sehr enttäuscht. Es ist verführerisch zu glauben, Schreiben mache Schriftsteller glücklich. Oder wirke befreiend. Ich kenne keinen, bei dem das so wäre. Aber viele, die es trotzdem einfach nicht lassen können.

Sie habe ich jetzt ein wenig besser im Blick, denn ich habe Sie eine kleine Weile gedacht. Noch immer weiß ich nicht, ob Sie eine Frau sind, ein Mann, beides oder etwas dazwischen, doch ich vermute, Sie kommen aus den Vereinigten Staaten von Amerika. Wie der DAAD-Student, der mir gestern aus Cambridge eine

54

E-Mail geschickt hat. Er hat mich vor einem Monat mit drei anderen Schriftstellerinnen in Berlin in der Volksbühne lesen hören. Seiner Literaturprofessorin habe er so begeistert davon erzählt, dass sie mich nun zu einem Gastvortrag in die Universität einladen wolle, um mit mir über „queer literature" zu diskutieren. Ich weiß zwar nicht, was das ist, aber ich fahre hin, um es herauszufinden. Danach bringe ich es zu Papier, und irgendwann werden Sie es lesen. Das ist in gewisser Weise ein gutes Gefühl. Doch glauben Sie nicht, dies sei der Grund. Es gibt keinen Grund. Es gibt nur die Notwendigkeit, das müssen Sie verstehen.

Andreas Reimann
Ursache mangelnder Bildung

Ich wußte damals, als ich jenen liebte,
nur daß ich liebte. Nicht, daß ich begehrte.
Und dachte, wenn sein leib den traum durchquerte,
vorbeugend nur, daß mich der neid betrübte:
der neid auf diese muskeln! – Doch bei lichte
vermeinte ich, es sei das klug-gesagte
aus seinem munde, das mir wohlbehagte.
Und las, was er las. Und ich schrieb gedichte
um sein „okay!". Doch er entkam dem wesen
des fleischs in mir, gewahr der nahen klippen ...

Mich wollten andre dann mit geist bestrahlen.
Nur: was sie priesen, hab ich nicht gelesen!

Es warn vermutlich minder schöne lippen,
mit denen sie die bücher mir empfahlen ...

Claudia Wessel
Journalistisches Schreiben entspannt

Schreiben, literarisches Schreiben, ist brutal.
Es hebt Gräben aus, in denen lange Verschollenes liegt, zerrt Dinge ans Licht, die bis dahin nur unterschwellig existiert haben. Es spricht aus, was vorher „nur" ein Gefühl gewesen ist.
Es ist ein Risiko.
Die Wahrnehmung der Autorin wird offengelegt, ihr Gehirn ausgeleuchtet, ihr Innerstes nach außen gekehrt. Dazu braucht sie Kraft. Die seelische Kraft, der Wahrheit über sich und über ihre eigenen Wahrnehmungen ins Gesicht zu sehen. Ganz gleich, ob sie offensichtlich über sich selbst oder über fiktive Protagonistinnen und Protagonisten schreibt.

Journalistisches Schreiben entspannt.
Denn journalistisches Schreiben ist die Eintrittskarte in einen *anderen* Menschen.
Am Anfang steht das Interview. Die Erlaubnis und die Pflicht, alles zu fragen, was man (und damit der Leser der Zeitung) schon immer über eine Person oder über ein Thema wissen wollte.
Der Auftrag lautet: Fühle dich in jemand anders ein. Werde sein Medium, erzähle der Welt von ihm/ihr und seinem/ihrem Anliegen. Schlüpfe für einen Moment aus deiner Haut in seine und gerate doch nicht in den Sumpf der Innenwelten – den Sumpf, den man beim literarischen Schreiben trocken legt.
Etwa eine Reportage über schwerstkranke Kinder. Du betrittst das Leben von Menschen, die eine schwere Aufgabe haben. Sie pflegen ihr eigenes, krankes, todgeweihtes Kind. Du sitzt in ihrem Wohnzimmer, sie bieten dir Kaffee an, du spürst, welche Last und welches Leid sie tragen. Du musst es spüren, um es in deinen Text fließen zu lassen. Dennoch bleibst du in sicherer Entfernung. Musst es bleiben, um subjektiv, aber doch mit Distanz berichten zu können.
Journalismus ist Voyeurismus.

Eindringen hinter Mauern, die normalerweise verschlossen bleiben. Hinter Kulissen, die nur bestimmten Menschen vorbehalten sind. In die Aura Betroffener, Berühmter, Glücklicher, Unglücklicher, die von Preisträgern und Verlierern, in die von Verzweifelten und die von Größenwahnsinnigen.

Journalistisches Schreiben heißt, einen in kurzer Zeit entstandenen Eindruck von Menschen und Ereignissen möglichst authentisch wiederzugeben.

Heute von einem exklusiven Dinner. Morgen von einem Aidskranken. Heute von einem Konzert. Morgen von einem Obdachlosen. Heute von einer Sitzung im Rathaus. Morgen vom Elternbeirat im Kindergarten.

Journalisten sind nur zu Besuch.

Dürfen über Schultern schauen und hinter Bühnen blicken, in Vorstandsetagen ebenso wie in Bordelle.

Sie sind überall.

Aber nirgends richtig.

Das macht dieses Schreiben so lehrreich, so interessant, so spannend. So überheblich.

Und so oberflächlich.

Es stellt einen vor die Aufgabe, immer wieder neue Menschen und Atmosphären mit passenden Worte zu beschreiben. Immer neu – und zwar schnell – zu verstehen, was einem jemand sagen will und was dieser Person wichtig ist.

Eigene Interpretation fließt natürlich ein, vor allem bei der Reportage. Doch auch dort sollte sie belegt werden – durch Zitate der Gesprächspartner. Etwa: *Harald M. ist ein Mann, der schon immer gewusst hat, was er will. „Schon als Dreijähriger machte ich bei meinen Eltern Terror, weil ich unbedingt ein Pferd wollte", erinnert sich M.*

Oder:

Manchmal glaubt Eva K., dass sie es nicht mehr schafft.

„Ich werde nachts oft vom Geschrei meines Kindes wach und glaube, ich kann einfach nicht mehr aufstehen."

Journalismus ist die Wiedergabe *fremder* Anliegen. Der Journalist ist Medium, er spricht nicht von sich. Das macht dieses Schreiben so inspirierend, aber es birgt eben auch die Gefahr einer gewissen Überheblichkeit – immer nur derjenige zu sein, der *über* andere spricht, kann zu dem Glauben verführen, selbst alles unter Kontrolle zu haben. Mitunter schrecklich sind die Flüchtigkeit und die Oberflächlichkeit. Denn eine weitere Vertiefung eines Themas und der damit verbundenen Kontakte findet normalerweise nicht statt. Eine Mutter erzählt einen Nachmittag lang von ihrer Traurigkeit über ihr sterbendes Kind – und du siehst sie nie wieder. Ein Aidskranker empfängt dich abgemagert in seiner Wohnung, erklärt, wie er sich infiziert hat und wie einsam er sich fühlt – du weißt, dass er bald sterben wird, das „Auf Wiedersehen" ist ein Abschied für immer.

Journalisten müssen immer wieder gehen.

Sie müssen loslassen.

Schriftsteller dürfen bleiben.

Bei einem Protagonisten.

Sie dürfen ihn leben lassen, so lange es ihnen gefällt, sie dürfen sich in sein Gehirn setzen und aus dieser Perspektive berichten. Ein ganzes Buch lang. Das macht literarisches Schreiben so schön. So intensiv. So lustvoll. Bei all seiner Brutalität so ausfüllend. Zwischendurch aber ist es erleichternd, sich bei journalistischem Schreiben von der Schwere der Innensicht zu erholen.

Yoko Tawada

Schwarze Tasten

Heute ist ein Verb gestorben
niemand hat es bemerkt
Sie nennen mich einen der vorgibt
ein Barbar zu sein
Ich spiele in der Küche Klavier
do re fa ti re so
Des Schlachtrosses schwärzliches Blut
läuft über die Tastatur
und klettert über die Fingerspitzen hoch
Nur die unsichtbaren Dinge
verwandeln uns in Mörder
das Alphabet wird blind
und spaziert durch meinen Körper
do re fa ti re so
Die Interpunktionen die auf der Zunge trommeln
Das Massaker beginnt immer morgen

Dagmar Fedderke
Die freudige Schreiberin

Neulich rief eine Freundin an, die sehr schöne Bücher schreibt. Ihr Alltag hatte sich verändert. Sie kam gar nicht mehr zum Arbeiten.

„Aber", flüsterte sie mir durch den Telefonhörer ins Ohr, „so baut sich vielleicht die Melancholie wieder auf, die ich zum Schreiben brauche. Du wirst das ja selber gut kennen."

Jetzt plötzlich begriff ich zum ersten Mal, dass diese sinnliche Schwere in ihren ernsten, vollmundigen Texten Melancholie war. Ohne Nachdenken, Erkenntnisse treffen so schnell, antwortete ich: „Nein, ich schreibe nicht aus einer melancholischen Stimmung heraus. Ich bin eher eine freudige Schreiberin." An die Antwort der Freundin kann ich mich nicht erinnern.

Inzwischen ist viel Zeit vergangen. Ein gruseliges Computerproblem hinderte mich selbst am Schreiben. Viele Texte sind auf ewig verloren gegangen. Ich dachte noch lange über die Bemerkung meiner Freundin und meine eigene nach. Stimmt es eigentlich, dass ich eine freudige Schreiberin bin? Habe ich mich nicht auch immer abgequält, allem, was ich sagen möchte, im Geschriebenen möglichst nahe zu kommen?

Wirklich befreit hat mich der Roman, den ich ganz und gar frei erfunden habe.

Natürlich stehen auch dabei immer persönliche Lebenserfahrungen im Hintergrund. Sie auf selbst modellierte Geschöpfe zu verteilen, ist regelrecht beglückend. Hat man ihnen einmal eine Seele eingehaucht, entwickeln die Kunstfiguren plötzlich ein Eigenleben. Sie machen sich selbständig und bestimmen den Fortlauf der Handlung. Der Schöpfer muss sich gar nichts mehr ausdenken. Das Erfundene findet seinen Weg ganz von alleine. Und jetzt fängt es an, spannend zu werden. Denn schließlich darf sich der Autor ja auch nicht ganz und gar entmachten lassen. Er muss doch letztlich die Zügel in der Hand behalten, damit seine Gestalten nicht einfach eine wilde, wüste Orgie auf seiner Nase

veranstalten. In der ersten Version des Romans hielt ich das Spektakel einfach nicht mehr aus. Ich legte eine Bombe und brachte sie alle um. Auf einen Streich. Aber das ließ sich meine Verlegerin nicht gefallen. Sie protestierte wütend: „So billig kommst du mir nicht davon!"

Bis heute bin ich ihr dankbar für diese furiose Reklamation. Denn mir selbst war etwas mulmig geworden: Ich hatte meine eigenen Geschöpfe umgebracht und acht Schicksale auf dem Gewissen. Ganz zu Anfang des Romans hatte ich der weiblichen Hautperson ein Geschenk gemacht. Da ja sowieso alles erfunden war, hatte ich mich getraut, etwas märchenhaft Wahrscheinliches, das realistisch unwahrscheinlich war, geschehen zu lassen.

Ein Jahr später bekam ich selber das Geschenk, welches ich meiner Hauptdarstellerin gewährt hatte. Ich erbte zwar keine Bananen-Plantage in Südamerika, aber ich beerbte einen Onkel, von dessen Existenz ich zwar wusste, den ich aber nie gekannt hatte.

Das war so unwahrscheinlich, aber doch wahr, märchenhaft.

Hatte ich dieses Mirakel herbeigeschrieben? Wie gut, dass ich meine Geschöpfe nicht umgebracht hatte, sonst wäre ich vielleicht selber Opfer eines Attentats geworden. Diese Erfahrung gibt mir immer noch zu denken. Deshalb gebe ich den Rat: Vorsicht mit der Fiktion, nichts leichtfertig erfinden!

Lutz Rathenow

Ein grünes Tier
klettert über mein Papier.
Es entspricht meiner Vorstellung
von einem Grashüpfer.
Das nächste Gras ist weit,
vier Stockwerke tiefer, gelegentlich
feucht von Hunden und Männern.
Aber das Tier – ein Gedicht.
Das sich verwandelte und hüpft.
Bin ich schon grün vom Schreiben.
Mitternacht, vor dem Computer
auf der Wacht. Zum zweiten Mal
spaziert der Hüpfer denselben Weg.
Oder den gleichen?
Es könnte
eine Expedition sein.
Lauter Grüne
schwärmen aus. Ich träume nicht
Ich darf nicht zu heftig rudern
Mit den Armen.
Vielleicht kann ich
Fliegen und gefährde die Lampen.
Den Kopf.

Jeder Schriftsteller, der diese Bezeichnung mit einem Mindestmaß an Berechtigung trägt, arbeitet nach einem Zeitplan. (…) Wenn ein guter Film im Fernsehen kommt, müssen Sie ihn leider ein anderes Mal sehen. Wenn Ihr Goldfisch stirbt, haben Sie keine Zeit, zum Begräbnis zu gehen. Sogar ein Kater ist keine Entschuldigung. Das Fließband muss laufen.

James N. Frey)

Stefan Holtkötter

D-I-S-Z-I-P-L-I-N!

Das Telefon klingelt. Es ist Uwe, mal wieder Gemütlichkeit in Person.

„Machst 'n heute?", gähnt er behaglich.

„Was soll ich schon machen! Arbeiten."

Sage ich so. Tatsächlich starre ich seit drei Stunden apathisch auf das leere Dokument auf meinem Bildschirm. Fühle mich gelähmt, leblos, nutzlos, unfähig. Zudem muss mein Kopf voller Beton sein, denn meine Stirn droht immerfort auf die Tastatur zu knallen.

„Echt?", fragt Uwe mit leichtem Unglauben. „Du willst arbeiten? Bei diesem Wetter? Guck doch mal raus."

Draußen ist ein wunderschöner Sommertag. Das kann ich an dem Kästchen mit dem blauen Himmel sehen, hoch oben überm Hinterhof. Uwe will zum See, baden. Sofort drängt sich mir der Gedanke auf: Ich bringe heute sowieso nichts zu Papier, soll ich nicht einfach mit dem Picknickkorb ...?

Faules Stück! Faules Stück!

Ich sage Uwe ab. Es kostet meine ganze Überzeugungskraft. Erschöpft blicke ich wieder auf das leere Dokument. Lausche auf eine Idee, auf Inspiration. Doch nichts.

Als Nächstes ruft meine Mutter an.

„Das ist so schön, dass man dich immer erreichen kann ..." Sie richtet sich auf ein ausführliches Gespräch ein. „Deine Geschwister haben ja nie die Zeit! Zwölf Stunden ist dein Bruder jeden Tag im Büro, das muss man sich mal vorstellen ... Übrigens, „deine Tante Margot kommt nächste Woche nach Berlin. Wo doch das

Wetter so schön bleiben soll. Ich habe ihr gesagt, dass du ihr die Stadt zeigen wirst, sie soll sich keine Sorgen machen. Du weißt doch, sie ist allein so hilflos ..."

„Warte kurz, Mutter!" Ich lege das Telefon ab und laufe zur Tür. Es ist der Postbote, er grinst mich an, heute mit vier Paketen unterm Arm. Er weiß inzwischen, dass ich vormittags immer anzutreffen bin und versucht es erst gar nicht woanders.

Für mich hatte er noch nie etwas dabei.

Nachdem die Paketsendung verstaut und das Telefonat beendet ist, gucke ich unglücklich auf den kleinen Fleck blauen Himmel. Ob ich mich doch kurz in den Park lege? Ich könnte Stift und Zettel mitnehmen und ein paar Notizen zum aktuellen Kapitel machen...

Faules Stück! Faules Stück!

Schon wieder das Telefon. Dieses Mal ist es mein Vater, meine Eltern werden nie lernen, sich abzusprechen. „Hab ich dich geweckt?"

Jetzt reicht es mir aber!

„Schon gut, schon gut", sagt er. „Kann ich doch nicht wissen,

dass du seit acht auf bist. Wegen des schönen Wetters, nicht wahr?"
Wieder einmal frage ich mich: Was denken die eigentlich alle von
mir? Dass ich – Schriftsteller eben – nachts durch Clubs und Kneipen ziehe, Rotwein saufe, Männer aufreiße, die Tage dann im Bett
verbringe? Und die Bücher schreiben sich von allein?
Es ist ohnehin schwer genug, mit der täglichen Disziplin zu
kämpfen, solche Querschüsse helfen wenig. Denn das eigentlich
Ärgerliche an dieser Ignoranz ist – ich gestehe es ein –, dass mein
Umfeld mit dieser Einschätzung nicht alleine steht. Mein innerer
Schweinehund denkt über das Leben eines Schriftstellers ganz
ähnlich. Und fühlt sich wieder einmal bestärkt. Ich höre ihn
schon flüstern: Siehst du, Stefan! Es glaubt dir sowieso keiner!
Gib's doch endlich auf!
Wenn es nach ihm ginge, könnte ich jederzeit einen Porno ein-
werfen und mich mit Bier und Chips ins Bett zurückziehen. Wes-
halb auch nicht? Macht doch Spaß!
Disziplin also. Ohne geht es nicht.
Was aber, wenn so gar kein preußisches Blut in den Adern fließt?
Wenn man den Verlockungen der freien Welt nicht widerstehen
kann? Maß- und willenlos der Spaßgesellschaft frönt?
Gibt es ein Rezept für ein arbeitsames Leben? Methoden, mit de-
nen sich Disziplin erlernen lässt?
Ich habe mich einmal umgehört.
Meine Freundin Uta berichtet, jeden Tag acht Stunden am
Schreibtisch zu sitzen. Schlichte acht Stunden Arbeit hat sie sich
vorgenommen, wie jede Angestellte im öffentlichen Dienst, und
dann hat sie frei. Sie führt dazu ein Zeitkonto, ähnlich der Stechuhr einer Behörde. Störungen werden von der Arbeitszeit ab-
gezogen. Mittagspause, Kaffee kochen, telefonieren, einkaufen,
Fußnägel schneiden. Jedoch hockt sie nun oftmals spät abends
immer noch am Schreibtisch, egal, wie früh sie aufgestanden ist.
Das Zeitkonto ist noch nicht voll, der Feierabend muss warten.
Ich gebe zu bedenken, dass im öffentlichen Dienst die Stechuhr
unentwegt weiterläuft, ganz egal, was die Angestellten währenddessen machen.

„Wenn ich die Uhr laufen ließe", sagt sie resigniert, „dann würde ich die acht Stunden dazu nutzen, die Fenster zu putzen und den Kühlschrank abzutauen."

So klappt es also auch nicht.

Vielleicht sollte man sich ein Büro mieten und arbeiten, wo es keine Kühlschränke und keinen Abwasch gibt? Max Frisch, habe ich einmal gelesen, soll auf diese Art seinen „Stiller" geschrieben haben. Einem Angestellten gleich verließ er täglich das Haus und fuhr ins Büro in die Stadt.

Bei meinem ersten Buch habe ich es ebenfalls damit probiert. Und habe mich ganz wunderbar betrügen können. Wenn der Wecker klingelte, habe ich ihn nicht in die Ecke gepfeffert, sondern bin aufgestanden. Schließlich musste ich ins Büro! Es war die Illusion, Arbeitnehmer zu sein. Schnell, schnell, sonst kommst du zu spät! Zusätzlich die soziale Kontrolle durch die anderen in der Bürogemeinschaft. Da konnte ich nicht einfach mittags verschwinden – ach, ich leg mich in den Park! –, ohne dabei abfälliges Kopfschütteln und unschöne Kommentare zu ernten.

Auf Dauer konnte ich mir das Büro jedoch nicht leisten. Selbst in Berlin hat Bürofläche seinen Preis. Zudem hat es mich letztlich stark irritiert, morgens zu den Pendlern in überfüllte U-Bahnen zu steigen. Denn auch ich hatte bis dahin meine romantischen Vorstellungen vom Schriftstellerdasein: Abenteuerreisen durch Südostasien zum Beispiel, oder das Fertigstellen von Romanen in Pariser Traditionshotels. Saufen in fernen, exotischen Hafenkneipen. Hochseefischen im Pazifischen Ozean. Kurzum: ein Leben, wie es beispielsweise Hemingway geführt hat. Stattdessen aber stand ich nun morgens mit kleinen Augen in der U-Bahn, und trug unterm Arm die Aktentasche oder den Henkelmann.

Bei näherem Hinsehen kannte aber auch Hemingway den Zwang der Disziplin nur zu gut. Unbarmherzig verlangte er sich jeden Tag eine bestimmte Anzahl von Worten ab, sonn- wie feiertags, ganz egal, was kam und ganz egal, wie sehr es ihn quälte. So schön seine Bücher sind, sie alle sind Resultat dieses täglichen Kampfes. Dass er auf Kuba stattfand, ist nur Nebensache.

Ein ganz anderes Modell fuhr dagegen Thomas Mann. Er schrieb jeden Tag punktgenau drei Stunden, nach strengem Zeitplan von neun bis zwölf. Nachmittags und abends standen Kaffeetrinken, Spaziergänge und die Teilnahme am gesellschaftlichen Leben an. Doch in den drei Stunden am Vormittag wurde gearbeitet, und seine Frau schirmte das Arbeitszimmer von jeder noch so kleinen Störung ab. „Es gibt kein Genie außerhalb der Geschäftszeiten", hat sein Bruder Heinrich Mann dazu einmal spöttisch gesagt.

Was mich jedoch noch mehr beeindruckt als die peinlich genau eingehaltene Arbeitszeit ist der Output, den er in diesen drei Stunden hinbekommen hat. Schließlich hat Thomas Mann ganze Regalwände von Büchern geschrieben. Durchaus mit Niveau, wie man weiß.

Bei mir geht das leider nicht mal so hopp, hopp; ich muss schon erheblich mehr arbeiten, um auch nur ein einigermaßen vertretbares Mindestmaß an Output zu produzieren. Vom Niveau wollen wir gar nicht reden.

Was bleibt, ist die Einhaltung von Zeitplänen. Vielleicht muss man sich einfach nur ein festes Korsett anlegen, denke ich, und dann gibt es kein Betteln und kein Flehen. Und niemand darf einen stören.

Disziplin durch Zeitplanung ist ein altbewährtes Mittel: Der Tag von Immanuel Kant, lese ich, folgte einem peinlich genauen Stundenplan, vom morgendlichen Weckruf bis zum Löschen des Lichts, einschließlich des exakt siebenminütigen Spaziergangs nach dem Mittagessen auf immer gleicher Strecke. Störungen waren auch hier völlig undenkbar.

Sieht so also Disziplinierung aus?

Auch wenn ich Abschied nehme vom Hochseefischen im Pazifik, ein bisschen Freiheit muss doch sein, oder?

Letztlich gibt es wohl kein Patentrezept. Jeder muss sich seinen eigenen Rahmen basteln.

Ich habe inzwischen für mich einige Maßnahmen entwickelt. Und nach der ersten Testphase kann ich auch einiges davon wärmstens empfehlen. Zum Beispiel: 1) Vorm Schlafengehen verstecke ich nun die Fernbedienung des Fernsehers. Ich *muss* also morgens irgendwann aufstehen. 2) Wenn ich meinen Anspitzer nicht finde, schreibe ich mit dem Kugelschreiber weiter. Keinesfalls stehe ich auf und fahre zum Alexanderplatz, um einen neuen zu kaufen. 3) Genauso gilt, wenn ich während der Arbeitszeit ein Pfund Kaffee kaufe, gehe ich nicht zu *H&M*. 4) Ich verhalte mich so, als existierte nur der Absatz, den ich momentan mühsam überarbeite. Die endlose, erdrückende Bleiwüste, mit der es danach weitergeht, ignoriere ich.

Die beste Maßnahme ist jedoch, und darauf schwöre ich wirklich: Während der Arbeitszeit liegen Telefon und Anrufbeantworter unterm Federbett. Zwar kann ich immer noch von ferne hören, dass jemand anruft. Doch ich erfahre erst nach Feierabend beim Abrufen der Nachrichten, wer es gewesen ist.

So läuft es.

Zumindest, solange ich nicht aufstehe, zum Bett hinüberlaufe und neugierig die Decke hebe. Aber wenn es dann Uwe ist, der mich wieder mal verlocken will, dann muss ich ja nicht rangehen. Es sei denn, das Wetter ist wie heute ...

Dorothea Keuler
Spinnen ist seliger denn Weben
Über die Lust ungeschriebene Romane zu schreiben

Es gibt Kolleginnen und Kollegen, die setzen sich morgens um acht an den Schreibtisch und schreiben bis Mittag, und nachmittags machen sie das Ganze gleich noch mal und haben abends ihre zehn, zwanzig Seiten. Sollte ich sie beneiden? Denn: wer schreibt, der bleibt. Meines Bleibens war nicht lange. Ziemlich bald war mein Roman – „Die wahre Geschichte der Effi B." – vom Buchmarkt und ich aus dem Literaturbetrieb verschwunden. Denn ich hatte meine wahre Bestimmung gefunden: als Autorin ungeschriebener Romane.

Davon existieren mittlerweile fünf Stück. Einer spielt in Athen während des Peloponnesischen Krieges. Es geht um die Verschwörung des Feldherrn Alkibiades. Mein Roman hätte, wenn er denn geschrieben worden wäre, mit einer Gegenverschwörung aufgewartet – plot und counter-plot. Und dieses Plotten bereitet unbändiges Vergnügen. All die Figuren, die dabei aus dem historischen Dunkel auftauchen! Und jede hat ihre eigene Geschichte, ihren eigenen Ton! Und es ist fantastisch, all diese Geschichten miteinander zu verquicken oder von den Rändern des Gespinstes her alle möglichen Fäden zu verfolgen – und wieder wegzulegen. „Arachnes Netz" hätte er heißen sollen, der Roman. Ach, Spinnen ist seliger denn Weben! Und mittlerweile habe ich die gesamte griechische Klassik mit einem Rhizom[1] aus Krimiplötten unterwandert.

So weit so gut, irgendwann begann ich zu schreiben. Ich liebe Anfänge, ich kann gar nicht genug davon kriegen, denn jedem Anfang wohnt ein Zauber inne. Leider geht dieser Zauber flöten, je mehr sich das Gewebe verdichtet, und unversehens sieht man sich aus Champagnerhöhenluft in dumpfen Schreibstubenmief versetzt. Also schrieb ich bald nicht mehr. Anfangs glaubte ich

1 Rhizom: weitverzweigtes Wurzelgeflecht und Lieblingsmetapher von Klagenfurter Juroren

noch an eine Blockade. Fabelhaft! Erst die Schreibblockade adelt den Autor! Dann öffnete Alice W. Dohertys Pathologie des Schreibens („Die Mitternachtskrankheit") mir die Augen. Nein, ich bin nicht blockiert. Blockiert sind die Disziplinierten, die sich hinsetzen, tagtäglich, auf ihre vier Buchstaben setzen, und denen nichts einfällt. Mir flogen die Einfälle nur so zu, vor allem, wenn ich mich nicht hinsetzte. Warum also die Quälerei? Schon lockte ein neues Projekt ...

Ein anderer Roman, den ich nicht geschrieben habe, verbindet das Schicksal des jungen Werther mit dem des Fräuleins von Sternheim, der tugendhaften Heldin eines Briefromans von Sophie LaRoche. Meine Version sollte die Geschichte einer adligen Abenteurerin erzählen, in der auch der tote Werther zu Wort käme. Tote Ich-Erzähler kommen immer gut. Mein Werther wäre Agent gewesen und hätte die kompromittierenden Briefe des Fräuleins von Sternheim in Empfang nehmen sollen. Während er in seiner ländlichen Idylle Erbsen pulte, Homer las und Käfer beobachtete, wartete er in Wirklichkeit auf einen Kurier. Weil ihn aber die Liebe zu Lotte nicht nur blind, sondern auch taub machte, verpasste er das Codewort – „Klopstock!" – und nahm ein böses Ende. Eine fetzige Rokoko-Klamotte mit vertauschten Kindern, innerfamiliären Verstrickungen, Geheimbünden, Intrigen, Räuberbanden und einem fulminantem Mantel-und-Degen-Finale schwebte mir vor. Dann machte mich eine befreundete Lektorin darauf aufmerksam, dass mit der Parodie eines Werkes, das allenfalls ein paar hundert GermanistInnen bekannt ist, kein Blumentopf zu gewinnen sei, und enthob mich damit gottlob der Mühsal des Schreibens.

Die wahren Abenteuer sind im Kopf, und sind sie nicht im Kopf, dann sind sie nirgendwo, singt André Heller. Dieses Hineinstrudeln in unbekannte Räume, dieser Tanz der Figuren führt zu einem Zustand tranceartiger Beglückung, in dem sich selbst Urlaubsreisen und Familienfeiern unbeschadet überstehen lassen. Schreiben hingegen ist Leiden, sofern man nicht mit

Hypergraphie – Schreibzwang – gesegnet ist. Und um sich der Tretmühle des Literaturbetriebs auszusetzen, muss man entweder von hohem Sendungsbewusstsein beseelt oder stark masochistisch angehaucht sein. Soll ich mich etwa vor einen Karren spannen lassen, vor der Nase den Verlagsvertrag wie die Rübe vorm Maul eines störrischen Zugtiers? Bin ich ein Esel?

Die lustvolle Bricolage trägt ihren Lohn in sich selbst, während gerade der beschwerlichste Aspekt der literarischen Existenz sich am wenigsten (be)lohnt. Ja aber, sagt das Über-Ich, ohne Buch kein Literaturpreis, kein Autorenstipendium, kein Stadt-schreiberposten, kein Renommee. But hey, it's a glorious feeling!, frohlockt das Es und führt Ekstasen ins Feld. Ich aber lächle stillvergnügt in die Baumkronen jenseits des Schreibtischs. Denn so ein ungeschriebener Roman inspiriert das ein oder andere Hörspiel, und die Recherche – Expeditionen ins Herz der Antike, Forschungsreisen ins Intrigenzentrum eines Fürstenhofes, Irrfahrten mit umherziehenden Räuberbanden – liefert Stoff für Radiofeatures. Ja, ich fahre gut mit meinen ungeschriebenen Romanen. Und mögen die Musen den öffentlich-rechtlichen Rundfunk erhalten!

Udo O. Rabsch
Gehirn, Schreiben, Inspiration

Es gibt unterschiedliche Zentren für Sprechen, inneres Formulieren und Schreiben im Gehirn. Man kann sie durch die verschiedenen Verletzungen und Erkrankungen des Gehirns lokalisieren. Diese verschiedenen, übrigens nur stecknadelkopfgroßen Orte liegen bei Rechtshändern in der linken Gehirnhälfte, bei Linkshändern meist in der rechten. Einer steuert das Sprechen mit den Sprechwerkzeugen, kontrolliert Mund-, Gesichtsmuskulatur, Bewegungen der Zunge und Gurgel, ein anderer ist zuständig für das innere Formulieren der Worte. Auch das Schreiben hat einen eigenen Ort, das Schreibzentrum. Es setzt die Worte, die das Gehirn im anderen Zentrum denkt, in muskuläre Aktionen um. Diese muskuläre Aktion wird vom Schreibzentrum aus geleitet, sie kann unterschiedlich ausgeführt werden. Wenn ich „A" schreibe, kann es sich um ein kleines a handeln, ein großes, ich kann es tippen oder mit der Hand schreiben. Dies wird außerhalb des Schreibzentrums entschieden. Vereinfacht ausgedrückt: man hat das Bild des „A" vor sich, wechselt zum Schreibzentrum und gibt es in Auftrag. Das Schreibzentrum muss dann wissen: dieses A will ich tippen oder per Hand schreiben ... und leitet den Auftrag weiter. Danach wird es in muskuläre Aktion umgesetzt.

Die Muskulatur des Körpers ist in der linken Hirnhemisphäre (bei Rechtshändern) getreu abgebildet. Dort gibt es eine kleine Menschenfigur als Muskelrepräsentanten, die man nachmalen kann – ich glaube, diese Menschenfigur liegt kopfüber in der linken Hemisphäre – oben die Füße und Beine, dann der Bauch, und alle diese Punkte im Gehirn sind Aktivierungspunkte für die verschiedenen Muskeln. Dazu kommen natürlich noch die Verbindungen von dem Ort, an dem innerlich formuliert wird.

Dieses Formulieren im Kopf wird oft anders in Sprechen oder in Schreiben verwandelt. Man erzählt meist anders, als man schreibt. Und es gibt Menschen, die können sprechen, aber nicht schreiben. Nach einer Verletzung können manche Patienten im Inneren noch formulieren und Zusammenhänge herstellen. Zum Beispiel das Wort Ofen als Wort denken und sich das dazugehörige Objekt vorstellen, es aber nicht mehr aussprechen, aber noch schreiben, oder sie können es nicht mehr schreiben, aber noch sprechen. Andere kennen noch das Wort Ofen, können aber nicht mehr die Verbindung zum dazugehörigen Objekt herstellen. Sie denken „durcheinander" ... und manchmal sprechen sie dann wirr. Vielleicht verstehen sie noch, was von außen hereinkommt. Manche Alzheimerpatienten schauen einen so an, wenn man mit ihnen spricht, als würden sie verstehen ...

Im Extremfall haben die Menschen also eine so genannte motorische Aphasie, das heißt es gelingt nicht mehr, ein Wort in Motorik umzuwandeln – oder ins Sprechen. Es gibt auch die komplette Aphasie für Schreiben und Sprechen. Aber eine innere Sprache bleibt immer. Der Mensch kann durchgehend formulieren und auch verstehen, kann es aber nicht nach außen transportieren.

Was passiert beim Schreiben im Gehirn? Wenn ich tippe oder schreibe, hat das eine andere Wirkung auf mein Denken, als wenn ich spreche. Das Sprechen benötigt nicht die mechanischen Abläufe des Schreibens. Mechanische Abläufe wirken wieder zurück auf das Gehirn. Darum ist zum Beispiel Aristoteles mit seinen Schülern immer herumgelaufen, sie heißen ja die Peripatetiker, die Herumwandelnden, die im Kreis Laufenden. Das findet seinen Niederschlag in der modernen Wissenschaft. Wenn man sich bewegt, denkt man anders – und besser –, als wenn man sich nicht bewegt.

Und so könnte es auch beim Schreiben sein. Beim Schreiben wird möglicherweise mehr hervorgelockt als beim bloßen Denken. Durch die Mechanik, die Bewegung und durch das Schriftbild, das man sieht. Im Vergleich zum Herumwandeln ist Schreiben vielleicht nur eine minimale Bewegung – aber es ist Bewegung. Außerdem blickt man zugleich auf das Schriftbild. Es gibt ein Hin und Her: sehen, bewegen, denken. Man weiß heute, dass der ganze Organismus, auch das Gehirn, auch das Denken, in Regelkreisen funktioniert. Man sieht etwas, hat einen sinnlichen Eindruck, und schon wird der sinnliche Eindruck zurücktransportiert in den Ursprung des Schaffens, und dort findet wiederum etwas statt.

Ich setze mich hin, will eigentlich nur einen Satz schreiben, doch plötzlich wird durch diesen Akt des Schreibens etwas in Bewegung gesetzt, ganz anders als durch das Denken allein. Aufgrund der Bewegung und auch, weil ich kurz im Denken anhalten muss, um zu tippen, und dann wieder Zeit zum Assoziieren da ist.

Das hieße auch, dass das reine Denken allein vielleicht am wenigsten weit kommt – ein fortlaufender Prozess ohne Neuassoziation. Man könnte auch sagen, es dreht sich im Kreis, es braucht die Kopplungen – man denkt assoziativ, man denkt und denkt und denkt in einem raschen Fluss; wenn man spricht, dauert es ein bisschen länger als das Empfinden, das vorsprachliche Denken, Urteilen und Einschätzen, und man hat auch beim Sprechen Assoziationen (die berühmte „Verfertigung der Gedanken beim Reden") – manche mehr als andere, und manche kommen beim Erzählen vom Hölzchen aufs Knöpfchen.

Die langsamste der drei Formen ist das Schreiben, mit Bewegung und Schriftbild gekoppelt, und das stellt immer wieder einen Rückreiz, eine Rückkopplung zu Assoziationen her ... Die Worte Poesie, Poetik hängen mit dem „Tun", mit der Hand etwas tun, zusammen. Das griechische „Poein" heißt übersetzt „Tun". Auch dies hat die moderne Wissenschaft bestätigt: lässt man ein Kind nichts tun, hindert es an Bewegung, erlernt es auch die Sprache, das Schreiben nicht. Bewegung also ist nötig für den Umgang mit der Sprache.

Neulich wollte ich nur ein Wort auswechseln, mit dem Gedanken, das könnte man besser sagen – und schon wurde dieses Löschen und Einfügen von einer Kaskade von Assoziationen begleitet, plötzlich wurde es eine halbe Seite, und zwar sehr guter Text.

Das wäre nicht allein durchs stille Ausdenken entstanden, sondern war nur durch die Aktivität des Schreibens möglich, durch die damit verbundenen Rückkopplungen. Das Glücksgefühl, das so viele beim Schreiben haben, hängt mit solchen Momenten zusammen – Schreibrausch, und das Gehirn schüttet die dazugehörigen Drogen aus.

Das andere Extrem dieses Phänomens wäre die Schreibblockade. Manche Menschen können wunderbar von ihren Vorhaben erzählen, in schönen Worten, doch sobald sie die Tastatur vor sich sehen, sind sie blockiert. Man hat den inneren Auftrag erhalten, schriftlich zu verwirklichen, was man vorhin mündlich noch so schön hat formulieren können, und diesem Zwang verweigert sich das Gehirn. Auch das ist vielleicht nur eine dieser Rückkopplungen: Los! Jetzt muss es sein! Das ist ein so hoch dosierter Auftrag, dass sich das Gehirn ihm verweigert und blockiert. Darum ist vielleicht für so viele das Anfangen am schwersten. Beim Schreiben hingegen, das schon im Gang ist, oder auch beim Korrigieren, fließt es dann leichter und schneller.

Inspiration und Assoziation, dazwischen lässt sich ein Bogen ziehen. Inspiration kommt vom lateinischen „inspirare" – hineinblasen, beleben. Der „Geist" wird in die Materie hineingeblasen, der Lebens-Odem.

Und bezogen auf Schreiben wäre Inspiration, dass zu diesem inneren Auftrag zu schreiben tatsächlich auch das Leben, der belebende Geist hinzukommt. Das poetische Schreiben ist immer auch Inspiration.

Man könnte die Welt rein materialistisch sehen. Also z.B. so, dass wir alle durch Sonnenexplosionen ermöglicht wurden, entstanden durch frei werdende Eisen- und Kohlenstoffmoleküle – dass sich also letztlich alles auf materielle Bewegung, Assoziierung und Zusammensetzung zurückführen lässt. Das „geistige" Leben ist ja auch an Assoziierung von Materiellem gebunden. Andererseits gibt es vielleicht doch den Sprung ins Immaterielle.

Dass ein Individuum inspiriert wird, heißt, dass es außer ihm – außer sich selbst – noch etwas anderes gibt, das in dieses Individuum „hineinkommt". Dies könnte so etwas wie das Gesamtbewusstsein einer Gesellschaft sein. Alle möglichen Gedanken, die mal gedacht wurden und an materielle Vorgänge gebunden sind, werden dann sozusagen aktiviert oder neu zusammengesetzt.

In jeder Poesie, in jedem Roman werden immer wieder zwischenmenschliche Geschichten erzählt, immer wieder lässt sich dasselbe Thema neu aufnehmen, genauso wie Sonnen, Fixsterne und Spiralnebel kreist die Literatur spiralförmig. Man kommt immer nur in die Nähe von irgendwas, von anderer, weiterer Perspektive in die Nähe der Wiederholung. Dass etwas inspiriert wird, bedeutet, dass die Texte immer wieder belebt, neu zusammengesetzt und formuliert werden. Man sieht es auch in der Naturwissenschaft: Genome sind sich sehr ähnlich, ein Korallentierchen oder eine Maus oder ein Fadenwurm oder ein Mensch. Trotzdem kommt es durch die Variation und Neuassoziierung desselben Stoffes zu wunderbaren Neuschöpfungen.

Inspiration heißt Belebung. Ich kann einen Text aufschlagen und einen Satz lesen und feststellen: der Satz hat kein Leben, da passiert nichts in mir – oder aber er inspiriert mich. Die Inspiration des Schreibers belebt, inspiriert den Leser, es ist eine Wiederholung. Und natürlich kann sich das in der Urteilskraft eines jeden unterscheiden. Doch manche Texte, manche Sätze inspirieren viele.

Inspiration lebt schon in der Wortbildung selber auf. Schon wenn man sich auf den Akt einlässt – ein wenig banal vergleichbar mit dem Weizenkorn, das einmal gesät von selber wächst, besser oder schlechter, aber es wächst.

Die Inspiration beginnt bereits, wenn man zu schreiben anfängt. Man kann es natürlich schlecht machen, „Handwerk" ist dabei durchaus vonnöten, doch die Inspiration liegt bereits in der Technik der Sätze, der Kombination der Worte.

Wenn dir Menschen etwas mitteilen wollen, dann suchen sie nach Worten. Entweder gelingt es ihnen, dann wird es gelungene Poesie, oder es gelingt nur schlecht. Aber auch im Schlechten ist dieser Schaffensdrang zu spüren.

76

Selbst dann, wenn es nur zu einem verzweifelten ÄÄHHH kommt. Beabsichtigt war die absolute Gelungenheit des Wortes, die Schönheit des Wortes.

Als Verlegerin oder Lektorin, die ja so viele schlechte Texte erhält, lässt sich vielleicht gar nicht nachvollziehen, dass auch hinter einem schlechten Text die innere Sehnsucht nach einem gelungenen Wort steckt.

Vielleicht fehlt manchen Autoren allerdings die Demut zu sagen: Nein, ich kann es nicht, ich schicke den Text lieber doch nicht ab!

Es gibt diese verzweifelte Suche nach den richtigen Worten.

Wie bei den Menschen, die in meine Praxis kommen, in einem Gefühlssturm wegen irgendwelcher organischer oder seelischer Krankheiten. Und jetzt stehen sie da und müssen in richtige Worte fassen, wofür sie sonst nur zwei, drei Sätze zur Verfügung haben – entweder: ohhh, desch is geil, oder ohhh, desch is ja furchtbar –, diese Sätze haben sie normalerweise übrig für ihr Leben.

Und jetzt merke ich, wie sie sich anstrengen, die Worte zu finden, um mir davon zu erzählen …

Elisabeth Göbel
Schreiben über: Schreiben

I. Lesen und Schreiben
Nicht dem fremden Duktus verfallen, nicht nachmachen, nicht schreiben wie eine andere schreibt. Dennoch, ihr Duktus, der Schreibfluss von Marie Luise Kaschnitz in ihren späteren Prosatexten, hat etwas Suggestives, das mich mitzieht, das nachwirkt, über die Lektüre hinaus. So wie man beim Tanz in den Duktus des Partners fällt, ihn nicht kopiert, aber mitschwingt in der ohne irgendeine intellektuelle Anstrengung wahrgenommenen Bewegung.
Gute Tänzer provozieren dieses Mitschwingen. Gute Schriftsteller tun es, weil sie den Leser mitreißen, weil sie ihn verführen *wollen*. Als Leserin, eben noch etwas kritisch, etwas distanziert abseits stehend, bin ich unversehens mittendrin. Da bin ich schon in den Sätzen, bin selber Teil des Geschriebenen. Das ist Verführung, zugegeben, aber sich verführen zu lassen, bedeutet durchaus nicht, alles Eigene aufzugeben; es ist, so geht es jedenfalls mir beim Lesen, eine Art der Hingabe. Hingabe nicht nur an den Inhalt, sondern auch an die Form.
Es widerfährt mir bei der Lektüre der unterschiedlichsten Autoren. Thomas Mann oder Günter Grass, Rilke oder Harold Brodkey, Virginia Woolf oder Marie Luise Kaschnitz. So verschieden sie sind, sie ergriffen mich in dem Moment, in dem ich mich ihnen aussetzte, mich freiwillig unterwarf. Nicht nur Sprachduktus und sprachliche Erfindungsgabe, auch Charakter- und Seelenschilderung verbinden sich mit den unterschiedlichsten Inhalten zum einmaligen, besonderen Werk.
So habe ich mich heute wieder einmal in Kaschnitz' *Orten* festgelesen. Wollte nur kurz hineinschauen, weil ich eine Ortsbeschreibung suchte, und nun lese ich der Reihe nach, damit mir nichts entgehe, esse mich durch eine wohlschmeckende Speise, ohne satt und des Genusses überdrüssig zu werden. Die ungeordneten Lebensbilder der Autorin beschreiben geografische Orte, schildern Orte des Intellekts, des Gefühls: Seelenorte.

So kann man autobiografisch arbeiten, ohne langweilig zu sein. So kann man Tagebuch führen, ohne sich der kleinlichen Ordnung des Alltäglichen, dem Zwang des Datums oder der Reihenfolge unterwerfen zu müssen. Jeden Tag ein Blatt beschreiben, ein Kalenderblatt von der Vielfältigkeit des Lebens. Aufschreiben, was einem über den Weg läuft oder in den Sinn kommt. Die Tage laufen davon, Einfälle verflüchtigen sich, Eindrücke werden blass. Eine Woche, ein Monat vergeht, und ich habe wieder viel zu wenig zu Papier gebracht.

Glaube keiner, dass hinter den kurzen, ganz im Alltagsgewand daherkommenden Texten der Kaschnitz nicht Arbeit steckte. Das Überarbeiten, das nach dem schnellen Hinwurf, der Skizze, kommt, ist die eigentliche Kunst. Genau soll es sein, aber skizzenhaft bleiben. „Friss, Vogel, oder lass es bleiben, werde satt, Leser, oder bleibe hungrig, ergänze, was nicht dasteht, aus eigenem Vermögen, arbeite mit." Dass der Leser dazu willens und

in der Lage ist, vergessen wir Schreibenden gelegentlich. Wir bemühen uns sehr ums Detail und bleiben in der Darstellung von
Banalitäten stecken. Die Wahrnehmung mag noch so genau sein;
wenn der Blick für das Besondere fehlt, wird das Skizzenhafte zur
Beliebigkeit; dann ist alle Überarbeitung verlorene Liebesmüh.
Bei Kaschnitz wurde Stroh zu Gold: mit der Kurzform der über-
persönlichen Tagebucheintragung, in der sich Gegenwärtiges
und Vergangenes mischen, schuf die Autorin ein neues literarisches Genre. Da war sie schon im Herbst ihres Lebens. „Das
Alter", notiert sie in einem ihrer späten Texte, „ist für mich kein
Kerker, sondern ein Balkon, von dem man zugleich weiter und
genauer sieht."

Sie schrieb Romane,
Gedichte, Hörspiele,
wunderbare Erzählun-
gen. „Das dicke Kind"
muss ich mir unbedingt
noch einmal vorneh-
men. „Stille Schatten"
las ich vor kurzem zum
dritten Mal, ohne an
irgendeiner Stelle Lan-
geweile zu verspüren.
Aber das literarische
Tagebuch ist Marie
Luise Kaschnitz' ei-
gentliche Kunstform,
ihr Vermächtnis. Der
Leser nimmt Anteil,
weil ihn die Tagebuch-
schreiberin nicht aus
den Augen verliert, er
ist nicht Voyeur, son-
dern Angesprochener.
Das Jahr, in dem die

Offizierstochter im Badischen geboren wurde, 1901, war das Erscheinungsjahr der *Buddenbrooks*; 1968, sechs Jahre vor ihrem Todesjahr, schrieb Solschenizyn den *Ersten Kreis der Hölle*. Die Schriftstellerin erlebte zwei Weltkriege, sie war gegen Macht, Diktatur, Weltherrschaft, aber sie griff nicht ein, sondern flüchtete sich in die Kunst, was sie in den Tagebuchnotizen bekennt und beklagt. „Eine Kämpferin war ich nie."

Im Jahr 1901 wurde meine Mutter geboren. 1968 kam mein erstes Kind zur Welt. Dazwischen und danach liegt eine Spanne Leben und Schreiben. Kaschnitz beschreibt die Welt, wie ich sie kenne. Das Vergnügen beim Lesen ihrer Texte ist auch das des Wiedererkennens. Die römische Dachterrasse, die Landschaft Ostpreußens, das Potsdamer Haus, die Erfahrung von Angst, Hilflosigkeit und Schrecken, die Erfahrung von Glück – vertraute Bilder, bekannte Gefühle. Die Tagebuchform, die nicht nur Innenschau ist, sondern die Fangleine zum Leser auswirft, wurde mir eine vertraute Form. Wenn Kaschnitz uns an das Morden der Hitlerzeit erinnert, wenn sie den Tod ihres tumorkranken Mannes schildert, ihre unendliche Trauer und Verlassenheit, schreibt sie, um nicht der Depression zu verfallen. „Wer ausspricht, bannt, und der Wunsch, das Schreckliche zu bannen, mag die Ursache meiner traurigen Gedichte und pessimistischen Geschichten gewesen sein." Der Grund wohl auch, warum sie selbst heiter, harmonisch und ohne Launen sein konnte.

Kein Widerstand. Kein Aufbegehren. Marie Luise Kaschnitz ist Beobachterin, Beschreibende, nicht Handelnde. Das brave Kind. Manchmal traurig, hilflos manches Mal. Aber die Neugier und die Fähigkeit zu staunen, hat sie sich ihr Leben lang bewahrt. Trotzdem beklagt sie ihre Distanz, ihr Schauen vom Balkon. Christa Wolf schrieb einmal – ich zitiere es aus dem Gedächtnis – Wenn ich lebe – das heißt, an allem teilnehme, mich allem aussetze –, kann ich nicht schreiben; wenn ich jedoch schreibe, rückt alles Leben um mich in weite Ferne. Aber den Stoff gibt das Leben. Wenn M. L. Kaschnitz nicht intensiv teilgehabt hätte am Leben, wäre nicht so viel Lebendigkeit, nicht solche Fülle in ihren kleinen Texten. Beim Schreiben meines ersten Polenbuchs war sie Vorbild und Leitstern für mich.

II. Aufschieben

Morgen fange ich an. Ein wunderbarer Satz: Morgen fange ich an. Hat etwas Klares, strukturiert die Woche, denn übermorgen wird es ja weitergehen, wenn ich morgen beginne; morgen ist mein Kalendertag fast frei, bis auf einen mir aufgezwungenen Termin von der Versicherung, ein Mensch meinte mich beraten zu wollen, zu müssen, ich sagte: na ja, dann kommen Sie doch. Der wird also gnadenlos exterminiert.

Morgen. Warum eigentlich nicht heute? Beim Zähneputzen beschließe ich, schon heute mit dem Schreiben zu beginnen, nichts außer der Existenz des schönen Wortes Morgen spricht gegen das Heute. Ich soll über das Schreiben schreiben, eigentlich eine simple Angelegenheit: man schreibt und schreibt über das Schreiben. Während des Zähneputzens fallen mir wunderbare Sätze ein, kluge Gedanken tauchen auf bei allen noch folgenden Morgentätigkeiten. Morgen? Jetzt weiß ich, warum ich das Wort so mag: Ich liebe das Licht des frühen Morgens, jetzt gerade den flammenden Herbst, die Erwartung an diesen Tag, die Illusion von viel Zeit, von Freiheit und Freizügigkeit. Selbst wenn der Morgen trübe ist, birgt er ein Versprechen. Komme was da wolle, es könnte gut sein. Während des Zähneputzens kommt mir auch in den Sinn, dass es für Menschen, die aufschieben und wegschieben und weiterschieben, einen Fachausdruck gibt. Es handelt sich um eine wissenschaftlich definierte Störung, gestern hab ich's in der *Frankfurter Rundschau* bei Schwester Alpha gelesen. Aber wo ist die Zeitung von gestern, wo steckt Schwester Alpha. Beim Kramen und Suchen bleibe ich an einem Artikel über Genazino hängen. Das ist auch so einer, der übers Nichtstun, übers Immer-andere-Dinge-tun-als-das-eigentlich-Wichtige schreibt. Über die Langeweile und das Warten-Können als Voraussetzung für den Schaffensprozess. Als Flaneur und Voyeur mit „gedehntem" Blick das Leben beobachten, es aufnehmen und als Literatur wieder hergeben …

Also doch nicht jetzt gleich mit dem Schreiben beginnen, morgen … Ich könnte schnell mal den Versicherungstermin absagen. Zu früh, Versicherungsfritzen schlafen lange, außerdem habe ich hinterher immer schlechte Laune, wenn ich es mit einem armen Menschen dieser bedauernswerten Berufsgruppe zu tun hatte. Ich bin bei solchen Verhandlungen nämlich kein freundlicher Mensch. Ich bin nicht gelassen, nicht in der spielerischen flaneurhaften Beobachtungspose eines Wilhelm Genazino. Ich bin verkrampft und sauer. Doch eigentlich suche ich ja noch Schwester Alpha. Warum habe ich mir nicht gemerkt, wie der Fachausdruck heißt? Lässt das alles schon nach? Man sollte beim Schreiben doch aus dem Vollen schöpfen können und nicht aus Zettelkästen, Papierschnipseln mit Notizen, Zeitungsausrissen. Dabei fällt mir jetzt mein Romanprojekt ein. Es wäre sinnvoller, sofort damit zu beginnen; statt übers Schreiben zu schreiben, wirklich schreiben. Ich habe genug Material gesammelt, eine Grundidee ist da – zwei Freundinnen, sehr verschieden, eine starke Anziehungskraft zwischen ihnen, Mädchenliebe, die erste Periode, Briefe, Begehren,

eine seltsame Neigung der einen zu grausamen Heiligenlegenden. Bartholomäus, Agathe und so weiter. Eine irre Winterreise nach Polen in eiskalte Barockkirchen, ein gewaltsamer Tod. Aber der Einstieg in den Roman ist jetzt nicht möglich: die Datei, die ich in diesem Moment benutze, heißt „Kleinkram lit.", Kleinkram, literarisch. Also bleib erst mal dabei, große Dichterin.

Jetzt habe ich das Wort: Procrastination. An der Uni Münster erforschen sie die chronische Störung des Aufschiebens. Ich geh mal kurz ins Internet. *Procrastination – Waiting until the last minute.* 356.000 Suchergebnisse. Könnte man ganz schön Zeit damit verbringen. Das Wort gefällt mir trotzdem nicht, kein guter Klang, ein Monster zermalmt etwas schwer Verdauliches zwischen den Zähnen. *Procrastination.* Schöner ist: Inkrustation. Oder: Prokrustesbett. Ja, das ist es: Schreiben ist, wie in ein Prokrustesbett gezwängt werden, ein schmerzhafter und schmerzlicher Anpassungsprozess. Begrenzung, Starrheit, Verzicht. Der frei im Raum schwebende Stoff, die Vielfalt, die hunderttausend formalen Möglichkeiten müssen gebändigt, kanalisiert, aussortiert werden. Jedes Gefühl göttlicher Größe beim Schöpfungsakt wird gnadenlos zerstört. Eigentlich, denkt man trotzdem, bin ich zu groß für das enge steinharte Bett. Auch das ist Schreiben: eingeschränkt sein durch das von der Natur vorgegebene Maß an Talent, durch die vorausgesetzte Erwartung von Verständlichkeit auf Seiten des Lesers inhibiert, gezwungen, sich der eigenen Schreibgeschwindigkeit anzupassen und Inhaltserwartungen sowie Seitenvorgaben zu erfüllen. Geschichten, die ich zu Ausschreibungen einreiche, dürfen nie länger als sieben Seiten sein, egal, wer der Auslober ist, sieben Seiten, was darüber ist, verschwindet in bodenlosen Papierkörben, weil es die Aufmerksamkeitsspanne der Lektoren überschreitet oder ihrem Sinn für die Vielfalt der Multichoicelektüre einer Anthologie zuwiderläuft.

Jeder „fertige" Text ist ein Kompromiss, ist nichts als der Versuch, eine der zahllosen möglichen Varianten am Schopf (oder am Schwanz) zu packen. Immer heißt es Abschied nehmen vom Idealbild, vom Wahn, das eigene Produkt sei vollendet und schön.

Klick klack klack klick, die Finger hüpfen über die Tasten, kaum hörbar raschelt die Maus. Diese Musik begleitet meine Inkrustationsarbeit. Ein Text entsteht. Trotz allem macht es immer wieder Spaß.*

III. Schreiben über Gefühle
Ausflüchte treiben mich um, der Drang auszuweichen, ich laufe in der Wohnung herum, erledige Notwendiges, was auch aufgeschoben werden könnte, schaue nach den Pflanzen auf dem Balkon, schaue lange und gründlich, zupfe hier und da, trinke die fünfte Tasse Tee, hänge Wäsche auf, suche in der Zeitung nach einer Kinokritik, wieder Tee, wieder herumlaufen, ein Anruf kommt, jetzt bin ich ganz und gar abgelenkt, schließlich klimpere ich ein bisschen auf dem Klavier.

Ich will über die Angst schreiben. Angst ist das Thema. Angst und der Krieg. Eine Ausschreibung für eine Lesung. Sieben Seiten, nicht mehr.

Es ist kalt in der Wohnung. Ich krame den elektrischen Heizofen heraus, stelle ihn in mein Zimmer, schließe die Tür. Nun sitze ich am PC. Wollte ich nicht ein paar Leute anrufen, gestern waren sie nicht da, eine Freundin, der es schlecht geht, eine Verabredung am Abend ...

Nicht telefonieren jetzt, ich will über die Angst schreiben. Ich überlege, was ich einkaufen, was ich essen könnte. Hole Reste von gestern aus dem Kühlschrank. Setze mich wieder, um meine Geschichte zu beginnen. Der Bombenkrieg über Berlin.

Eigentlich wäre es wichtiger, die Schreibwerkstatt vorzubereiten, die Literaturliste ist zu ergänzen, ich muss über ein Arbeitsthema nachdenken. Für einen Verlag ist eine Vita zu verfassen. Warum will ich über ein so unangenehmes Thema schreiben, betone ich in den Arbeitsgruppen doch immer wieder, Schreiben solle Freude machen, aus einem inneren Impuls kommen und nicht unter Zwang entstehen.

---

* Inkrustatation im Kunstgewerbe: Einlegen von härteren Materialien in eine weiche Füllmasse. – Prokrustes war ein Unhold in der griechischen Mythologie, der seine Opfer streckte bzw. verstümmelte, bis sie in sein Bett passten.

Kann man über Angst ohne Überwindung, ohne einen gewissen Zwang schreiben?

Jetzt suche ich im Computer nach einem Zitat: ein Satz über die Angst. Ja, vergesslich bin ich auch, vergesslich und unkonzentriert. Weiß nicht mal mehr genau, von wem es war. Hier ist es, Thornton Wilder, aus den Tagebüchern: „Die Kunst befindet sich in der Schwebe zwischen zwei Ressourcen. Sie bietet sowohl eine Flucht vor der Angst als auch eine Befreiung von ihr ..."

Ich denke über das Zitierte nach. Wie gut formuliert, knapp und treffend. Wozu schreibt man überhaupt? Wozu sich mit Dingen abmühen, die andere schon viel besser zum Ausdruck brachten? Was ist denn Kunst? Wer über Angst schreibt, produziert nicht gleich Kunst; zunächst einmal muss er sich hineinbegeben in die Angst, da ist sie nicht gebannt, sondern entfesselt.

Irgendwann gewinnt dann doch etwas anderes die Oberhand, das weiß ich aus Erfahrung: ich arbeite, ich be-arbeite, ich betrachte meine Angst, versuche sie zu klären, indem ich sie im Prozess des Be-Schreibens erkläre. Und damit beginnt die Erlösung, die Befreiung. Die Frage nach dem literarischen Wert des Geschriebenen verliert in diesem Moment an Bedeutung. Sie wird sich wieder stellen. Sie stellt sich mit jedem Text aufs Neue, was nicht heißt, dass es immer gleich eine Antwort gibt.

IV. Die Wirklichkeit beschreiben

SchriftstellerInnen orientieren sich an der Wirklichkeit. Doch Dinge, die „wirklich" passieren, sind mitunter so verrückt, dass die Leser sie für einen schlechten Einfall, für übertrieben, überzogen halten würden. „Schreib das doch mal auf", sagen Freundinnen zu mir und erzählen mir tolle Begebenheiten, und ich nicke dann höflich, weiß aber, dass ich es nicht tun werde. Denn erstens muss ich die Dinge selbst erlebt und erfahren haben, und zweitens sind, wie gesagt, abstruse Geschichten meistens nicht literarisch zu verwenden. Eine Frau berichtet, dass sie nach einer beendeten großen Liebe in der Wohnung ihres Geliebten den einzigen Brief suchte, den sie ihm geschrieben hatte. Sie wollte kein Beweisstück, kein Pfand hinterlassen. Sie fand den Brief, zusammengefaltet mit einem anderen Liebesbrief einer anderen Frau. Die Schriftstücke lagen mit dem Falz ineinander in einem Umschlag, wie Liebende, Rücken an Rücken. Sie las beide Briefe, verglich die Daten. Was sie mehr erschreckte als die Nähe der Datierung, war die Ähnlichkeit der Texte: dieselben Liebesschwüre, dieselben erotischen Klischees ... Eine irre Geschichte, zugegeben, aber was macht man draus, damit es nicht konstruiert oder „ausgedacht" klingt?

Wirklichkeit abschreiben ist oft weniger glaubwürdig als Wirklichkeit erfinden. Als ich die *Kurgänger* schrieb und ein Modell für den Masseur suchte, fand ich einen Mann, der im Wartezimmer seiner Massagepraxis ein Urlaubsfoto von sich hängen hatte. In angemessener Vergrößerung war eine Berglandschaft zu sehen, groß im Vordergrund eine ihre Frühstückskräutli wiederkäuende Kuh, auf deren breitem Rücken die Hand besagten Mannes liegt. Mein spontaner Einfall: Rückenmassage. So also sieht einer seine Patienten, seine Patientinnen ... Vergiss es, Autorin, die Sache würde peinlich sein oder konstruiert oder übertrieben erscheinen, tauchte sie 1:1 im Roman auf. Es sei denn, ich hätte Satire im Sinn.

Als ich eine Reise nach Petersburg beschrieb, die tatsächlich stattgefunden hatte, erfand ich ein paar Details und Handlungsmomente, um die Figur eines jungen Russen plastischer hinzukriegen. Deutsche Freunde von ihm, die die Geschichte lasen, schrieben mir, wie wunderbar alles wiedergegeben sei, genau bis ins kleinste Detail. Sie hätten es eigentlich besser wissen müssen. Sie glaubten der Erfindungsgabe der Autorin. Und hier bin ich am Ende meiner Überlegungen: Schreiben *ist* Verführung, und das macht es so reizvoll, und das macht, dass man nicht aufhören kann damit. Verführung ist der Weg; ob am Ende etwas Bleibendes herauskommt, ist während der aktiven Verführungsphase ohne Bedeutung. Wichtig sind Emphase, Enthusiasmus und Euphorie. Ein betender Mensch will Freundlichkeit, Zuwendung, Verstehen von Gott. Ein schreibender Mensch will das Gleiche vom Leser. Der Ausgang bleibt offen.

V. Schreiben und Reden

Übers Schreiben erzählen? Über Inhalte und Formprobleme, über die Hoffnung und die Depression? – endlos. Nur – wer hört so lange zu?

Tzveta Sofronieva
Schreiben, und am Ende unterschreiben

Die Urmischung und das Durcheinander des Entstehens. Die Leidenschaft und das Überwinden. Der Fluss. Eine aufsteigende aufregende durchdringende Notwendigkeit eines Gedichts. Papier muss her, Schreibwerkzeuge, erst mal egal, wie und welche. Gedichte auf einer Serviette, einem Stadtplan, einem Bierdeckel, einer Fahrkarte, einem Umschlag eines zufälligen Briefes, einer Verpackung, einer gerade gekauften Postkarte. Normalerweise hat man in solchen Situationen, die mit der Gewalt der Sprache erfüllt sind, kein weißes Blatt bei sich. Und wenn es doch zu finden wäre, dann würde es quer umgedrcht, mit Kaffee oder Wein, mit Tee oder mit feinen Wasserflecken von der Reinheit befreit, nur ein wenig, nur die Ränder eines Glases oder einer Tasse darin zu erkennen. Oder es wird auf der Rückseite eines benutzten Blattes geschrieben. Papier zu sparen ist wichtig – Gewohnheit aus der Kindheit. Das Papier bewahrt die Erinnerung an den Druck des Schreibwerkzeuges. Gedichte werden gekratzt aufs Papier, gekritzelt, die Worte kaum zu verstehen, da sie Fluss sind. Flüssig sind sie, fließen, rollen wässrig, vermischen sich mit dem Papier, verdichten und entspannen sich. Ende. Später kann man es abschreiben, am Rechner. Ein wenig in unterschiedlichen Sprachen herumexperimentieren, das bietet sich am Schirm an. Es ist eine Reihe von Buchstaben, eine Ordnung der Musik, eine Partitur der Worte, die die Natur des Gedichts feiert, ihm ein Gesicht gibt, mehrere Gesichter, verwandelt es in eine Instanz der Poesie, in einen Teil des verdichteten Raumes.

Prosa direkt am Rechner. Wie diktiert. Tipp, tipp, tipp. Weiche Tastaturherausforderung für die Finger, sie spielen Musik darauf, eine immer durch das Metronom der Leertaste unterbrochene rhythmische Angelegenheit, eine verlängerte Affäre zwischen der Tastatur und meinem Gehirn, durch die Fingerspitzen. Die Empfängnismöglichkeiten auf dem Bildschirm können ausgewählt werden. Eine in sich eilende Langsamkeit, ein Genuss und eine Qual, eine Auseinandersetzung mit der festen Materie. Nicht nur Gewalt, sondern Sturheit, Beharren, Langsamkeit und Nichtaufgeben.

Schreiben ist sicher keine Therapie, es ist eine Krankheit. Tagebuch zu schreiben finde ich langweilig. Es ist viel spannender, Matheaufgaben zu lösen oder Musik zu hören, Sport zu treiben oder selbst ein Buch zu lesen. Tagebuch hält fest, befestigt, hält auf, raubt. Literatur zu schreiben ist eine ganz andere Aufgabe. Sie ist Leidenschaft, sie ist reizvoll, sie ist herausfordernd. Ich mag über das Dokumentieren von Erforschtem und nicht vom Erlebten schreiben. Aber ich genieße jedes schöne Büchlein mit veredeltem farbigem Papier, mit wunderbaren Klappseiten und Verzierungen oder Bildern auf der Titelseite, mit einem echten Schlüsselchen. Diese Tagebücher voller Schönheit, die aufgereihten Sätze, üblicherweise schön mit Tinte oder gespitztem Bleistift gefüllt. Ich beneide ihre Besitzer. Um so etwas haben zu können, besorgte ich mir ein niedliches bildhübsches Kochbuch kleinen Formats in England, orange, mit einem Mädchen aus kolonialer Zeit darauf, mit Hut. Dort schreibe ich gelungene Kochrezepte, nur sehr gelungene, und schäme mich für die unperfekte Tinte. Grüne sollte ich mir besorgen, keine schwarze oder blaue.

Die Tinte der alten wissenschaftlichen Artikel, der Physikschriften von 1920. Laborberichte, Ergebnisse betont mit unterschiedlichen farbigen Stiften. Tintenfüße der mathematischen Formel. Schwarz, üblicherweise. Erfinden die Welt neu. Ich stelle mir auf einem Schreibtisch in einem Universitätsgebäude zwischen den halbgeordneten Papieren einen Koch, Weber und Co. Füllfederhalter vor. Bevorzugt werden die Heidelberger Federhalter, KoWeCo 10,5 cm langes Sportmodell mit Sicherheitskolbenfüller und einer vergoldeten Feder mit einem Schreibkorn aus Iridium; und Tinte aus Bologna, denn das Glas der Officina Mechanica Amando Simoni ermöglicht die Entnahme bis zum letzten Tropfen der Tinte, und diese Sparsamkeit ist wichtig, oder vielleicht ist der Verschluss aus Ebonit wichtig, und vor allem die hervorragende Qualität der königsblauen Tinte. Schade, dass ich mir den Tintenlöscher an diesem Schreibtisch nicht vorstellen kann. Das alles kann ich mir bei dem Versand alter Gegenständen besorgen, oder im Laden, wo sich früher der große Kiepert-Buchladen am Ernst-Reuter-Platz in Berlin befand. Ich weiß nicht, ob mir der Buchladen nicht lieber ist als der Schreibwarenladen aus den Zwanzigern. Wenn ich mir diesen Federhalter, dieses besondere Werkzeug besorgen würde, wäre es, als ob das mein Werkzeug wäre, nicht die Sprache. Was ist mein Werkzeug? Wichtige Frage. Wenn mein Werkzeug nicht die Sprache ist, sondern die schreibenden Gegenstände, dann gibt es keinen Unterschied zwischen dem Musizieren und dem Schreiben. Die Sprachen sind die Noten, nicht die Instrumente. Warum wird immer behauptet, die Sprache wäre des Dichters Werkzeug und dass der Sprachenwechsel wie ein Musikinstrumentwechsel sei? Ich besorge mir den KoWeCo, genau das Modell meiner Heldin im Roman, und untersuche diese Frage

ganz genau. Sprache ist kein Werkzeug. Die Werkzeuge der Literatur müsste man sich tatsächlich genauer anschauen.

Verlieren von Füllern und Kugelschreibern, aus Versehen einen Stift anderer mitnehmen, öfter fein schreibende Filzer von jemandem ausleihen, ganz bewusst Tintenroller in grünen und braunen Tönen im Laden aussuchen, lange – bis zur Perfektion – einen weich schreibenden Bleistift anspitzen, Glasfeder in dunkellila Tintenglas eintauchen und gespannt auf die Farbe der Buchstaben schauen, schwarze Zeichenstriche mit einem dicken Lernfüllfederhalter malen. Das alles probiere ich beim Einkaufzettelschreiben, einer Liste, was am nächsten Tag zu erledigen ist. Damit erfreue ich meine Tage.

Ich muss an die alten *Maritza* Schreibmaschinen in Bulgarien denken. *Maritza* ist der Name eines Flusses in Bulgarien, durchquert Thrakien, ist weiblich, ist bekannt. Es ist nicht ganz klar, ob der gleiche Fluss in der Geschichte von Orpheus eine Rolle spielt, nur, dass er an diesen Ufern schon verweilt hat. *Maritza* hieß die einzige Fabrik für Schreibmaschinen im Land. In dem Haus meiner Eltern in Bulgarien stehen neben einer Balkontür zwei *Maritza*s. Eine mit dem kyrillischen Alphabet, die andere mit dem lateinischen. Die erste befindet sich in einem Behälter aus schwarzem Leder, die zweite in braunorange. Die Kyrillisch schreibende ist weinrot von außen, die Latein schreibende braunorange, wie ihr Bezug, sie ist insgesamt kleiner, feiner und harmonischer. Beide funktionieren heute nicht wirklich. Sie spucken die Buchstaben aus, sind genervte Kreaturen, die unerwartet stecken bleiben und alles aufeinander tippen, dann im Schnellzug Zeilen überspringen. Sie husten oft und verschmieren mit ihrer Alterserkältung die Tinte des Bandes. Alt sind sie gar nicht, sind sehr viel jünger als ich, zum Beispiel. Sie stehen auch stets in Konkurrenz, bekämpfen sich, spotten. Ihr Geräusch hat mir lange gefehlt, nachdem ich auf einem Computer angefangen habe zu schreiben. Zum Glück hatte ich diesen alten Drucker, der einmalig krachte beim

Arbeiten, der wie ein Gewehr klang, wie eine Spechtschlacht. Der alte Drucker und seine verspäteten Botschaften auf langen durchlochten Schlangen aus Umweltpapier. Diese Musik bleibt ein wichtiger Teil meiner Texte von damals. Ich erinnere mich an die Sturheit der Maschinen, die immer dann aufgeben oder spinnen, wenn man sie am dringendsten braucht. Der Rechner, der gerade dann sich mit einem Virus ansteckt, wenn der Artikel fast fertig ist, der Drucker, der keine Lust zum Schreiben hat, wenn man einen wichtigen Brief abschicken muss, das Programm, das sich weigert, ein Dokument umzuwandeln, gerade, wenn man ein fertiges Manuskript senden will. Diese Werkzeuge des Schreibens, die uns oft versklaven. Sensible Geschöpfe – spüren unsere Aufregung, den Druck in der Luft, die Subjektivität ihrer eigenen angeblich technischen Existenz. Und reagieren wie die Kinder, werden unsere Spiegelbilder. Ruhig jetzt.

Ihre Kommunikation mit uns kann besser verstanden werden, wenn wir daran denken, wie wir selbst kommunizieren. Ich streike oft, wenn ich schreiben soll, nur um zu kommunizieren. Ansichtskarten schicken, Weihnachtswünsche, Geburtstagsgruß – immer verspätet, nicht wirklich gern. Die Wiederholung in den Ausdrücken, sogar wenn man es vermeidet, immer eine Wiederholung eines Mitteilens. Mitteilen ist ein Teil des Schreibens, gebe ich zu. Nur, wozu schreiben, wenn man sich wiederholen muss? Ehrlicher sind die am Computer geschriebenen und per Internet gesendeten Einladungen zum Fest. Witzige Karten kann man sonst verschicken, indem man nur zwei Namen darauf schreibt und eine Adresse.

Jeder Inhalt trägt seine Musik, seine Form. Und jede Form ihren Inhalt. Stil und Form haben sehr viel mit dem Körper des Schreibenden zu tun. „Jeder schreibt, was er hört", dichtet der russische Barde Bulat Okudjawa, „jeder hört, wie er atmet, wie er atmet, so schreibt er. So hat es die Natur gewollt." Die Form des Schreibens ist in dem Körper gespeichert, sie ist drin und entfaltet sich mit der Zeit und der Arbeit. Die Form oder der Rhythmus, an denen die Texte als meine erkennbar sind, sogar wenn sie nicht als ein Stil definierbar sind.

Die Regionen im Gehirn, in denen Schreiben stattfindet, sind nur ein kleiner Teil des Körpers des Schreibenden. Alle Zellen sind

am Schreiben beteiligt. Die genetischen und kulturellen Speicher vibrieren beim Schreiben, erfinden, gestalten. Es ist eine masochistische wunderbare Orgie des Entdeckens, eine neue Geburt des Körpers, der ganze Metabolismus ändert sich, die Geruchsinne schärfen sich, die Fähigkeit des Atems zu lauschen. Die Hände geben das Ballett des Schreibens zurück zum Gehirn und flirten mit ihm aufs Neue. Die Zellen suchen nach Erfüllung.

Was gibt es Unerfülltes, das mich am Schreiben hält? Die Evolution. Ein sehr einfaches schönes Gefühl.
Bin ich dabei Frau? Ich bin immer eine Frau, ein schöner einfacher Zustand der Natur. Weibliches Schreiben mag ich nicht definieren, mag nicht verallgemeinern. Wenn ich weibliches Schreiben definiere, dann müsste ich deutsches, bulgarisches, japanisches, afrikanisches, jugendliches, lesbisches, christliches ... etc. Schreiben definieren. Eine ungeheure Einschränkung des Schreibens, seiner Einmaligkeit, seines Wunders. Wahrscheinlich schreiben Frauen anders als Männer, denn sie atmen und hören anders, lieben sich anders und brauchen eine andere Erfüllung.
Da keiner seine Gedanken wirklich aufschreiben kann, werden wir lange in einem Zustand zwischen dem Geschriebenen danach suchen, wie wir Schreiben definieren könnten.
Durch den Versuch, Gedanken aufzuschreiben, entstehen sie eigentlich, sie achten nicht darauf, ob sie genau so gedacht werden wie sie geschrieben werden.

Diese Zwischenräume des Schreibens, die aus uns Seiltänzer kreieren. Liebesbriefe zeigen es am besten, kurze Liebesbotschaften, Liebesdialoge in E-Mails, Andeutungen von Sehnsüchten, Pläne für ein Treffen, vorsichtiges Ertasten der Grenzen einer Beziehung, alles ein Seiltanz hin und her auf dem Draht des Schreibens in dem Zirkuszelt der Liebe.

Ganz anders in einem Roman, in dem der Faden der Geschichte zerfällt, sich verknotet, sich teilt, zusammenkommt, Fusseln bildet, man kann darauf keinen Tanz machen, nur spüren, weiter gehen. Alles steht fest und alles ist wackelig, die Geschichte wird von den Charakteren genäht, sie verlangen, ziehen den Faden in eine andere Richtung als geplant, konstruieren sich selbst. Werden die Charaktere die Macht übernehmen? Wo bleibt das Handwerk des Schreibenden? Diese Kraft des Bändigens, diese Kunst des Zähmens, so dass es unsere Geschichte bleibt, in der die Charaktere nur ein Teil sind, sei es auch ein Hauptteil. Was für ein Genuss des Könnens. Was für eine wunderbare Auseinendersetzung mit sich selbst und mit dem Text.

Das alles auf einem Schreibtisch?

Auf Knien, auf dem Küchentisch, auf dem Klettergerüst eines Kinderspielplatzes, auf Restauranttischen, auf einem dicken Buch, auf dem Boden, auf dem Gras, auf dem Schoß, auf den Oberschenkeln, auf einem winzigen Cafétablett, auf der Matratze, auf U-Bahnhofbänken, auf der Rücklehne eines Sessels, auf dem Couchtisch, auf der Essensauflage in einem Flugzeug, auf dem unteren Teil der gerollten Decke meines Kindes, während es schläft, auf der Fensterbank des Wohnzimmers, auf einem gerade gefällten Baumstamm, auf dem Computertisch der Familie mit den Rechnungen von vorgestern, auf dem Schminktisch im Badezimmer, auf der Theke, auf dem Cheftisch in der Pause, auf dem Kinderbasteltisch, auf dem Schreinertisch in Großvaters Werkstatt, und überhaupt.

Auf welchem Schreibtisch?
Gestohlene Momente einer Reisenden.

Gerade jetzt benutze ich das Schreibpult und den Schreibtisch von Lion Feuchtwanger. Im Ernst. Das Haus in Pacific Palisades ist noch da, und sie sind auch noch da. Der Schreibtisch oben in der Bibliothek, in die Weite über den Pazifischen Ozean blickend. Marta Feuchtwanger hat vier solche Schreibtische zusammengestellt, wie in einem Büro, in einer Kanzlei, dicht nebeneinander, sich umarmend, fest drückend und eine Plattform bauend, mitten im Zimmer. Ich sitze gerne an dem einen, der einen Blick zum Kamin bietet, wahrscheinlich, weil es darauf Flecken von Wassergläsern auf der Politur gibt. Dort breite ich meine Papiere mit weiteren Flecken aus, versuche den Unterschied zwischen den Papierformaten in Amerika und in Europa zu ignorieren, wenn ich Texte drucke. Ich streichle die kitschigen Engel auf dem Laptop – meine Tochter klebte sie darauf aus einem altmodischen Weihnachtsalbum, als die Festplatte kaputtging und man beten musste, die Dateien zurückzubekommen. Viele verschwanden in der Tiefe des technischen Universums, besonders die kyrillischen, aber einiges wurde von den Engeln doch gerettet. Unten in dem Raum mit dem Piano ist das Stehpult, man darf es im Patio benutzen, und das tue ich gern, zwischen Rosen und Büchern lebt es sich besser. So sprechen wir miteinander, Lion, Marta und ich, wer hätte das gedacht, als ich über Toledo auf Bulgarisch noch in meiner kommunistischen Kindheit las. Lion mochte sein Stehschreibpult, las gerne darauf. Welche Intimität zwischen dem Schriftsteller und mir durch einen Gegenstand. Die Orte des Schreibens, nicht nur die geografischen, auch diese körperlichen, intimen Verbindungen mit dem Holz und dem Glas, mit dem Metall, mit der Kreide, mit der Tinte, mit dem fassbaren Prozess des Aufschreibens.

Und dann das Unterschreiben. Mit welchen Buchstaben? Doppelte, dreifache, unzählige Identitäten. Andere Pässe und Visitenkarten, Kreditkarten und Führerscheine. Die Gesichter des Bildschirmes ändern sich. Und auch nicht. Sie stammen von demselben Fluss der Sprache, wurden mit demselben Lauschen gefangen und mit derselben Großzügigkeit und Dankbarkeit wieder freigelassen.
Aber unterschreiben sollte ich jetzt doch.
Den eigenen Namen tippen. Welchen Namen, sagte ich? Was hat diese Tzveta Sofronieva, oder sei sie Tsveta, Zweta, Cveta usw., mit der gemeinsam, als die ich geboren und genannt wurde, mit der Blume des Weisen? Mein Name fängt nicht mit T oder Z oder C an, er hat seinen Buchstaben gut

überlegt in den Jahrhunderten, er hat seine Grafik, sein Leben auf Papier, seine geheimen Botschaften der Zeichen und
Bedeutungen. Verloren gegangen, für immer und ewig verloren oder für immer und ewig gefunden. Ich unterschreibe:

Цвета Софрониева

Ina Paul
Ein simpler Federstrich

Ein Federstrich ist nicht zurückzunehmen,
einmal gezogen, bleibt er, allezeit,
grad noch ein Nichts und plötzlich Ewigkeit,
von jedem, der sich öffnet, wahrzunehmen.

Ein Federstrich ist nicht vorwegzunehmen,
erst wenn er sichtbar, ist er Wirklichkeit,
ist schwarz auf Weiß, in aller Einfachheit,
leicht wie ein Hauch und doch nicht leichtzunehmen.

Ein Federstrich, mit sich im Einvernehmen,
mit andern liegt er stets im Widerstreit,
gleich, ob in Bildern oder in Poemen,

ob in bequemen oder unbequemen,
voll Klarheit oder voll Verworrenheit,
ob in Beschränkung oder in Extremen.

Yoko Tawada
Schrift einer Schildkröte

In Japan wurde der Versuch, moderne Gedichte laut vorzulesen, lange verachtet. In einer Lesung kann man nicht die kunstvolle Zusammenstellung der ausgesuchten Schriftzeichen vermitteln. Die geschriebene Sprache ist außerdem meist differenzierter als die gesprochene Sprache. Das Wort für „Tante" wird zum Beispiel immer „oba" ausgesprochen, aber je nachdem, ob die Tante jünger oder älter ist als der entsprechende Elternteil des Sprechers, schreibt man ein anderes Ideogramm.
Eine gigantische Anzahl von Ideogrammen existiert, bevor wir beginnen zu denken und zu sprechen. In den Gesamtkörper der Ideogramme ist die Kulturgeschichte eingeschrieben.
In der japanischen Sprache werden zwei Schriftsysteme miteinander vermischt: die chinesische Bilderschrift des Ideogramms und die Silbenschrift, die später in Japan entwickelt wurde. Es gibt zwei

Arten japanischer Silbenschrift, aber das ist hier nicht wichtig. In der japanischen Kulturgeschichte wird dem Ideogramm ein abstrakter Charakter zugeschrieben, während die Silbenschrift geschmeidig dem Fluss des Gefühls entlang schreiben soll. Viele abstrakte Begriffe, die früher im Japanischen nicht existierten, wurden gemeinsam mit den Schriftzeichen von China nach Japan überliefert. Ein Zeichen wird wie ein Bedeutungspaket geliefert. Zu den verschiedenen Zeiten versuchte man immer aufs Neue, den Inhalt des Paketes zu deuten und zu analysieren, aber man kann es nicht öffnen. Denn das Paket besteht – was bei einem Schriftzeichen immer der Fall ist – nur aus Verpackungspapier und Schnurbändern. Ein Schriftzeichen behält dieselbe Gestalt, auch wenn die Zeiten sich verändern und die Menschen es anders lesen oder deuten. In einem solchen Schriftsystem gewinnt man den Eindruck, die Welt würde aus einer bestimmten Anzahl unauflösbarer Elemente bestehen.

Unmittelbar nach dem Zweiten Weltkrieg wurde diskutiert, ob man das japanische Schriftsystem abschaffen und das Alphabet einführen sollte. Dass das japanische Schriftsystem beibehalten wurde, hat mehrere Gründe. Ein Grund ist sicher, dass man die Tradition des Konfuzianismus nicht schwächen wollte. Das Ideogramm und der Konfuzianismus sind in der Geschichte zusammengewachsen. Man pflegt die Bilderschrift wie Ahnenbilder. Auch in der Volksrepublik China, in der ja alle Begriffe des Kommunismus in Ideogramme übersetzt wurden, pflegt man also gleichzeitig die alte Tradition. Zum Beispiel besteht das Wort, das als Übersetzung für den europäischen Begriff der Revolution verwendet wird, aus zwei Ideogrammen und bedeutet eigentlich, dass der Himmel seinen Willen ändert und dadurch ein Wechsel der Dynastie stattfindet. So leben die traditionellen Vorstellungen im Wort „Revolution" weiter.

Ein Schriftzeichen ist eine seltsame Einheit, die sich nicht auseinander nehmen lässt.

Wenn ich das Bedürfnis habe, in einem Text Wörter wie Vogel, Stein, Fisch oder Baum zu benutzen, so sind diese Wörter weder als Symbole noch als Metaphern zu verstehen, sondern als Schriftzeichen. Ein Vogel in einem Gedicht ist vergleichbar mit einer ägyptischen Hieroglyphe, die die Form eines Vogels hat. Das Schriftzeichen hat nichts mit einem Vogel zu tun.

Die Hieroglyphen sind deshalb interessant, weil sie deutlich machen, dass die Bildlichkeit der Schrift nichts mit einem konkreten Bild zu tun haben muss. Vielmehr hat sie mit Erinnerungen zu tun. Es gibt einen interessanten Aufsatz von Wolfgang Schenkel mit dem Titel „Wozu die Ägypter eine Schrift brauchten". Es gebe Versuche, die Entstehung der ägyptischen Hieroglyphe durch den Auftritt eines historischen Bewusstseins, durch wirtschaftliche Gründe oder durch kultische Funktionen zu erklären. Die Hieroglyphen seien zwar auch dafür verwendet worden, aber sie hätten in allen Texten aus der frühen Zeit eine ganz andere Aufgabe: Rechtsansprüche und Forderungen des Toten festzuhalten, wie zum Beispiel die Feststellung der Person, die das Begräbnis besorgte und dadurch als Erbe legitimiert ist. Insofern ähneln die Schriftzeichen den Grabsteinen, die die Lebenden an die Worte des Toten erinnern. Jan Assmann schreibt in dem Sammelband „Schrift und Gedächtnis", in dem Schenkels Aufsatz enthalten ist, dass man die Grabinschrift als Vorstufe der schriftlichen Literatur im alten Ägypten verstehen kann.

Der Schriftkörper eines Ideogrammes ist nicht rätselhaft, denn er zeigt, was er bedeutet. Ich kann ruhig meinen Blick darauf verweilen lassen. Es besteht keine Gefahr, in Unsinn zu stürzen, auch wenn ein Ideogramm meistens mehrere Bedeutungen hat, die sich im Laufe der Geschichte in ihm versammelt haben. Es kommt auch vor, dass die verschiedenen Bedeutungen eines Schriftzeichens sich gegenseitig widersprechen oder nichts miteinander zu tun zu haben scheinen. Ein Zeichen ist ein Bild, das mehrmals übermalt wurde.

Dagegen ist jeder Buchstabe des Alphabets ein Rätsel. Was will zum Beispiel ein A mir sagen? Je länger ich einen Buchstaben anblicke, desto rätselhafter und lebendiger wird er: lebendig, weil er kein Zeichen ist, das für ein Signifikat steht. Er ist weder ein Abbild noch ein Piktogramm. Man darf ihn nicht anschauen, sondern muss ihn sofort in einen Laut übersetzen und seinen Körper verschwinden lassen. Sonst wird er lebendig, springt aus dem Satz und verwandelt sich in ein Tier. Die Buchstaben des Alphabets sind unfassbare Fantasietiere. Weil sie als Einzelwesen von jeder Bedeutung frei sind, sind sie unberechenbar. Allein durch Kombinationen entstehen Wörter. Während man ein Ideogramm nicht auseinander nehmen kann, kann man jedes alphabetisch geschriebene Wort sofort zerteilen und neu zusammensetzen. Allein durch diese oberflächliche, technische Operation kann man den Sinn des ganzen Satzes zerstören. Wenn man die Buchstaben anders aneinanderreiht, entsteht ein ganz anderer Sinn. Der Kunst des Anagramms liegt die Magie des Alphabets zugrunde.

Es gibt ein schönes Anagramm-Gedicht von Unica Zürn, an das ich oft denke. Dort ist von einem Verbot des Spiels die Rede, vielleicht dem des Sprachspiels. Der Spaßgeist irrt in einem nassen, dunklen Garten, in dem Buchstaben wie Reiskörner oder Sandkörner herumliegen.

„Das Spielen der Kinder ist streng untersagt.
Satt irrt der Spassgeist in den Dunkelregen,
satt des Kreisens in Polunder. Geigend starrt
er in den Garten. Der Spass litt den Tigerkuss.
Kinder, rettet den Sprung! Sagt leis: Reis, Sand ...
Spart die Genien des Sterns! Irrstunde klagt.
Das Spielen der Kinder ist streng untersagt."

Es kann gefährlich sein, einen Buchstaben in die Welt zu setzen, denn der Autor oder genauer gesagt der Setzer kann nicht wissen, was aus ihm wird. Man schreibt ein B, es kann eine Blume daraus werden, aber auch eine Bombe. So unzuverlässig, unberechenbar und überraschend ist jeder Buchstabe des Alphabets.

Einmal schrieb ich eine Geschichte, die von Baumgeistern handelt. Da alte Bäume gefällt wurden, um die Stadtmauer zu bauen, mussten die Menschen später die Wut der Baumgeister besänftigen. Diese Geschichte sollte in einem meiner Bücher gedruckt werden. Ich bekam die Druckfahnen und fand darin einen „Baumeister" an der Stelle, an der „Baumgeister" sein sollten. Nur ein einziger Buchstabe, das „g", stahl sich aus dem Wort davon, und schon wurde der ganze Text auf den Kopf gestellt. Denn nach dem Bau der Stadtmauer sollte der Baumeister eigentlich nach Hause gehen, um die Geister erscheinen zu lassen, die ein Opfer für die gefällten Bäume verlangten. Stattdessen kam der Meister zurück und verdrängte die Baumgeister. In solchen Druckfehlern wirkt die Unberechenbarkeit der Buchstaben fast unheimlich. Ich unterstelle ihnen sogar manchmal, dass sie eine Absicht haben.

Daher ist das Tippen auf die Alphabet-Tasten des Computers immer von einem Gefühl der Ungewissheit begleitet. Besonders wenn ich mit dem Computer einen japanischen Text verfasse, ähneln meine tippenden Finger Beinen, die von einem Stein zum nächsten springen, um einen Bach zu überqueren. Steine können wackelig sein und umkippen. Der Körper verliert dann das Gleichgewicht und fällt ins Wasser. Wenn ich Japanisch schreiben will, gebe ich den Text mit europäischem Alphabet ein, und der Computer setzt ihn in Ideogramme und Silbenschrift um. Mein Programm hat etwa 8500 Ideogramme. Die Umsetzung läuft aber nicht immer richtig. Vor allem trennt der Computer manchmal Komposita anders als ich will, jedes Mal, wenn ich das Wort „Arbeitsplatz" („shigotoba") schreibe – „shigoto" bedeutet „Arbeit" und „ba" „Platz" –, schreibt der Computer „shigo" („nach dem Tod") und „toba" („Vogelfeder"). Inzwischen erinnere ich mich jedes Mal, wenn ich an einen Arbeitsplatz denke, an den Ausdruck „Nach dem Tod Vogelfeder". Auch den Begriff des Geheimnisses („kakushigoto") setzt der Computer falsch um, nämlich in „kaku" (schreiben) und „shigoto" (arbeiten). Vielleicht will der Computer mir damit sagen, dass man durch das Schreiben Geheimnisse erzeugt. Denn Schreiben heißt zunächst, Buchstaben zu setzen und damit alphabetische Körper in die Welt zu setzen, ohne an ihre unbeschränkte Verwandlungsfähigkeit zu denken.

Es wäre aber eine Täuschung zu glauben, ich hätte die Ideogramme im Griff. Der Ursprungsmythos über die chinesische Schrift erzählt von Ungewissheit – ja, sogar von Unlesbarkeit. Dort heißt es, dass der Erfinder der ersten Ideogramme von den Fußspuren der Vögel inspiriert wurde. Die ältesten chinesischen Ideogramme, die man gefunden hat, waren in Schildkrötenpanzer oder in Tierknochen eingeritzt. Einerseits erweckt diese alte Schrift – „kookotsumoji" (Panzer-Knochen-Schrift) genannt – bei mir Vertrauen. Denn einige ihrer Zeichen ähneln den Zeichen, die heute verwendet werden. Die Zeichen für „Beine", „Muschel" oder „Schiff" kann ich sogar erkennen. Andererseits muss ich immer wieder an die Fußspuren der Vögel denken. Sie entstammen nicht dem menschlichen Denken und bleiben für immer unzugänglich.

Britta Lange
Löschen (und Korrigieren).
Die Geschichte des Tintenkillers

Seit geschrieben wird, wird auch gelöscht. Seit Botschaften entstehen, verschwinden auch Informationen – bemerkt oder unbemerkt. Nur weil gelöscht werden kann, tritt Geschriebenes ins Bewusstsein. Das Löschen macht das Schreiben reflexiv, und umgekehrt: Schreiben macht Löschen reflexiv. Wo der Löschvorgang noch erkennbar ist, indiziert er die Geschichte des Geschriebenen – und seine Materialität. Denn Schreiben und Löschen sind unlösbar mit ihren Substanzen, Träger- und Speichermatcrialien verbunden.

Schon beim Schreiben stellt sich die Frage nach dem potentiellen Verschwinden der Schrift: Darf das Geschriebene bald, später oder nie gelöscht werden? Handelt es sich um kurzlebige Notizen oder um Dokumente, die Jahrzehnte und längere Zeiträume überdauern sollen? Für die Ewigkeit war etwa in Stein gemeißelte Geschichtsschreibung der ägyptischen Antike bestimmt: Um die Botschaft zu löschen, musste der ganze Stein vernichtet, das Trägermaterial der Schrift zerstört werden. In der Antike jedoch existierten auch Schreibformen, die nur als Gedächtnisstütze bestimmt und auf baldige Eliminierung angelegt waren. Schon in der Mitte des ersten Jahrtausends vor Christus diente den Griechen die Wachstafel als Schriftmedium: in Holz eingelassenes, rußgeschwärztes Bienenwachs. Mit der Spitze des Schreibwerkzeuges, des so genannten Stilus, ritzten die Schriftkundigen Zeichen in das weiche Wachs ein. Mit dem anderen Ende des Instrumentes, das stumpf und abgerundet war oder sich zu einem Spachtel verbreitete, ließen sich die Vertiefungen wieder glätten. Der Stilus integrierte die Vorgänge des Schreibens und des Löschens in einem einzigen, sehr einfachen Instrument. Beim Glätten des Wachses verschwanden die Schriftzeichen und damit die Botschaften – spurlos.

Ähnliche Vorzüge für schriftliche Nachrichten von kurzer Lebenszeit bietet das uralte Medium der Schiefertafel[1] – ein Stein, dessen Oberfläche nicht eingeritzt, sondern lediglich mit abwaschbarer Substanz bemalt wird. Die mit Kreide auf die Tafel geschriebenen Zeichen wischt ein feuchtes Tuch oder ein Schwamm wieder aus. Bei nachlässiger Reinigung bleiben wolkige Kreidespuren auf dem dunklen Grund zurück, die zwar alle Zeichen getilgt haben, aber noch verraten, dass dort einmal eine Botschaft stand. Zu Schiefer- und Wachstafel gehören Löschwerkzeuge, die das Trägermaterial nicht beschädigen oder zerstören und es zudem kaum abnutzen. Die Instrumente löschen dergestalt, dass im Idealfall auch der Vorgang des Löschens selbst gelöscht ist. Die getilgte Tilgung verschwindet aus der Geschichte.

Viel empfindlicher stellt sich ein anderes Schreibmaterial dar, das sich seit dem Altertum immer weiter verbreitete: Papyrus, Pergament, und schließlich Papier. Zum Beschriften dieses hellen Grundes diente dunkle Farbe, Kohle oder Ruß etwa. Im Mittelalter wurde das Graphit entdeckt, ein blei-ähnlicher dunkler Stoff, der sich zum Schreiben auf Pergament eignete. Schriftzeichen in Graphit ließen sich – wie bei Wachs- und Schiefertafel – auf mechanischem Weg wieder entfernen: Sie wurden abgewischt, abgekratzt, abgerubbelt oder „rasiert", mit einem Radiermesser gewaltsam abgeschabt, wobei häufig der Schreibgrund Schaden nahm. So genannte Blei-Stifte, hölzerne Stifte mit einer Mine aus Graphit, wurden schon im 16. Jahrhundert hergestellt[2] und ermöglichten das Niederschreiben filigraner Zeichen. Ein ebenso sensibles Löschmedium jedoch fehlte. 1550 soll ein italienischer Maler seinen Schülern geraten haben, das Graphit der Bleistiftstriche mit Brot wegzuwischen. Um 1770 fanden die Briten Joseph Priestley, ein Naturforscher, und Edward Nairne, ein Optiker und Hersteller von wissenschaftlichen Instrumenten, zeitgleich heraus, dass sich Kautschukwürfel zum Entfernen von Bleistiftstrichen eigneten. Priestley nannte das aus Amerika

importierte Rohgummi „Indian Rubber". Der Gummiklumpen
entfernte die auf dem Papier haftenden Schriftzeichen schonend,
fast spurlos, und verwandelte das aufgetragene Graphitpulver in
schwarz eingefärbte Gummiwürstchen.

Nachdem die Bleistiftindustrie 1761 ihren Anfang mit dem
Unternehmer Kaspar Fabers genommen hatte, entwickelten
Nicolas Jacques Conté und Joseph Hardtmuth 1790 die
keramische Mine. Durch die Mischung von Graphit und Ton
konnten sie Bleistifte in verschiedenen Härten herstellen. Das
Radieren harter Minen gestaltete sich dadurch schwieriger
und spurenreicher, das Radieren weicher Minen dagegen
leichter und unauffälliger. Die Schrift und ihre Löschbarkeit
wurden – zumindest im Ansatz – graduell variierbar und
kalkulierbar.[3] Wie die Herstellung des Bleistifts wurde auch die
der Kautschukwürfel industrialisiert, wobei der organische Stoff
bald durch synthetische Bestandteile ersetzt werden konnte. Der
Radiergummi, eines der „Negiergeräte" für Schrift[4], konnte im
19. Jahrhundert seriell produziert werden. Bald wurde er auf der
Rückseite des Holzstiftes befestigt, der damit zugleich Blei- und
Radierstift war.

Pergament und Papier sollten, paradoxerweise, zugleich dazu
dienen, dauerhafte Botschaften zu transportieren: religiöse,
amtliche und historische Dokumente. Die Farbstoffe, mit denen
seit der Antike geschrieben wird, gehen eine mechanische und
darüber hinaus chemische Verbindung mit dem Trägermaterial
ein. Tusche, abgeleitet vom französischen *toucher* für berühren, ist
eine wässrige Pigmentaufschwemmung oder eine Farbstofflösung
mit hohem Bindemittelanteil. Bereits zu Beginn des dritten
Jahrtausends wurde sie in China und Ägypten verwendet,
bestehend aus Lampenruß und Leim. Aufgetragen wurde sie mit
jenem Schreibwerkzeug, das sich bis ins 19. Jahrhundert hinein
halten sollte: dem Gänsekiel oder der Vogelfeder. Tinten, vom
lateinischen *tingere* für färben, waren wässrige Lösungen färbender
Stoffe und bestanden im klassischen Altertum meist aus schwarzem

Farbstoff (Sepia, Ruß aus Harz oder Pech) in einer Gummi- oder Leimlösung. Ab dem 3. Jahrhundert nach Christus begannen die Römer, Eichengalläpfel mit Eisenvitriol zu färbenden Lösungen aufzukochen, um mit diesen Tinten zunächst Leder einzufärben. Um 624 erwähnte Isidor von Sevilla in seinen *Etymologiae*, dass er Tintensud und eine Feder zum Schreiben benutze. Im Mittelalter setzte sich schließlich die Eisengallustinte durch, die auch in Pulverform – für Reisen – hergestellt wurde.

Die Dauerhaftigkeit der Schrift, im Idealfall ihre Unlöschbarkeit, blieb ein Desiderat: Über Jahrhunderte wurde versucht, Tintenmischungen herzustellen, die sich möglichst lange unvergilbt und unverblasst auf Pergament oder Papier hielten. Noch zu Beginn des 20. Jahrhunderts jedoch stellte ein bekanntes Konversationslexikon fest: „Völlig *unauslöschliche* Tinten gibt es nicht." Es gebe also keine Tinte, die nicht irgendwie zu löschen sei. Beziehungsweise: Keine Tinte könne vor dem willkürlich herbeigeführten oder unwillkürlich eintretenden Vergilben und Verlöschen gerettet werden. Schriftlich auf Dauer Festgelegtes drohte durch die materiellen Bedingungen ungewollt zu verschwinden:

> „Die alte *schwarze Galläpfeltinte (Gallustinte)* besteht aus einer mit Eisenvitriol versetzten Abkochung von Galläpfeln und enthält gerbsaures und gallussaures Eisenoxydul und Eisenoxyd. Die Eisenoxydsalze sind unlöslich, daher in der T. nur suspendiert und werden durch den Gummigehalt der T. schwebend erhalten. [...] Das Nachdunkeln beruht auf der Umwandlung der Eisenoxydsalze in schwarze Eisenoxydsalze. Mit der Zeit aber wird die Gerb- und Gallussäure der letzeren durch den Sauerstoff der Luft ebenfalls oxydiert, und die Schrift vergilbt, indem nur Eisenoxyd zurückbleibt."[5]

Um amtliche und historische Dokumente auf ewig lesbar und damit valent zu erhalten, befassten sich Chemiker mit dem Komponieren der Substanzen. Sie entwickelten Tintenarten, die den Vorgang des Oxydierens weitgehend unterbanden: Für die neueren Gallustinten wurde nur noch gerb- und gallussaures Eisenoxydul verwendet. Alizarin- und Blauholztinten kamen auf den Markt, und „Kanzleitinten erster Klasse" waren 1908 „Gallustinten mit mindestens 30 g Gerb- und Gallussäure und 4 g Eisen im Liter".

„Kanzleitinten" sollten möglichst unlöschbar sein, da sie zum Abfassen juristischer Dokumente dienten. Der in dem Wort „Kanzlei" enthaltene Vorgang des „Kanzellierens" allerdings weist zunächst auf das Gegenteil: Kanzellieren kommt vom lateinischen *cancelli*, für Schranken oder Gitter, und den *cancellarii*,

den Türstehern der römischen Justizpaläste. Kanzellieren meinte ursprünglich das Durchstreichen eines Konzeptes, einer Vorschrift, die nach dem Kopieren in Reinschrift entwertet wurde.[6] Wider den eigentlichen Wortsinn war eine „Kanzleitinte" also nicht für das Kanzellieren, sondern für die – dauerhafte – Reinschrift eines juristischen Aktes oder einer Akte gedacht. Trotz aller optimierten chemischen Zusammensetzungen jedoch existierte 1908 noch keine absolut permanente Tinte. So experimentierten die Chemiker auch mit der Zusammensetzung des Trägermaterials von Schrift, des Papiers. Große Sicherheit gegen das Verschwinden, so erläutert das zitierte Konversationslexikon weiter, gewährleisten viele gewöhnliche Tinten, wenn man damit auf blau eingefärbtem Papier schreibe,

> „weil ihre Säure das Ultramarin zerstört und die Schriftzeichen daher auch nach Entfernung der Tinte sichtbar bleiben; auf Papier, das mit Ultramarin und Chromgelb grün gefärbt ist, genügt jede T., da man die Schriftzüge auf keine Weise mit chemisch wirkenden Mitteln entfernen kann, ohne einen der Farbstoffe zu zerstören. Die T., mit der die Nummern der preußischen Staatspapiere eingeschrieben werden, ist schwach angesäuerte Galläpfeltinte und enthält noch salpetersaures Silber und chinesische Tinte. Es ist unmöglich, auf dem genannten grünen Papier mit dieser T. Geschriebenes unbemerkbar zu vertilgen."

Wie bei einer Gravur wird die Schrift über die chemische Substanz ins entsprechend behandelte Material eingeätzt. Über das invertierte Verfahren könne man, so das Lexikon, Tintenschrift auf weißem Papier, die verschwunden sei, wieder sichtbar machen: „wenn man das Papier in ganz schwache Salzsäure taucht und dann in eine konzentrierte Lösung von gelbem Blutlaugensalz legt. Enthielt die Tinte auch nur ein wenig Eisen, so treten die Schriftzüge blau hervor." Das Gelöschte verschwindet nicht im Nichts: Die Schrift wird lediglich durch chemische Prozesse unsichtbar und kann folglich durch chemische Prozesse wieder sichtbar gemacht werden. In wesentlich einfacherer Form war dies schon im Altertum bekannt: Schriftzeichen in Zitronensaft werden auf dem Pergament durchsichtig, also unsichtbar; durch Erwärmen jedoch heben sich die Schriftzüge braun vom Untergrund ab. Auf den magisch anmutenden Effekt setzen bis heute Salonmagier und Zauberer für „Geheimschriften": Statt Sichtbares auszulöschen, lassen sie Unsichtbares wie durch Geisterhand sichtbar werden.

Mit dem Bedarf nach potenziell unlöschbarer Schrift auf Papier verband sich – gerade im Rahmen der Kanzlei und der amtlichen Schriftstücke – der Wunsch nach Perfektion. Das Geschriebene sollte nicht nur ewig, sondern zugleich und gerade deshalb sauber und fehlerfrei sein. Zwei Komplexe von Bedingungen durchkreuzten dieses Begehren jedoch beständig: die materiellen und die menschlichen. Durch das Schreiben mit einer Feder, die in das Tintenfass getaucht wurde, entstanden häufig die gefürchteten Tintenkleckse. Und die Menschen, auch wenn sie bereits „ins Reine" kopierten, ver-schrieben sich immer wieder. Sie produzierten Flecken und Fehler, und ein Dilemma: Je unlöschbarer die Tinte wurde, desto schwieriger wurde es auch, Flecken und Fehler wieder zu eliminieren. Das Verhindern von unwillkürlichem Vergilben widersprach dem gewollten Korrigieren, Entfernen oder künstlich beschleunigten Löschen von Tinte, solange das Produkt beide Ansprüche erfüllen sollte.

Tintenkleckse, so hatte die Erfahrung gezeigt, ließen sich oft nur bei Beschädigung des Trägermaterials entfernen: Der Löschsand, der schnell über vergossene Tinte geschüttet wurde, vermochte die Flüssigkeit meist nicht restlos aufzunehmen. Er diente – wie das Löschpapier – lediglich zum Ab-löschen von Überschüssen. Beim Wegrubbeln konnte das Papier kaputtgehen. Von Kleidern lösten sich Tintenflecke kaum ohne Schaden an der textilen Oberfläche („Tinte zum Zeichnen der Wäsche muß der wiederholten Einwirkung von Seife, Alkalien, Chlor und Säuren widerstehen."[7]), und bekleckste Kinderhände wurden mit Bimsstein und Zitrone behandelt. Klassisch sind die Strafen für unentfernbare Tintenflecke und umgestoßene Tintenfässer. So heißt es in einer Biografie von Friedrich Soennecken (1848-1919), dem Kaufmann und Mitbegründer der deutschen Schreibwarenindustrie:

> „Soennecken hatte als Lehrling bei der Firma Aurand & Sudhaus in Iserlohn einmal ein Tintenglas umgestoßen, so daß sich die schwarze Flut über Bücher und Tische ergoß. Die raue, aber herzliche Ermahnung in Gestalt einer schallenden Ohrfeige, die ihm daraufhin von seiten seines Lehrherren erteilt wurde, hat den jungen Friedrich schon damals auf den Gedanken gebracht, das Tintenfaß in einen breiten, ausgehöhlten Holzklotz zu setzen. Seine Lehrlingsidee baute er jetzt aus [Anfang der 1880er Jahre]. So sind die bekannten Tintenfässer entstanden, die man allethalben nachahmte und verbreitete. Den Tintenbehälter selbst versah Soennecken mit einem schrägen Boden und einem drehbaren Glasdeckel mit trichterförmiger Eintauchöffnung; er verhinderte dadurch ein zu weites Eintauchen der Feder in die Tinte und ermöglichte es, die Tinte restlos aufzubrauchen."[8]

Soennecken bahnte einen mechanischen, gleichsam architektonischen Weg, um Tintenseen auf dem Papier zu vermeiden. Das unangenehme „Erlebnis aus seiner Lehrzeit" habe, so der Biograf unter Verwendung einer typischen Formel für Erfolgsgeschichten, „dazu beigetragen, ein wichtiges Schreibgerät in eine vollendete Gestalt zu bringen". Für kleine Flecken produzierte Soennecken in seinen Werkstätten in Poppelsdorf bei Bonn ab 1883 „Löschrollen", die nach kurzer Zeit „von dem Bogenlöscher aus Metall mit seinen Vorzügen, wie einfachste Auswechselbarkeit der Löschpapiere usw., abgelöst wurden".[9] Wie die industrielle Herstellung von Instrumenten, verband sich das Löschen einzelner Zeichen oder Passagen innerhalb von Dokumenten mit größerem Aufwand als das Auslöschen eines ganzen Dokumentes. Dieser Löschvorgang

GÜNTHER WAGNER'S

Radirwasser.

Unerreichte Güte, entfernt **sofort** Schriftzüge und Tintenflecke, ohne das Papier zu beschädigen.

Gebrauchsanweisung.

Man befeuchtet die zu entfernende Tinte am besten zuerst mit etwas Wasser, löscht dieses sofort wieder ab, bestreicht dann die feuchte Stelle vermittelst des Glasstöpsels mit Radirwasser. Nach dem Verschwinden der Tinte tupft man die übrigbleibende Flüssigkeit mit Löschpapier auf.

Radirwasser eignet sich auch zur Entfernung von Obst-, Tinten- und ähnlichen Flecken aus Stoffen und Leinen.

Nr. 850.

a) **Der Carton mit 10 Flaschen und 10 Untersätzen** auf elegantem Plakat aufgenäht, _ℳ._ **2.80.**

b) **12 Flaschen und 12 Untersätze in Carton** _ℳ._ **3.20.** Ladenpreis 50 ₰.

Tintenfleckentferner.

Dieses einfache und handliche Mittel, um Tintenflecke von den Händen, sowie aus weissen und waschechten Stoffen **schnell** und **ohne Nachtheil** zu beseitigen, hat sich als zweckentsprechend bewährt.

		Engros-Preis	Laden-Preis per Stück
Nr. 2. **Tintenfleckentferner** in Cedernholz d. Dutz.	_ℳ._ 1.80	_ℳ._ —.25
Nr. 2b. » in Zinnfolio das »	» 1.05	» —.15

112

kombinierte das Entfernen mit dem Korrigieren und, eventuell, dem Überschreiben. Auch Soennecken jedoch stellte noch kein zuverlässiges Mittel für das Löschen *und* Korrigieren von in Tinte verewigten Fehlern her.

Falsch Geschriebenes konnte natürlich im eigenen Medium, mit der Tinte selbst, korrigiert werden. Beim Durchstreichen blieben Fehler und Flecken erkennbar, beim vollständigen Übermalen nicht: Das Vertuschen machte sie zwar unlesbar, informierte jedoch darüber, dass es sie einmal gegeben hatte. Es weist durch seine Spuren und Materialität explizit auf diese Maßnahme hin. Die Substanz zum Überdecken jedoch konnte auch dem Untergrund angepasst werden. Statt schwarze Tusche mit Schwarz zu übermalen oder blaue Tinte in Seen verschwinden zu lassen, griff ein marktführendes Unternehmen der deutschen Schreibwarenindustrie zu einem Verfahren aus der Malerei: Die Firma Günther Wagner, eine 1832 von einem Chemiker gegründete Farben- und Tintenfabrik, kreierte eine weiße Korrekturflüssigkeit, welche die Farbe des Papiers simulierte. Unter dem Markenzeichen des Pelikans warb das Unternehmen für das so genannte Deckweiß. Bei der Verwendung von Pelikan-Tusche, die das Unternehmen seit 1896 produzierte, könne der Schriftgrafiker „mit Deckweiß Fehler verbessern und Striche messerscharf gestalten, ohne fürchten zu müssen, daß die Schreibflüssigkeit sich bei dem Abdecken auflöst, sich mit der Deckfarbe verbindet und so aus einem kleinen Fehler einen großen macht".[10] Das flüssige Deckweiß stellte das Prinzip für die späteren Tipp-Ex-Produkte, Flüssigkeiten, Rollen und Blättchen bereit: Das Weiß scheint eine zweite Schicht Papier über den Fleck oder Fehler zu legen, die dann erneut beschrieben werden kann. Auch dieses Verfahren lässt die Spuren des Löschvorganges erkennen, und nicht nur das: Das falsch Geschriebene oder Gekleckste existiert weiter – der Nachteil der „behördlich geprüften Eisengallustinte 4001", die die Pelikan-Werke seit 1901 anboten und als „dokumentenecht" anpriesen. Das „Echte",

Authentische, das von eigener Hand Geschriebene war noch da und konnte durch Abtragen der simulierten zweiten Papierdecke wieder hervorgeholt werden.

In der Folge versuchten aufstrebende Konzerne der Schreibwarenindustrie, Pelikan alias Günther Wagner, Soennecken und andere, ein Äquivalent zum Radiergummi für das Schreiben mit Tinte zu entwickeln. Im Jahr 1895 bot die Firma Günther Wagner in ihrer ersten, buchartig gebundenen Hauptpreisliste ein „Radirwasser" an. Das „Radirwasser" war ein flüssiger Radiergummi für flüssigen Bleistift: Es löschte angeblich, „ohne das Papier zu beschädigen". Da es sich hier um ein neues Produkt handelte, lieferte die Firma Günther Wagner schon in der Anzeige eine „Gebrauchsanweisung" mit:

> „Man befeuchtet die zu entfernende Tinte am besten zuerst mit etwas Wasser, löscht dieses sofort wieder ab, bestreicht dann die feuchte Stelle vermittelst des Glasstöpsels mit Radirwasser. Nach dem Verschwinden der Tinte tupft man die übrigbleibende Flüssigkeit mit Löschpapier auf."

Das auch „Tintenfleckentferner" genannte Mittel eignete sich darüber hinaus „zur Entfernung von Obst-, Tinten- und ähnlichen Flecken aus Stoffen und Leinen" sowie zum Reinigen der Hände von Tintenflecken.[11] Der Verschluss des verzierten Behälters diente zum Auftragen des „Radirwassers". Es kostete 15 Pfennig, verpackt in Zinnfolie, oder 25 Pfennig, verpackt in Zedernholz. Unter dem Markenzeichen des Pelikans schien das Dilemma gelöst: Flecken und Fehler in höchst haltbarer Tinte konnten mit einem speziellen chemischen Präparat entfernt werden, ohne das Papier zu beschädigen. Die unsauber oder fehlerhaft eingesetzte Tinte verschwand aus den Augen, und damit die durch sie transportierte Information: Ungeschicklichkeit, Irrtum und Unwissen. Das Geschriebene wurde visuell und orthografisch perfektioniert. Parallel dazu optimierte die Firma Günther Wagner ihr Produkt. Zehn Jahre später hatte das „Radierwasser" Einiges hinzugewonnen: ein „e" im Radieren, einen neuen Beinamen, „Tintentod", und eine zweite Flasche mit einem ergänzenden Produkt: „1 Flasche Radierwasser und 1 Flasche Medium", die

in einem gemeinsamen Karton verpackt waren.[12] Das „Medium"
ersetzte das Wasser zum Vorbehandeln der Tintenschrift und
zum Nachbehandeln der gelöschten Stelle und musste selbst
wiederum mit Löschpapier entfernt werden:

> „Das Abtrocknen ist notwendig, damit sich die beiden Flüssigkeiten nicht
> vermischen, wodurch die Wirksamkeit des Radierwassers beeinträchtigt
> werden würde. Sind die Tintenflecke sehr alt, dann muß das Verfahren
> nötigenfalls wiederholt werden."[13]

Mit dem „Tintentod", so suggeriert der Name, wird Tinte getötet.
Mit dieser Flüssigkeit rückt der Schreibende dem Tintenkörper zu
Leibe und nimmt ihm das Leben. Wie beim Mord jedoch ist der
Körper nur leblos – nicht weg. Seit 1905 firmierte auf dem Etikett
des Tintentod-Fläschchens eine aufschlussreiche fremdsprachige
Bezeichnung: „Eau forte – La Scolorina". Der Tintentod war
weniger ein Entferner, als vielmehr ein Entfärber (von italienisch
scolorare: entfärben).

Die entfärbte Tinte ist
die Leiche der lesbaren
Tinte: noch vorhanden,
aber unentzifferbar und
damit dysfunktional. So
unterscheiden sich die
beiden „Schriftnegierer":
Während der Radier-
gummi das Graphit als
Abrieb physisch vom
Papier entfernt, bleibt die
Tinte unter Behandlung
mit Tintentod auf dem
Papier. Das Radierwasser
entfernt nicht die Sub-
stanz der Tinte, sondern
nur ihre dunkle Er-
scheinung. Es agiert che-
misch, im Gegensatz zum
mechanischen Radieren.

Eine Kombination der Anwendungen von Radiergummi und Radierwasser empfahl die Firma Günther Wagner 1925 für ein weiteres Aufschreibesystem:

> „Bei Schreibmaschinenschrift wird die Farbe der zu entfernenden Schrift-zeichen mit Schreibmaschinengummi leicht gelockert und sodann mit Radierwasser betupft. Die Farbe verschwindet schnell, und die Stelle kann nach dem Abtrocknen mit Löschpapier von neuem beschrieben werden."[14]

Der Erfolg des Wagner'schen Radierwassers war so groß, dass sich an seiner Zusammensetzung und seiner Verpackung über Jahrzehnte kaum mehr etwas änderte. Das Design des „Tintentods" erhielt sich über die 1920er Jahre hinaus; lediglich der Glasstöpsel des Behälters zum Betupfen der Flecken verlängerte sich in ein „Glasstäbchen zum Herausnehmen der Flüssigkeit"[15]. Indes forcierte das Unternehmen die Entwicklung neuer Schreibgeräte. 1929 brachte es den „Pelikan Füllhalter" heraus. Der Kolbenfüller stellte auf dem mittlerweile internationalen Markt des Bürobedarfs eine technische Innovation dar: In seinem transparenten Schaft wurde ein Kolben über ein Differentialgetriebe auf und ab bewegt.[16] Der „kleckssichere Tintenleiter" erwies sich als Verkaufsschlager, so dass die Firma weiter expandieren konnte.

Mit der Durchsetzung der Füllfedern trat der traditionelle Tintenbehälter immer weiter in den Hintergrund. Das Tintenfass, das über Jahrhunderte ebenso Notwendigkeit wie Klecksquelle gewesen war, wurde langsam entmachtet – und parallel dazu der Tintenklecks, jenes unkontrollierbare Etwas, das die akkurate Tintenschrift bisher als amorphes Gegenbild begleitet hatte. Die große Tintenmenge im Glas reduzierte sich auf kleine Tintenmengen, die diskret von einem Plastikmantel umschlossen wurden: 1935 brachte die amerikanische Firma Jif-Waterman den „Patronen-Füller" auf den Markt und leitete so das Ende des Tintenfasses ein. Alle mechanischen Verbesserungen beim Schreiben mit Tinte allerdings konnten Tintenkleckse nicht ganz ausschließen – und Schreibfehler sowieso nicht.

Auf den Tod des Tintenfässchens folgte erst viele Jahre später der Tod des Tintentod-Fässchens. Tintenfass und Tintenfeder

✦ Pelikan ✦

Pelikan=Radierwasser ⟨Tintentod⟩
zum Entfernen von Schreibfehlern ⟨Hand= und Maschinenschrift⟩, Tintenflecken usw.

Tintenschrift oder =flecke weicht man mit Medium oder Wasser auf, betupft die Stelle dann wiederholt mit Radier= wasser, bis die Tinte verschwindet, löscht ab und wendet hierauf nochmals Medium an, das wieder mit Löschpapier gut abzutupfen ist. / Bei Schreibmaschinenschrift wird die Farbe der zu entfernenden Schriftzeichen mit Schreibmaschinengummi leicht gelockert und sodann mit Radierwasser betupft. Die Farbe verschwindet schnell, und die Stelle kann nach dem Ab= trocknen mit Löschpapier von neuem beschrieben werden. / Die Flaschen sind gut zu verkorken und vor direktem Sonnen= licht zu schützen. Jedes Pappkästchen trägt die genaue Gebrauchsanweisung.

Pappkästchen Nr. 850 c.

Nr. 850 c	Großes Pappkästchen mit 1 Flasche Pelikan=Radierwasser Nr. 850 und 1 Flasche Medium.
Nr. 851 c	Kleines Pappkästchen mit 1 Flasche Pelikan=Radierwasser Nr. 851 und 1 Flasche Medium.
Nr. 850	Große Flasche mit verlängertem Glasstöpsel zum Herausnehmen der Flüssigkeit.
Nr. 851	Kleinere Flasche mit verlängertem Glasstöpsel zum Herausnehmen der Flüssigkeit.

GÜNTHER WAGNER ✶ HANNOVER UND WIEN

waren schon lange zur Füllfeder verschmolzen, bevor sich auch Radierwasser und Glasspitze in einem Instrument vereinigten. Die Firma Pelikan versuchte, das Format des Füllers auf das Löschmedium zu übertragen und einen entsprechenden Stift zu

117

entwickeln. In den 1970er Jahren schließlich brachte sie die so genannten „Tintenlöschstifte" heraus. Das erste Fabrikat dieser Art erhielt 1972 den Namen „Tintentiger" – eine Anspielung auf die Gefräßigkeit und die Schnelligkeit des Raubtiers: „Entfernt schnell und spurenlos königsblaue Tinte". Der Tod war aus dem Namen verschwunden. Pelikan privilegierte bei der weiteren Namenspolitik nicht den Vorgang des Löschens selbst, sondern dessen Geschwindigkeit. 1974 taufte das Unternehmen den grellbunt gestalteten „Tintentiger" in „Tinten-Blitz" um: „blitzt Fehler weg". Mit einer wichtigen Einschränkung: Dies funktionierte nur bei der „königsblauen" Tinte der Firma Pelikan. Denn die chemische Zusammensetzung der Löschflüssigkeit entfärbte lediglich jene Substanzen, die für die Pelikan-Tinte, nicht aber für andere Sorten verwendet wurden. Die entfärbte Tinte konnte daher auch nicht wieder mit identischer Tinte überschrieben werden: Es musste ein Kugelschreiber verwendet werden.

Eilig versah die Firma Pelikan auch diese zweite, dem Löschen nachgeordnete Funktion des Korrigierens mit einem Markenprodukt. Sie entwickelte einen Filzstift, der zum Überschreiben der gelöschten Stellen diente. 1977 brachte sie den „Pelikan-Super-Pirat" auf den Markt, der sowohl die Löschflüssigkeit als auch die Überschreibtinte bereitstellte. Nach Informationen der Firma Pelikan wird der Stift noch heute gefertigt und „ist der meistverkaufte Tintenlöschstift in Deutschland".[17] Mit diesem Produkt kehrte – zumindest in der Umgangssprache – der Tod in den Löschvorgang zurück. Die Stifte wurden allgemein als „Tintenkiller" bezeichnet. Der Löschstift killte Schriftzeichen wie der Spachtel des Stilus oder der Radiergummi – und war daher ein Todfeind für viele Lehrer, die ihre Schüler zum Vermeiden, oder wenn unvermeidlich, zum sauberen Durchstreichen der Fehler anhielten.

Stilus und Bleistift mit integriertem Radiergummi verbanden in einem Schreibwerkzeug die Funktion des Herstellens und die des Löschens von Geschriebenen. Der Tintenkiller dagegen verbindet den Vorgang des Löschens mit dem des Neu- oder Überschreibens.

Die Funktion zur Herstellung des Originaltextes fehlt. Die der erkennbaren Korrektur ist hinzugekommen. Geblieben ist das Töten, das Löschen. Nur ins Englische hat es sich übersetzt mit dem Ausdruck „Killer" – wobei Tintenkiller im Englischen nicht „ink killer", sondern „ink eraser" heißt. Bei der Eindeutschung hat das „Killen" außerdem ein „r" hinzugewonnen: Tinte wird im deutschen Raum nicht „gekillt", sondern „gekillert" – ein Rückverweis auf das Instrument. Die Flüssigkeit des „Mediums" hat sich in einen Filzstift zurückgezogen. Aus dem „Tintentod"-Flakon ist der Tintenlöschstift geworden – so endgültig, dass das Instrument als solches nicht mehr aus dem Bürobedarf wegzudenken ist, nur noch weiter optimiert wird. 2003 führte die Firma Pelikan eine weitere Serie von Tintenlöschstiften ein, die nach dem bekannten Prinzip funktionieren: den „Pelikan

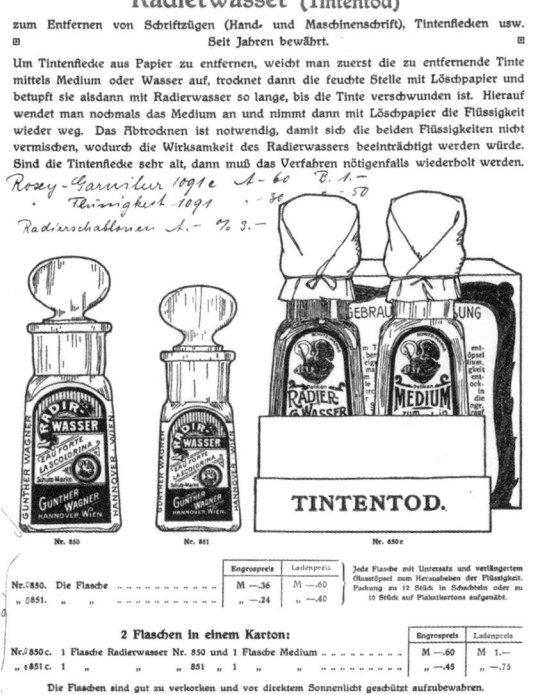

Superpirat" in zwei verschiedenen Dochtbreiten und den „Pelikan Supersheriff" mit einer „Multi-Spitze" zum „breiten" und „feinen" Löschen. Während der Ausdruck „Pirat" noch auf den wilden Überfall auf eine fette Beute (Fehler und Flecken) weist, spielt das Wort Sheriff erstmals explizit auf die Kontrollfunktion an, die der Löschvorgang innerhalb eines Dokumentes immer impliziert: Die Verfahren und Substanzen des Löschens und Korrigierens wachen wie die Polizei über die Makellosigkeit von Ordnung, Orthografie und Schriftbild.

Selbst den chemisch und instrumental optimierten Tintenkiller zeichnen zwei verräterische Eigenschaften aus: Die Lösch-flüssigkeit entfärbt nur ganz bestimmte Tintenprodukte, und die Löschung (und Überschreibung) hinterlässt Spuren. Auch der Tintenkiller ermöglicht keine Tilgung, die sich selbst tilgt: Seine Löschung misslingt und verweist durch ihre – hässlich gelben – Spuren auf sich selbst. Hängt es mit dieser Nicht-Perfektion zusammen, dass auch das Design des Tintenkillers und sein Verpackungsmaterial nie so hochwertig, bisweilen kostbar gestaltet wurden die Füllfederhalter? Muss der Tintenkiller poppig bunt und aus Plastik sein, weil er sich verrät, statt diskret zu sein? „Gibt es eigentlich auch noble Tintenkiller, die zu einem edlen Füller passen, oder gibt es da nur zwei Möglichkeiten, nämlich durchstreichen oder mit einem 08/15 Einwegkiller wegkillern?", fragte ein Füller-Fan jüngst in einem Internet-Forum. Es seien keine „edlen" Tintenkiller bekannt, so die Antwort. Das liege daran, dass „es allgemein als unschick empfunden wird[,] Fehler zu vertuschen und dann zu überschreiben"[18]. So haben sich die Projektionen in Bezug auf das Löschen (und Korrigieren) verschoben. Tinte spurlos vom Papier zu löschen, scheint bis heute nicht möglich. Und weil die Spuren des Löschvorgangs sichtbar bleiben, bleibt auch der Tintenkiller: ein Ordnungshüter in Verkleidung.

[1] Vgl. Klaus Müller: Tafel und Griffel. Die Geschichte und Entwicklung einer fast vergessenen Schreibtechnik, Landau 1997.

[2] Vgl. Hannelore Faulstich-Wieland/Marianne Horstkamper: Der Weg zur modernen Bürokommunikation, Bielefeld 1987, S. 47.

[3] Vgl. Bernhard Dotzler: Papiermaschinen. Versuch über Communication & Control in Literatur und Technik, Berlin 1996, S. 476.

[4] Vgl. Ulrich Holbein: Samthase und Odradek, Frankfurt/Main 1990, S. 54-60.

[5] Meyers Großes Konversationslexikon, 6. Aufl., Stichwort „Tinte", Bd. 19, Leipzig/Wien 1908, S. 651f., Hervorhebungen im Original.

[6] Cornelia Vismann: Akten. Medientechnik und Recht, 2. Aufl., Frankfurt/Main 2001, S. 43-47 und 88f.

[7] Meyers Großes Konversationslexikon, 6. Aufl., Stichwort „Tinte", Bd. 19, Leipzig/Wien 1908, S. 652.

[8] Vgl. Robert Hellbeck: Friedrich Soennecken. Sein Leben und sein Werk, Essen 1927, S. 28f.

[9] Ebd., S. 28.

[10] Lucian Zabel: „Tusche, das Urmaterial der Gebrauchsgraphik", in: *Der Pelikan. Mitteilungen der Pelikan-Werke Günther Wagner Hannover*, Nr. 28, 1928, S. 5-9, hier S. 9. Die Mitteilungen über „Themen allgemein pädagogischen, psychologischen, künstlerischen, kunstgewerblichen, kunsthistorischen und kulturellen Inhalts" gab das Unternehmen seit 1912 heraus, um sich seinen Kunden – Gelehrten, Künstlern, Bildungsbürgern, Akademien, Schulkindern – näher zu bringen und so, unter dem Aspekt des Profits, auf die „ästhetische und kulturelle Erziehung unserer Jugend und unseres Volkes" Einfluss zu nehmen. Vgl. Günther Wagner: „Zur Einführung", in: *Der Pelikan*, Nr. 1, 1912, S. 3.

[11] Firma Günther Wagner, Hauptpreisliste Nr. 18, 1895, S. 210.

[12] Firma Günther Wagner, Hauptpreisliste Nr. 25, 1905, S. 29.

[13] Firma Günther Wagner, Hauptpreisliste Nr. 30, 1908, S. 34.

[14] Firma Günther Wagner, Hauptpreisliste Nr. 40, 1925, S. 201.

[15] Firma Günther Wagner, Hauptpreisliste Nr. 50, 1928, S. 198.

[16] Reinhard Knoll: „Wie es zur Füllfeder kam ... Die Abbreviatur einer Geschichte", in: Christian Gastgeber (Hg.): Vom Griffel zum Kultobjekt. 3000 Jahre Geschichte des Schreibgeräts, Wien 2001, S. 85-94, hier S. 92. Vgl. außerdem: Andreas Lambrou: Füllfederhalter. Ein Überblick über die Entstehungsgeschichte und die wichtigsten internationalen Marken, München 1989.

[17] www.pelikan.de, Geschichte des Unternehmens, 2005.

[18] www.penexchange.de, 2005, Diskussionsforum.

war Zuckerzeug innen
Schokolade und irgentwas
drin. Ich hatte die erste
2. Stunden, Puh, Handar-
beit. Wir müssen Puppen
jäckchen häkeln. Wie Baby.
Ich spiel ja doch nich
mehr mit Puppen. Als
ich dann ~~noch d~~ d von
der Schule zum Bus
ging machte ich mir war
etwas die Hosen voll. aber
Zu Hause war Onkel
Alfred zum Mittagesse
da und ging dann
wieder weg. Er is Pe-

...lamenmaler. Abens hat
...n Würstchen und Kot-
...ett mitgebracht. Nachm.
...benbrot schreib ich
...Tagebuch. Nun will ich
...twas Seilhüppen.

..?
...onnen-
...ag

Heute hatten wir
Englisch bei der
Bonbo. ~~[unleserlich]~~ Abends
waren wir mit Rein-
hards schwimmen.
Appels warn auch
da. ~~Wir wir~~ Der
Gerd und der Herr
Appel nehmen einen

Vater rief die Polizei an und sagte uns nochmal: „Nie mit einem fremden Menschen mitgehen, auch wenn sie euch etwas schenken".

Heute gab es Vorri-Dus. Er war schön scharf. Nachher brannte uns der Mund ziemlich doll. Es hat aber gut geschmeckt. Heute hat meine Schwester Geburtstag. Sie lud viele Kinder ein. Meine Schwester spielte

mit den Mädchen, ich mit Jungs weil sie die Spiele nicht mitmachen wollten. Wir machten Kissenschlachten und Ballfangen. Im November ist nicht mehr

Dezember

4.12 Ich habe den Arm gebrochen.

Lehrer ist krank

124

Barbara Ahrens
Zettelwirtschaft

Das erste Tagebuch wurde mir geschenkt, als ich etwa neun war – wohlgemerkt: ein Tagebuch, und nicht etwa ein Poesiealbum, wie es die anderen Mädchen hatten. Vorher schon soll ich Notizen auf alles, was so herumlag, gemacht haben. In Malblöcke, Schulhefte, Bücher. Mit Bleistift und gut lesbarer Kinderhandschrift hatte ich keine Geheimnisse vor mir selbst. Geschrieben waren die Dinge wirklich, auch die ausgedachten. Manche wollte ich später wieder unwirklich machen, also radierte ich – Peinliches und Böses, Notizen etwa darüber, einen Mitschüler oder meine Schwester geärgert oder für eine Lehrerin geschwärmt oder bei der Heimfahrt im Bus es nicht mehr ausgehalten und „ein wenig in die Hose" gemacht zu haben. Ein oder zwei Jahre später, vielleicht war ich dann zwölf, blickte ich zurück – das Tagebuch musste ich aufbrechen, da ich wohl den Schlüssel verlegt hatte – und fand lächerlich, was ich damals so alles aufgeschrieben hatte, Dinge wie einen Zank mit meiner Schwester und große Einsichten danach. Ich versuchte für alle Fälle, das Radierte wieder einzutragen. Bildete mir schon da ein, und notierte es auch, dass nicht Notiertes verschwindet, aus dem Kopf. Allerdings wusste ich die radierten Stellen noch aufs Wort. Dann stockte der Schreibfluss eine Zeit lang, begann schließlich wieder und uferte aus. Dicke Bücher, darin eingelegt Zettelberge, beschriftet mit allem. Träume, Gedanken, obskure Welttheorien, Verliebtheiten, Pläne. Die Reitlehrerin. Lobeshymnen auf die strenge A., die den Hof leitete, auf dem ich mehrere Sommerferien verbracht hatte. Wie ich meine Schwester wieder ärgern wollte – durch Abnehmen. Dass sie mir mal gesagt hätte, ich habe einen fetten Po. Radieren ging nicht mehr, ich schrieb inzwischen mit Tinte. Ich hoffe noch heute – denn weggeschmissen sind die Dinger nicht –, es liest sie nie jemand. Die vielen peinlichen Stellen, die ich löschen möchte, eigentlich alles. Diese peinlichen Pubertätstagebücher – warum schmeißt man die nie weg?

Auch heute, überall Zettel, darauf Pläne, Ideen, Textentwürfe, die im Kopf ganz klar sind, beim Notieren schon unklarer werden, und oft nicht verwirklicht. Nachts wache ich auf, etwas riss mich aus dem Schlaf, schreibe auf die Zeitschriften und Bücher am Bett, unlesbar, aber sonst könnte ich nicht mehr einschlafen, weil ich mich dann damit beschäftigen müsste, mir alles zu merken. Überall, ob bei Tag oder Nacht, was mir einfällt, notwendige Arbeiten, Ideen, Beobachtungen, all das schreibe ich auf Bierdeckel, Briefumschläge, weiße Stellen in Zeitungen, in Minischrift, und auf große Zettel auf dem Schreibtisch. Eine Zeit lang versuchte ich es mit dem Handy: gab die Dinge in Kurzform ein, es piepste dann zum eingegebenen Termin, doch meist hatte ich dann keine Zeit, das Gepiepste zu erledigen und vergaß es. Ich kehrte zu den altmodischen Zetteln zurück. Ein großer Zettel immer auf dem Schreibtisch, der sich stetig vermehrt, und schließlich ein Berg Zettel in einer Sichthülle, noch größere, höhere Stapel in Ablagen – und wirklich finde ich die Notizen wieder, kann sie erledigen, auch wenn die Handschrift unlesbar ist, viel mehr jedenfalls als nach dem Handypiepsen. Irgendwann schmeiße ich die Restberge mit den nie erledigten Dingen weg, um neue entstehen zu sehen.

Auch alle Texte entstanden zuerst auf solchen Zetteln – oder in kleinen Kalendern, ohne Linien, eine Seite pro Tag. Eine Weile versuchte ich, Notizen am PC zu formulieren. Legte also Ordner für „Ideen" und „zu Erledigendes" an, doch seltsamerweise las ich die wenigen Notizen, die ich da jemals eingegeben hatte, nie. Wahrscheinlich schreibt man Zettel eher in den Kopf hinein als aufs Papier. Nicht aufgeschriebene Träume sind weg. An aufgeschriebene erinnere ich mich, ohne nachlesen zu müssen. Auch beim Spickzettel-Schreiben früher in der Schule musste ich sie gar nicht mehr unter dem Tisch hervorziehen, wenn ich einmal einen geschrieben hatte.

Der Versuch, beim Autofahren durch den Kopf gehende Ideen und Arbeitsvorhaben auf Kassette zu sprechen, misslang kläglich. Nie hörte ich diese Kassetten ab, im Kopf war klar, wie ich es formulieren wollte, doch mündlich verschwand die Formulierung. Die Bänder überspielte ich mit Interviews, die ich dann abschrieb. Beim Abschreiben veränderte ich meine eigenen Formulierungen oft, wohingegen ich bei anderen bewunderte, wie mitreißend, lustig und klug sie Gedanken und Geschichten mündlich formulieren können. Gibt es mündliche und schriftliche Menschen?

Beim Autofahren schrieb ich nach den missglückten Tonbandversuchen wieder fahrend mit Riesenlettern in Kürzestform Wichtiges auf Landkarten, Parkzettel und Tankquittungen. Nur wenn etwas ausufert und zu einem richtigen Text wird, formuliere ich auf Raststätten.

Ohne Schreiben keine Erinnerung. In diese von mir so geliebten Kalender, die so klein sind, dass sie in eine Hosentasche passen und die viele Zettel ersetzen, notiere ich seit Jahren alles, was ich mir merken möchte (inzwischen kürzer als in jenen schrecklich dicken Büchern der Pubertät). Wenn ich einen der Kalender verliere, sind auch dessen Inhalte aus meinem Kopf verschwunden. Einen in einem verlorenen Kalender entworfenen Text kann ich nicht mehr formulieren – solange der Kalender noch vorhanden war, brauchte ich die Texte nicht einmal abzuschreiben.

Und leider sind dann auch die Liebesgeschichten des jeweiligen Jahres verloren.

Ingrid-Maria Sauer
Der Schriftsteller aus Sicht seiner Muse

Ich hatte nicht damit gerechnet, dich so bald wieder zu sehen. Zwei Jahre sind es erst her, genau um diese Zeit, im Januar, genau an diesem Ort, einer Bar, dass wir uns trafen. Drinnen wirkt es warm und verqualmt, während hier draußen der Schnee die Schritte schluckt. Zwischen den Schulterblättern bildet dein Tweedjackett eine nachdenkliche Stirnfalte. Du stützt dich auf den Tresen auf. Sicher trinkst du einen Kaffee und dazu einen Likör. Du hast einen Kollegen bei dir, aber ich könnte nicht sagen, ob ihr euch streitet oder anschweigt. Es fror, als du mich anriefst, um mir zu melden, du müsstest mich treffen. Vor kurzem stieß ich in einer Zeitschrift auf eine Anzeige. Dein Buch ist also erschienen. Durchzogen von Zäunen und Kilometersteinen erstreckt sich auf einem bleigrauen Titelumschlag deine spröde, trockene Heimat. Ein Kind fährt auf einem Fahrrad in Richtung Horizont, doch man sieht nur seinen Rücken, genau wie ich von dir durch die Scheiben nur den Rücken sehe. Den Titel verrate ich niemandem!
Ich gebe zu, dich zu beobachten erfüllt mich mit Genugtuung, und meinetwegen bleibt es so. Nach unserem letzten Treffen wollte ich dich für alle Zeiten von meiner Liste streichen, stell dir vor. Nun, da ich deine aufgescheuerten Ellenbogen und den aufsteigenden Rauch sehe, werde ich es mir noch mal überlegen. Vielleicht bilde ich mir ein, du hofftest mich zufällig zu treffen, und wir sind, wie du weißt, eitel.
Vor zwei Jahren fuhr ich mit dem Fahrrad zu dieser polnischen Bar, wo sich die Hochbegabten ihre Zeit vertreiben. Polare Luftmassen aus Sibirien lagerten in den Straßen unserer Stadt, einer mittelgroßen, mitteleuropäischen und mittelmäßigen Metropole. Die Passanten trugen weiße Fahnen vor den Mündern.
Du hattest dir vorgenommen, charmant zu sein. Saugtest mich mit deinen Blicken auf, als ich hereinkam, und Flämmchen glitzerten in deinen Augen. Oder es spiegelte sich nur die schlesische Glut im Ofen hinter uns darin, die nicht viel Wärme brachte. Wir

lehnten uns an den Tresen und zogen die Schultern hoch. Über deinem Kopf hing ein Bild. Ich musste es immer wieder ansehen, immer wieder musste ich es ansehen. Du indes bemühtest dich, weil du wohl mit mir schlafen wolltest. Dein Plan war, mir ausführlich von deinem Roman, deiner Poetik, deinen Auffassungen von Kunst zu erzählen und mich dann weit nach Mitternacht mitzunehmen. Auf jeden Fall sollte ich, um in der rechten Stimmung und geistigen Verfassung für die Empfängnis deines befruchtenden Samens zu sein, erst einmal ordentlich beeindruckt werden.

Du begannst mit deiner großen Wohnung voller Bücher. Auch ein renommiertes Stipendium sei dir zuteil worden. Doch öffentliche Auftritte, erzähltest du mir voller Verärgerung, seien dir ein Gräuel, absolut überflüssig. Aha, sagte ich, dann sollten die Leute eher deine Bücher kaufen, statt auf eine Lesung zu hoffen. Unbedingt, sagtest du nachdrücklich. Nun seien Agenten darauf angesetzt, einen prestigeträchtigen Verlag für dich zu finden. Nicht diese billigen Büros, sondern nur die Besten, du nanntest ein paar Namen. Ich nickte. In der Zwischenzeit würdest du übersetzen. Irrsinnig schnell ginge das, du könntest gar nicht damit aufhören, und schnell sei dann wieder einer dieser englischen Krimis fertig für den Druck. Was für eine schöne Arbeit, sagte ich, und du wolltest angesichts meiner Zustimmung noch einen Bonuspunkt erzielen und sagtest, der und der Kriminalautor sei dir nun schon ganz ans Herz gewachsen, so sehr, dass er dir wie ein Freund erscheine.

Es war ein Unterwasserbild, das dort, seitlich über den Spiegeln, Gläsern und Schnapsflaschen über deinem Kopf hing. Ich fragte mich, ob es sich um ein Foto handelte. Dann müsste es nicht nur unter Wasser, sondern auch zum Beispiel von einem Tintenfisch geschossen worden sein, denn solche intimen Einblicke in die Tierwelt wurden selten gewährt. Im Vordergrund schwebte ein großer gelber Fisch mit einem roten Kopf. Er schien aus einer Höhle herauszukommen, oder vielleicht war es ein Autowrack? Ich hatte einen Traum, sagte ich zu dir, und ich möchte, dass du ihn mir beschreibst. Hm, sagtest du, ob das geht. Zunächst ist es ein Gefühl, sagte ich, wie wenn die Hände sich in Krallen verwandeln und in ein Beutetier vergraben. Doch die Hände sind keine Krallen, sondern die Beute selbst und sie greifen immer ins Leere. Das ergibt eine Mischung aus Gewalt und Ohnmacht, und die ist gleich Sex. Kannst du es dir vorstellen? Nein, sagtest du, so funktioniert es nicht. Ich mag keine Adjektive. Ich schwieg. Ich hatte keine Adjektive benutzt. Ich wollte noch hinzufügen, dieses Gefühl sei der wahre, einzig wirkliche Sex, der Liebesschlaf, wenn die Glieder sich ohne Kontrolle verschlingen, alle Härchen und Antennen den Baumwollstoff der Bettdecke, die Rauheit des Frotteelakens, den Luftzug vom Fenster bis auf das geringfügigste Signal registrierten und in die Schwärze des Körpers funkten, bis ins Rückenmark, bis in die alten Bezirke im Gehirn, dorthin, wo Urozeane wogen. Daher zuckten dann Arme und Beine. Daher ruhten Amboss und Hammer, Trommelfell und Schnecke, denn das Ohr lauschte auf ein Lichtjahre entferntes Rauschen, das im Kleinen, am anderen Ende der Welt, zwischen gewitternden Quarks leise zu vernehmen war.

Wenn ich das schon höre, sagtest du irritiert. Was meinst du, fragte ich. Uns fehlt in der zeitgenössischen Literatur das Lyrische. Vergiss es! Die wollen doch nur Gesichter promoten, am besten zusammen mit einem jüdisch anmutenden Namen, am besten jüdisch-deutsch. Das sind dann so Mädels, die sich alle paar Monate eine Erzählung abquälen. So so, sagte ich. Ich war jetzt ganz sicher, dass es sich auf dem Bild an der Wand um ein Autowrack handelte. Dahinter schwamm ein Elefant, aber tauchten Elefanten?, oder ein anderes großes Tier, vielleicht ein Galeerenpolyp aus schrillen Zellhaufen und wunderbar begabt, mit seinen zweihundert wässrigen Tentakeln bei einem Druck von zehn Tonnen lässig zu fächeln.

Diese Frau, du erwähntest den Namen einer Regisseurin, hat doch nicht für fünf Pfennig Kreativität. Die ließ sich ständig von ihrem Mann mit Ideen versorgen. Ich lächelte.

Es gab in unserem Verein viele fähige Leute und Idealisten. Wir waren eine Welt umspannende, allerdings recht unorganisierte Organisation. Die Erwähnten waren mir selbstverständlich bekannt, denn jener Kontakt gehörte zu den wohl letzten einigermaßen passablen Arbeitsbeziehungen, die unsere Repräsentanten zu den Menschen noch unterhielten. In den letzten Jahrzehnten waren wir in außergewöhnlicher Weise auf uns selbst zurückgeworfen worden. Viele – darunter auch ich – gingen zu Weiterbildungszwecken auf Zeitreisen. Naturgemäß unterschieden sich unsere Interessengebiete. Aber der betreffende Kollege steuerte ähnliche Ziele wie ich an, so dass wir uns nicht selten, einmal sogar in einem Farnwald, trafen. Ich war in das eurasische Hinterland des Paläozoikums gereist. Meine Schritte fielen tagelang, ganz weich und federnd auf den von Wurzeln dicht verwebten Untergrund, in eine betäubende Stille, aus der sich, sorgfältig in Flaum gehüllt, die Farnwedel entrollten. Wir bewahrten uns damals gegenseitig vor dem Wahnsinn, denn es machte einen verrückt, dieses geheimnisvolle Tropfen, diese trügerische Ruhe des unendlich langsamen, alles bezwingenden, sich zwitterhaft aus sich selbst speisenden Wachstums, das bis heute nicht aufgehört hat. Schade, dass kein Mensch einer solchen Lebensstrecke geistig folgen mag!

Andere Musenkollegen machten ausführliche Gedächtniskurse. Dazu zogen sie sich an Orte, wo die Krümmung der Erde zu sehen war, zurück. Sie lernten die Stellung und Bahnen der Sterne, die Vielfalt der organischen Welt, sie experimentierten mit elektrischem Strom, lasen aus Altpapier gewonnene Zeitungen, lernten die Rufe der Vögel und sämtliche Kinderspiele der Welt nachzuahmen, um nur einige der Übungen zu nennen.

Ich war jetzt ganz sicher, dass auch ein Schwarm glänzender Heringe in großer Formation hinter dem Galeerenpolypen oder Elefanten seiner Wege schwamm. Mein Vater war Soldat, sagtest du. Bei uns zu Hause spielten künstlerische Aktivitäten keine Rolle. Als ich in den Süden ging, um Journalismus zu studieren, war ich einfach noch nicht reif. Weißt du, ich mag keine Filme. Ich mag auch nicht ins Kino gehen. Höchstens in einen James Bond. Du führtest deine Ansichten weiter aus, und ich wartete auf ein abschließendes Urteil über Filme oder einen untalentierten Regisseur oder zumindest den Journalistenverband, aber du spürtest gewiss mein Mitleid. Ich bedauerte, dass dein Vater kein ernsthaft kulturbeflissener Soldat war. Ich behauptete nicht, dass es nicht zahllose ungeheuer fantasievolle, von künstlerischer Gestaltung beseelte Soldaten gab. Insgesamt jedoch war mir die Tätigkeit des Soldaten eher fremd, gab ich zu, was wohl daran lag, dass von der Armee seit jeher nur im Ausnahmefall, meistens wenn es zu spät war, Musen angefordert wurden, weshalb zwischen uns wenig Berührungspunkte existierten. In deinen grauen Augen sah ich die braun gerippte Wohnzimmercouch deiner ordentlichen, deutschen Eltern und hörte unter fest gestauchten Fluchtgedanken fast ihr leises Knarren.

Du hattest ein hübsches Gesicht, fand ich, ein wenig vernarbt, was mir gefiel, und ernst, was ich immer mochte, und dein dunkles Haar war in seiner halblangen Ungekämmtheit wie eine Nachricht an die Atmosphäre, dass du gerne wild und furchtlos sein mögest. Ein Jammer, dass die kontinuierliche Unterdrückung des Wilden und Furchtlosen durch das Soldatische einen solchen Panzer über deine Gesichtzüge hatte sich bilden lassen. Unsere Konversation glich einem Nahkampf, der stetig verbissener wurde, weil ich mich nicht beherrschen konnte und immer häufiger auf das Unterwasserbild sah, statt mich in deine Augen zu versenken. Damit verknappte sich die zum systematischen Verführen verbleibende Zeit auf offenbar irritierende Weise. Und durch die Kälte herrschten ohnehin verschärfte Bedingungen.

Jetzt, wenn ich zurückdenke und dich an unserem damaligen Treffpunkt unter dem Unterwasserbild sitzen sehe, bin ich milder und gnädiger gestimmt. Junge Leute strömten in die Bar und aus der Bar. Wohin sie blickten, sahen sie nur Spiegelbilder ihrer selbst. Dieses Jahrmarktskabinett des Lebens machte sie zynisch, und schon bei der Begrüßung langweilten sie sich unter ihren

Ausgehmasken grässlich zu Tode. Du hingegen beachtetest niemanden außer mir, und ich rechne dir deine Konzentration heute hoch an. Doch seinerzeit überwogen mein Dünkel und meine dumme Sehnsucht nach etwas Schönerem als dem Menschen und seiner unbelehrbaren Hochmut, er sei auf andere Art als alle anderen für die Ewigkeit bestimmt. Das Kupferne in deinen Augen hielt ich für Dogma und Hass, aber ich glaube jetzt, dass es aus einer verrückten Zerstörungswut rührte. Und zerstören musst du ja unentwegt, tapferer Außenseiter, die Lügen und Formeln der Selbsthuldigung, die tückischen Hohlräume der Worte. Eine Passage aus einem deiner Romane fiel mir ein, nämlich die Beschreibung eines Mannes, dessen Alltag davon getrieben wird, dass ihm so heiß ist. Eine ewige Hitze verfolgt ihn, beim Autofahren, bei der Arbeit, auf der Klobrille und wenn er neben seiner Frau im kühlen Bett liegt. Doch das einzige Ventil bleibt das Verbrechen. Er quält sich mit seiner Hitze und allen erdenklichen unmoralischen Fragen, bis es unerträglich geworden ist. Dann schlitzt er seine Frau bestialisch auf, woraufhin es ihm auch nicht besser geht, er taucht unter, erschießt sich im Untergrund und wird sechs Wochen später gefunden. Neben seinen Überresten findet man ein blutdurchtränktes, schriftliches Geständnis seiner Taten.

Wie plötzlich mein Herz klopft, wenn ich jetzt an deine gerunzelte Stirn unter der putzigen Meereslebenszene denke. Aber lieben will ich dich trotzdem nicht. Du musst uns verstehen, wir sind empfindlich und abweisend geworden. Ich habe wie wir alle eine tief greifende Befremdung erfahren, mich in die Tier- und Pflanzenwelt, ja weiter in die anorganische Welt zurückgezogen, interessiere mich für die einfachen und primitiven Formen des Lebens, für Schnecken, Staubflocken, Katzenzähne, Möweneier, Metalle, Kristalle, den Klang des Teilchenwindes auf fremden Planeten und für die Theorie des goldenen Schnitts. Unsere Kunden haben uns in den letzten Jahrzehnten viel abverlangt. Komplizierteste Fragestellungen, zum Beispiel der Sinn und Zweck utopischer Träume, die Negation des Geistes bei millionenfachen Abschlachtaktionen und vieles andere mehr, mussten beraten werden. Was meinst du, welche Mühen es gekostet hat, zur Eindämmung von Ideologieepidemien einen gewissen Standard an Absurdität aufrechtzuerhalten, und welche Rückschläge zu verkraften waren! Wir sind erschöpft. Wir durchleben eine schwierige Zeit. Sonst hätte ich dich vielleicht begleitet in dein Studio mit den dreitausend Büchern und hätte dir erlaubt, richtige, alles versengende, tiefschwarze Sonnenhitze zu verspüren.

Was meinst du, fragtest du, ist der Sinn der Kunst? Es war die erste Frage an mich an diesem Abend, und ich sah dich an. Der Sinn der Kunst, dachte ich, ist das Rauschen einer Atlantikmuschel, das dich an eine lang vergessene Freundin erinnert und wie ihr einmal frühstücktet, während vor dem Fenster im Hof ein Specht aus einem Kastanienstamm eine fette Dukatenfalterpuppe klopfte. Das Klopfen war so – tock – tock – tock – und ließ dich aufhorchen. Du frösteltest. Du spürtest du die große Maschine, die DNA, das irre Licht, das All, den Eisgriff ums vom Luxus beinahe erstickte Herz. Das war so traurig und banal wie der Tod selbst. Und du fühltest dich ein paar Sekunden lang sterben – tock – tock – tock. Ach, sagte deine Freundin mit einem ganz feinen, weisen und charmanten Lächeln, erzähl mir einen Witz oder erzähl mir was von dir. Und ganz weit draußen schoss aus purem Energierausch ein Sonnenstrahl 200.000 Meilen in das Nichts. Du wirst schwatzhaft, dachte ich bei mir, und zu dir meinte ich laut, der Sinn der Kunst, ach, ist, dass wir darüber streiten dürfen. Und ich stand auf, nahm meinen Mantel mit den Worten, wie du diesen Traum darstellen willst, bin gespannt. Sieh mal da, ich zeigte auf den Unterwasserschnappschuss, vielleicht findest du hier eine Lösung?

Es war kein viel versprechender Abschied damals, denke ich, während mein Atem die Fensterscheiben bewölkt, und sehne mich von der dunklen Straße weg in die Bar hinein zu dir. Vielleicht rufe ich dich doch mal zurück. Doch bevor du dich umsehen kannst, wende ich mich ab, meine Hände umkrallen den Fahrradlenker, und ich fahre durch eine spröde, kalte Landschaft, durchzogen von Zäunen und Kilometersteinen, in Richtung Heimat davon.

Ananda
Der Kreislauf einer eher Schreibfaulen

Eigentlich wollte ich schon immer gerne einen Roman schreiben, (m)eine große Liebesgeschichte als Buch, aber ich habe keine Lust auf diese Schreibarbeit. Ich hätte lieber einen Ghostwriter. Ich bin zu faul dafür. Bei meiner Arbeit muss ich manchmal schreiben, Sachtexte, Problemanalysen, Umfrageauswertungen, etc. Anstrengend! Ich formuliere knapp, wichtig ist Übersichtlichkeit, und lasse meine schreibenden Bekannten lektorieren – obwohl sie manchmal zu viele Schnörkel vorschlagen. Nur wenn ich Zeit habe, nicht arbeite, z.B. im Ausland bin und meine Freundinnen nicht da sind, dann schreibe ich. Vor allem E-Mails. Und oft werden das viele Seiten, ohne dass ich es merke. Ich sag mir also nicht: schreib jetzt mal ganz lang, sondern ich setz mich ran und schreib und schreib und schreib und plötzlich bin ich fertig und die E-Mail besteht aus acht Seiten. Aber da schreibt man umgangssprachlich, grammatikalisch falsch, ich schreibe z.B. „nich" statt „nicht". So etwas wie „also ich will jetzt nich! Ooch man, mensch" würde man doch nie in einem Text verwenden, den alle Leute lesen müssten, so schreibt man nur unter Freunden. Ich glaube also, dass ich mich mündlich besser ausdrücke, man kann einen Satz sofort anders formulieren, wenn er falsch verstanden wird. Manches ist vielleicht einfacher im Schriftlichen, z. B. Liebeserklärungen, – passiert nicht so oft, aber die schicke ich auch mal mit der Post, und schreibe zuerst Entwürfe mit der Hand – oder Auseinandersetzungen, man kann härter sein, klarer formulieren, Gedanken ordnen. Beim Schreiben achte ich darauf, dass es so differenziert rüberkommt als wäre es mündlich. Ich achte z.B. nicht auf grammatikalisch richtige Kommasetzung sondern auf inhaltliche – hier eine Pause, da ein Komma als Akzent, dass man die Gewichtung besser mitbekommt. Dass der Leser richtig interpretieren kann. Man kann oft einen sprachlich identischen Satz so oder auch ganz anders verstehen. Diese Differenzierungen verdeutliche ich durch

Kommasetzung und Schreibweisen – und durch Smileys. Wenn man z.B. ein irony-Smiley – also dieses zwinkernde – anfügt, dann ist klar, dass ein Satz ironisch gemeint ist. Du kannst z.b. schreiben: Du bist so fett. Und meinst es ironisch, was aus dem Kontext auch eindeutig hervorgeht. Wenn du dann aber kein irony-Smiley dahintersetzt, könnten sich die Leserinnen, also besonders Mädchen in meinem Alter, angegriffen fühlen, da sie oft alles total ernst und persönlich nehmen. Smileys (oder Emoticons) sind „Buchstaben" für Mimik und Gefühle. Es gibt inzwischen auch viele animierte, also Buchstaben, die sich bewegen. Es ist, als würde ich der Person gegenüberstehen und durch meine Mimik etwas ausdrücken.

E-Mails hebt man übrigens auf, die der anderen, aber meist hängen sie als Antwort an meinen dran, so hebe ich auch meine auf – das ist schon anders als beim Mündlichen. Wenn man da etwas aufheben möchte, müsste man Tagebuch schreiben – und dazu bin ich auch zu faul. Sammle also nicht mal dieses Material für meinen großen Roman. Man speichert nun die E-Mails zumindest so lange bis der Speicher voll ist. Meist bin ich dann schon wieder zu faul, oder habe zu viel anderes zu tun, um sie rauszukopieren und auf der Festplatte zu speichern. Dann sind sie weg, aber ich lese sie – auch solange sie da sind – eigentlich nie wieder.

Dann gibt es noch Chatten und SMS. Beide sind ein Mix aus Schriftlichem und Mündlichem. Da schreibt man großteils in Kürzeln, weil man so schnell sein muss. Hdl – Hab dich lieb. Man erfindet seine eigenen Kürzel, und dann gibt es ganze Listen im Internet, meist englische Ausdrücke. Diese Buchstabenkürzel setzt man in Sternchen. Oder erzeugt Smileys mit Kürzeln. Darin liegt dann doch ein Unterschied zwischen Schreiben im Chat und Mündlichem – man schreibt eine eigene Spezialschrift aus Kürzeln. Das kommt manchmal im Spaß ins Mündliche zurück. So sage ich zu Freundinnen, mit denen ich auch chatte, z.B. so etwas wie UHAHA, eine Buchstabenkombination, die wir eingeben, um dieses sich vor Lachen auf dem Boden kugelnde Smiley zu bekommen. Das haben wir dann beide vor Augen ... :'-)

136

Nun fand er überall Bekanntes wieder,
nur wunderlich gemischt, gepaart,
und also ordneten sich selbst in ihm oft seltsame Dinge.
Auch ich will also meine Figur beschreiben,
und wenn kein Sterblicher, nach jener Inschrift dort, den Schleier hebt,
so müssen wir Unsterbliche zu werden suchen;
wer ihn nicht heben will, ist kein ächter Lehrling zu Sais.
(Novalis)[1]

Alban Nikolai Herbst

Das Weblog als Dichtung.
Einige Thesen zu einer möglichen Poetologie des Weblogs.

„Erst mit arrangierter Wirklichkeit", schrieb mir ein Leser[2] in mein Literarisches Weblog, „mache ich ein wahres Bild der Wirklichkeit sichtbar. Und/aber dann wird/ist es Literatur." Genau hierüber soll es gehen, sowohl um das Faktum wie um den Prozess. Denn es handelt sich weniger um einen Gegenstand der Betrachtung, als um ein sich fortwährend weiterschreibendes Geschehen. Das genau unterscheidet ein Weblog überhaupt sowie das Literarische Weblog im Besonderen von einem Buch. Dieses nämlich ist immer schon fertig, jenes *entsteht*.

Nun weiß ich weder, wer Sie sind, noch inwieweit Sie mit kybernetischer Terminologie vertraut sind. Es möge Sie deshalb beruhigen, dass ich selber in netztechnischer Hinsicht völliger Laie bin, der nicht einmal über die Grundbegriffe des Programmierens verfügt und meist schon bei der Eingabe notwendiger Steuerzeichen versagt. Weshalb ich für die Realisierung meiner Netzideen auf Fachleute angewiesen bin.

Dass selbst die Künste zur Arbeitsteilung tendieren, ist nicht neu. Komponisten auch entfernterer Jahrhunderte haben ihre Partituren häufig von anderen ausschreiben lassen, und die berühmtesten Fresken hätten ohne viele Hände, deren einige dem Kunstwerk durchaus eigene Noten beigaben, kaum vollendet werden können. Manchmal ist es sogar der völlig Sachfremde, der den Anstoß zu neuen Entwicklungen gibt.

137

Zu so etwas kann und muss gegenwärtig vielleicht auch ein Dichter dienen, und zwar völlig unabhängig davon, ob ihn – also etwa mich – die, sagen wir, praktische und praktikable Seite eines Mediums interessiert; sie mag so notwendig sein, wie sie wolle. Ganz unabhängig von der *Realität des Gegenstandes selbst* ist es seit je ausgewiesene Stärke von Künstlern, sich Visionen zu überlassen, über die nicht selten gespottet wird und die bisweilen ziemlich grob, manchmal auch wütend beiseitegewischt werden, die aber schließlich dennoch – wie seinerzeit William Gibson mit dem Cyberraum geschehen, dem er nicht nur seinen Namen, sondern auch seine *Vorstellung* gab – die gesamte technologische Entwicklung durch ihren Traum und ihre utopische Behauptung voranbringen. Der Techniker wiederum ist – und muss es im Interesse des Praktikablen sein – sehr trocken. Er stemmt sich, man möchte sagen: *de natura* gegen das Neue, Unerhörte. Ein Dichter hingegen ist feucht, wenn nicht nass; Sie dürfen das gerne sexualmetaphorisch nehmen: In unserem Fall verbirgt sich hier nämlich ein ganz besonderes – und besonders vorantreibendes – Paradoxon: da ja der *hardware* Neuer Medien eigentlich nichts auch nur annähernd so schädlich ist wie Feuchtigkeit.

Ich hole deshalb so weit aus, damit sich die sagen wir Uneingeweihten ein Bild der Probleme machen können, die auf einen Erzähler zukommen, wenn er sich auf das Internet einlässt und es möglicherweise sogar als sein hauptsächliches, weil zeitgemäßes Publikationsforum zu begreifen beginnt. Der Begriff *uneingeweiht* ist hier deshalb so entscheidend am Platz, weil die Forderung, CyberKultur müsse kulturell vererbbar sein, bevor ihr Rang auch nur ungefähr demjenigen der anderen Künste verglichen werden könne, unmittelbar mit Sakralität zusammenhängt. Wer ein Buch lesen konnte, war eingeweiht, wem eine Legende flüsternd erzählt wurde, auch. Das Internet aber ist, weil es profan ist – noch profan – geschichtslos: Es sind keine Märchen und kollektiven Verheißungen mit ihm verbunden. Genau das ist zu ändern und das Netz insofern von seiner Technologie zu häuten: Wer den Schleier hebt, betritt ein neues Geheimnis. Der Cyberraum als der gegenwärtige Tempel zu Sais. Es gibt solche Ansätze bei William Gibson, und imgrunde versuchte auch die MatrixTrilogie, so etwas in Bewegung zu setzen: allerdings in Hinsicht auf zu erzielenden Mehrwert. Dahinter steht keine Vision, sondern eine Bilanz; ebendas entzieht der Dynamik die Kraft. Um es so herum zu formulieren: Es müssen sich Leute dafür *opfern wollen* – bzw. wäre von solchen Opfern legendenartig zu erzählen. *Opfer* meint hier *Sucher*, also Menschen, die ihre Existenz an eine Sache setzen.

Aber was geschieht eigentlich, wenn ein Dichter sich von den Printmedien diesen neuen Kommunikationsräumen zuwendet? Auf den ersten Blick erscheint es als eine ungewöhnliche Wendung vom Innersten, ja Intimen ins scheinbar Äußerste: die kitschigerweise immer wieder herbeizitierte Einsamkeit des Dichters überm weißen Blatt Papier wird offenbar gegen ein Medium eingetauscht, das kommunikativ wie kein anderes ist und nicht nur Einblicke in die Arbeit erlaubt, ohne daß zuvor klärende, filternde Zeit verstrich, sondern obendrein – jedenfalls ist das angelegt – einen persönlichen Kontakt zwischen Leser und Autor herstellt. Unmittelbarkeit – jedenfalls scheinbar – und Sozialität, im Gegenwartsjargon verräterischerweise mit einem US-Amerikanismus *community* genannt.

Das hat Folgen – *gravierende* Folgen – für ein Werk und für den bzw. die vermittelten Gedanken: Ist nämlich der Autor leicht zugänglich, sozusagen privat disponibel, so nimmt das seinem Gedanken allein dadurch an Autorität, dass Einspruch möglich ist. Das mag man nun demokratisch begrüßen, schon weil vorgeblich auf Gleichheit gesetzt ist. Es haften aber mehrere Widerhaken daran. Der autoritär oder normativ geäußerte Gedanke scheint nämlich schwieriger zu widerlegen zu sein, was bedeutet, dass jene Gegenanstrengung von allem Anfang an eine seriösere ist, die ihren Gegner in jedem Fall ernst nimmt. Nicht so in einem Medium, das es sich aufgrund seiner nur noch dem Geplauder ähnlichen Flüchtigkeit leichtmacht. So ist denn auch die Publikationsform, um die in den letzten drei Jahren – neben dem großen ANDERSWELT-Projekt und mit ihm verbunden – ein Großteil meiner literarischen Ästhetik kreist – das Literarische Weblog DIE DSCHUNGEL.ANDERSWELT–, gewissermaßen ein Bastard: bereits sein Name bezeugt das, indem sich die Dschungelmetapher auf die Unübersichtlichkeit des kybernetischen Netzes bezieht, „Anderswelt" aber ebenso auf meinen in Buchform erhältlichen Roman wie den mythologischen Terminus, mit dem wir das keltische *SAMHAIN* beschreiben: jene als Halloween banalisierte Nacht auf den 1. November, in der sich die Tore der Anderen Welt öffnen, so dass ununterscheidbar wird, wer lebt und wer zu den Toten gehört oder zu den Geistergeschöpfen der Zwischenwelten. Das schließt direkt auf das Internet zurück, worin sich Realität und Fiktion zum Verwechseln mischen. Die meisten Computerviren sind nach Dämonen benannt.

Also ein Weblog. Für diejenigen, die mit dem Begriff nichts anfangen können, eine kurze Erklärung. Es handelt es sich um eine Art im Internet öffentlich geführtes Tagebuch meist privaten, weniger häufig themengebundenen Inhalts. In vielen Fällen sind die Beiträge von Lesern kommentierbar, bisweilen ergeben sich aus Beiträgen und Kommentaren geschriebene Diskussionen, die ihren Chat-Ursprung, also eine skizzenartig verschriftlichte Oralität, weder leugnen können noch es wollen. Das ist schon bei den Chats ein mehr als nur interessanter Aspekt: Er bindet literarische Narration an die gesprochene Erzählung des Märchenerzählers und der Scheherazade zurück. Hier ist möglicherweise außerhalb physiologischer Einflußnahmen eine der magischen Wirkmechanismen von Weblogs und Chats aufzufinden, die in einem Literarischen Weblog bewusst in Bewegung gesetzt werden.

Der Begriff „Weblog", kurz auch der oder das *Blog* genannt, ist ein sich aus *Internet* und *Logbuch* zusammensetzendes Kunstwort, dessen „Log"-Anteil mir aufgrund seines Mehrfachsinnes erheblich besser gefällt als die gängige Definition eines veröffentlichten mehr oder minder privaten „Tagebuchs". Freilich bestehen die meisten Weblogs tatsächlich aus lauter WIEESMIRSOGEHTs und WASKOCHEICHHEUTEABENDs. Das ist ganz unübersehbar

140

und soll weder noch darf es in Abrede gestellt werden. Nämlich erklären sich die enormen Zugriffszahlen auf dieserart Publikationen gerade aus der allerbanalsten Identifikation: wir alle müssen einkaufen, wir alle wissen nicht, ob diese oder jene Marke nehmen, wir alle müssen sparen, haben Wochenende und Liebeskummer, oder uns juckt das außereheliche Geschlecht. Außerdem gucken wir gerne Bundesgartenschauen an und machen es uns in kumpelnden Gemeinschaften bequem. Sowas verbindet, man ist ganz gerührt: Autor und Leser, beide sind Menschen. So findet man sich in den Weblogs, du, aber auch sowas von, du, gut du. Und darf sich kybernetisch sogar noch anfassen und so. Und wie im Chat wird eine gefühlte enorme Nähe mit hoher Anonymität verbunden. Das erlaubt eine Offenheit, die aufgrund der in realen Gruppen herrschenden moralischen Zurichtung kaum vorstellbar ist, insbesondere in erotischen Belangen. Hinzu tritt die ebenfalls ungefährdete Kommunikation von Klatsch und das, was ich einmal den *Tanz der Ich-Ideale* genannt habe: Es kommunizieren in Chats nämlich die SelbstProjektionen oder doch idealisierte Abspaltungen des schreibenden Ichs. Da diese selten konsequent ausformuliert, also ungeformt sind, kommt die quasi-orale Struktur der Chats dem chattenden Subjekt gleichsam ein zweites Mal entgegen. Man muß sich letztlich nicht festlegen, sondern kann verschliffen agieren – zumal aus dem Hintergrund und deshalb unangreifbar. Das hat sich auf die Weblogs übertragen, wobei sich die ausgestellte Ich-Abspaltung durchaus schon etwas mehr in Richtung auf ein geformtes Ich-Ideal festigt. Das bedeutet, es wird auch in den von mir so genannten *Plauderblogs*[3] eine literarische Figur entwickelt, die allerdings – im Gegensatz zu der eines Buches – mit ihren Lesern wechselseitig kommunizieren kann. Wobei die meisten Leser ihrerseits dazu tendieren, literarische Figuren zu werden. Meist betreiben sie ohnedies selbst ein Weblog, für das die hier anskizzierte Dynamik ganz ebenso gilt.
Diese literarischen Figuren bilden ein Netzwerk aus avataren Kommunikatoren, um deren Erscheinung im Netz, das ich einen

ortlosen Ort nennen möchte, sich ausgeprägte Nester bilden[4]. Hier brütet – adornosch rhythmisiert – andres Fiktives sich aus – und amalgamiert mit der Realität. Aus dem Internet gärt, durch und durch *informations-cyborgsch*, ein kräftig durchwalkter Teig aus Wirklichem und Erdachtem. Damit ist es *der* Spiegel der gegenwärtigen auch und gerade politischen Realität in der industriell medialisierten westlichen Welt. Das macht die Netz-Publikation für Literaten reizvoll: hier ist das Ästhetische – als Abbildung – tatsächlich mit dem Realen zwar nicht identisch, aber analog. Ein Weblog kann dabei eine herausragende Rolle spielen: nämlich eine überdies interaktive Bühne sein. Man darf deren Wirkung keineswegs unterschätzen. Gerade manche Plauderblogs haben mehr Leser als ein deutschsprachiger Autor, der, um ein böses, unter anderem auf mich gemünztes Wort Don Dahlmans zu verwenden, *C-Prominenz*. Selbst wenn – derzeit noch – die galligen Wehmutstropfen zu schlucken sind, dass sich damit kaum etwas verdienen läßt, ist doch die Präsenz, die erreicht werden kann, enorm. Erwähne ich heutzutage sagen wir den Lektor meines verbotenen Buches, Denis Scheck, so kann ich davon ausgehen, morgen bereits unter seinen ersten zehn bis zwanzig *google*-Links zu stehen. Und er hat ja nicht wenig Erwähnung außerdem. Das entspricht dem kapitalistischen Umschlagsverfahren: Die Verpackung ist teurer und wird auch stärker beachtet als ihr Inhalt, den sie zunehmend surrogiert. Die Zwischenhändler verdienen an dem, wofür der Produzent selbst kaum noch etwas bekommt.

Bisweilen werden Weblogs von mehreren sog. Bloggern zugleich geführt: die Blogger initiieren dann je neue eigene Beiträge, die wiederum von Lesern kommentiert werden können. Wo dies der Fall ist, hat man es allerdings in keinem Fall mit einem Li-terarischen Weblog, sondern meist mit solchen von ausgewiesen informativem Charakter zu tun, die sich, wie eine privat gemachte Fach-Zeitschrift, um bestimmte Themengebiete kümmern; auch die rein private Mitteilungen der Plauderblogs treten fast völlig zurück. Dafür wirkt, andererseits, eine ziemlich bezeichnende

Dialektik, indem nämlich die Weblogs nicht nur aus einem sich ins öffentliche Private bettenden Entertainment entstanden, das aufs Ganze gesehen eher affirmativ ist, sondern eine Art journalistischen Widerstand repräsentieren. Da dieser aber einen offiziell verpflichteten ständischen Ethos nicht kennt, wird er meist für so unseriös gehalten wie seinerzeit die APO und eben jede nicht kanonisierte Form der politischen Betätigung. Dennoch sind es *sachliche* Weblogs, nämlich auf Ziele und definierte Inhalte bezogen und insofern funktional.

Bei *Literarischen* Weblogs geht es emphatisch um Poetik: eine funktionale Trennung von Form und Inhalt wird unterlaufen und sogar noch die *hardware* als ein Teil von *software* verstanden. Ob jemand eine Geschichte mit der Hand, mit der Schreibmaschine oder am Computer verfasst, ist eben *nicht* egal. Anders als einerseits Don Dahlmann[5] glaube ich aber nicht, dass das Eigentliche eines Literarischen Weblogs in der Kürze der Texte besteht, weil das Netz vorgeblich weniger konzentriert lesen lasse; andererseits greift mir auch Lotmans Haltung[6] viel zu kurz, Weblogs prinzipiell als Tagebücher zu sehen. Das Entscheidende ist vielmehr – wie bei aller Kunst – der *formale Charakter* des Weblogs und dass es, sofern es literarisch (poetisch) ist, diese Form in einen ihrer eigenen Gegenstände und Bewegungsgesetze transzendiert oder doch zumindest den Versuch dazu unternimmt.

Ich verstehe unter einem Literarischen Weblog insofern nicht ein Weblog, das literarische Texte veröffentlicht, also Statthalter eines Printmediums im Netz ist, sondern eine Publikationsform, die sich selber zum poetischen Gegenstand macht, indem auch die sie basierende Technologie poetisiert und in die Gestaltung einbezogen wird: Sie ist ebenso Romanfigur wie jemand, über und/oder von dem erzählt wird. Dies schließt an eine der Grundbewegungen der ästhetischen Moderne an: Der Prozess der Entstehung wird selber zum Material des Kunstwerks.

Das ist ohne die Hilfe eines Programmierers nur bedingt möglich. Vielmehr handelt es sich um ein hochgradig vermitteltes Verfahren, zugleich aber präsentiert sich gerade ein Weblog *wie unmittelbar.* Man hat nicht selten den Eindruck einer stupenden Spontaneität, die, ähnlich einer Plauderei, auf Kosten der genauen Sprache, also des genau Gemeinten geht. Daraus resultiert das Gefühl von Unverbindlichkeit, die von Lesern als angenehm erlebt wird, zumal sie sich sehr schnell für Mitglieder einer *community* halten. Selbstverständlich ist zum einen diese *community* Schein, also bereits sie gehört stärker auf die Seite ästhetischer Erfahrung, als dass sie erkenntnistheoretisch mit Wahrheit verbunden wäre. Es ist, insofern eine *Kunstgemeinschaft*, selber bereits Literatur. Zum anderen kann ein bewusst handelnder Autor genau damit spielen, und zwar weniger manipulierend (also leserrichtend) – selbstverständlich das auch, aber für die hier interessierende Frage der Netz-Literarizität ist das unbedeutend –, als vielmehr *integrierend.* Denn die in Weblogs kommentierenden, sich also selbst einbeziehenden Leser treten – ob anonym oder nicht – als Avatare ihrer selbst auf; auch sie sind letztlich Literatur. So dass sich dem bloggenden Romancier Romanfiguren nicht selten selber zuspielen: gewissermaßen kybernetisieren sich seine Leser und treten als ideale Figuren aus ihrer persönlichen Realität in die Netz-Erzählung ein ... *sie betreten einen Roman*: so lässt sich das formulieren. Analytisch gesprochen, machen sie sich ebenso zu einer Projektionsfläche, wie für sie der bloggende Dichter eine ist. Und zwar um so leidenschaftlicher, je stärkere Zustimmung oder stärkeren Widerspruch seine Netz-Repräsentanz in ihnen bewirkt. Denn er selbst macht sich im Netz ja ebenfalls zu einem Avatar, zu einer Romanfigur – und dies je nachdrücklicher, je intimer er sich in seinem Weblog darstellt.

In den vergangenen zwei Jahren, während der ich mein Literarisches Weblog DIE DSCHUNGEL. ANDERSWELT entwickelt und betrieben habe sowie weiterbetreibe und -treibe, wurde mir dieser Sachverhalt erst sehr allmählich bewusst. Hatte ich mich deshalb anfangs noch gegen persönliche Offenbarungen in Form eines Tagebuches gewehrt, so ist das Tagebuch heute eine der tragenden Säulen geworden. Hierbei ist es – und genau darauf kommt es erkenntnis- und kunsttheoretisch an – restlos unwesentlich, ob die in dem Tagebuch erzählten Inhalte tatsächlich auf realen Geschehen beruhen; das genau ist für Leser so wenig nachprüfbar wie der autobiografische Gehalt von Büchern; man muss deshalb gar nichts fingieren. Deshalb meine heutige Hauptthese, derzufolge sich im Kommunikationsraum des Internets Literatur realisiert: *Dichtung*.

Der literarische Reiz, hier nicht nur mitzutun, sondern es noch anzutreiben, liegt auf der Hand. Zumal Fiktionen in den Cyberraum zu streuen, objektive Wirkung zeitigen kann: geschickt an den Börsen platzierten Gerüchten gleich, hat plötzlich die Dichtung das Zeug, Geschichte zu schreiben und umzuschreiben: sie saugt an einer alten mythische Kraft. Als gewänne sie sie zurück; nämlich die der Erklärung. Damit verlässt sie das Musical, zu dem der Markt sie gemacht hat, ebenso wie die schönen moralischen Belehrungen, für welche sie das Bürgertum vorsah. Im Netz schreibt Literatur nicht mehr *über*, sondern *ist*. Darauf lautet jedenfalls ein Versprechen. Dichtung ist nicht länger mehr nur Erzeugnis von Kreativität, sondern wirkt ihrerseits kreativ. Dem entspricht die Rezeptionsseite völlig, die nun als Dichtung auftritt, indem sie sich per Weblog zur literarischen Figur macht. Und ich wiederum und das, was ich tatsächlich erlebt habe (*wenn ich es erlebt habe und nicht „nur" erfinde*), das wird gleichfalls zur gelesenen Fiktion. Sie kann einen derart einnehmen, wie einen Leser neulich, den ich zum ersten Mal persönlich traf: Er beschrieb, seinerseits in einem Weblog, seinen hartnäckigen Eindruck, einer Romanfigur – seiner Romanfigur – begegnet zu sein.[7] Ich finde poetologisch gegenwärtig kaum etwas Interessanter als diesen Prozess … womit ich die Realisierung dieses Prozesses meine. Wir treffen uns im Cyberraum wie in einem gemeinsam erlebten Roman. In den letzten zwei Jahrzehnten hat sich durch die Entwicklung des Internets insofern etwas realisiert, wovon die Dichtung immer geträumt hat. Dass sich etwas „realisiert" habe, ist sehr wörtlich gemeint: als ein „wirklich Werden" nämlich. Das vor Augen, verliert der Satz seine Banalität. Es lässt sich nunmehr nicht nur beobachten, sondern experimentell ausprobieren und schließlich *formen*, wie sich Wirklichkeit konstituiert. Der Dichter – Schriftsteller, Erzähler, Romancier – darf – wie er es immer tat, nun aber geht es konkret – Wirklichkeiten durch Verstellungen zu sich bringen oder durch Verstellungen verklären. Das gilt übrigens auch für diesen Aufsatz. (Wer etwa garantiert Ihnen, was ich über diesen meinen Leser erzählte, sei keine Erfindung und auch das hier vorgeführte Weblog als „meines" nur fingiert?)

Nun bezahlt der Dichter diesen Zuwachs an realem Einfluss (stelle er sich auch „nur" durch Verunsicherung her) mit einer gewissen Profanierung, die deshalb zu beklagen ist, als sie die Kunst vom Produkt wieder wegzieht; es geht ihr etwas Heiliges verloren, das dem Mythischen wesenshaft ist. Im selben Maß, in dem ein Text aus dem Halo des Fiktiven herausgenommen wird, verliert der Dichter nämlich an Besonderheit: wird zum Spieler unter Spielern, *Netzspielern*, deren Bedeutung von ihrer Behauptung und den einfachen, schnellen Zugriffen auf diese Behauptung rührt. Wobei wiederum ein Umstand eintritt, der in solcher Intensität höchst selten ist: Die poetischen Fiktionen werden nämlich von aus gänzlich anderen Bereichen stammenden Lesern rezipiert; es hat die womöglich einzig das Zufallsmuster einer Suchmaschine auf die literarische Seite gelangen lassen. Nun nehmen sie, da sachfremd, die übermittelten Informationen ganz besonders ernst, also für alltagsreal. Das wiederum verändert ihr Verhalten und stützt dadurch die neue mythische Welt, die sich eben dadurch gefestigt hat, *computier*, um Lévi-Straussens Begriff modern zu wenden.

In meinem Weblog finden sich Teile des entstehenden Romans ARGO. ANDERSWELT, Tagebuchaufzeichnungen, Dokumentationen, Korrespondenzpartikel, Polemiken, Diskussionen und vieles mehr, zusammengenommen ein Kontinuum, vermittels dessen in der flächigen Ausdehnung des Netzes die Tiefe hergestellt werde soll. Denn es ist die Flächigkeit, auf die alle Kunst mit gesenkter Stirn zuläuft, durch die sie hindurchwill und der sie, gelingt es, eine weitere und einige Dimensionen mehr gibt: Dimensionen des Gefühlten Denkbaren Möglichen.

Jedenfalls steht in eben diesem Moment in ARGO. ANDERSWELT

146

Hans Erich Deters in Saal 32 der Neuen Staatsgalerie und versucht in der *einen* Dimension, eine Fremddiskette in den verborgenen Zentralcomputer zu schieben, um das Programm zu manipulieren, das die Welt im Innersten zusammenhält – und um damit eine gesamte neue Projektions-Welt zu schaffen; in der *anderen* Dimension handelt es sich um einen Selbstmordattentäter, der jeden Moment die Zündschnur seines Bombengürtels ziehen wird, woraufhin zeitgleich wenigstens zweierlei geschieht: Die Staatsgalerie, unterirdisch verbunden mit dem Neuen Kunstmuseum, fliegt in die Luft; dadurch aber initiiert sich in der ersten Welt ein Kybernetisierungsvorgang, der das Raumzeit-Kontinuum spaltet: Als Druckwelle fliegt die Zeit nun ihrer eigentlichen Explosion voraus. Insofern werden wir alle von unserer physischen Dehydrierung nichts merken, es sei denn, wir sähen den Lichtblitz; und werden fortan als Avatare im Cyberraum weiterexistieren, als wäre überhaupt nichts geschehen. Kurz: Wir werden weder von der Explosion noch von unserem physischen Ende etwas mitbekommen. Dem geht die menschliche Fähigkeit völlig analog, hinter Computerbildschirmen stundenlang auszuharren, ohne das Vergehen von Zeit auch nur zu bemerken. Was daran liegt, dass ein von Screens emittiertes Licht in der Zusammensetzung dem Tageslicht homolog ist und das Gehirn diesen Umstand dahingehend interpretiert, es sei auch Tag. Die Wahrnehmung von Realität wird modifiziert wie unter Drogen. Auch das ist eine Wirkung des Cyberraums.

Sowie ich über das Literarische Weblog spreche, erzähle ich einen Roman, in dem wir uns alle in dem Moment selber befinden, in dem wir das Internet betreten und an ihm teilnehmen. Wer darin nur recherchierend surft, um sich seiner als pures Informationsinstrument zu bedienen, bleibt dieser wesenhafte Aspekt, auch wenn er davon ergriffen wird, fremd: Die Information nämlich sind wir selbst, bzw. wir sind Teil eines nichtgeregelten Informations-Kontinuums, das sich allerdings immer weiter in Richtung normierender Regeln verschiebt und schließlich – möglicherweise – entropisch zur Ruhe kommen wird. Sofern es sich nicht, was zu wünschen wäre, wieder zusammenzieht und irgendwann implodiert, so dass mit einem neuen Big Bang Welt von vorne beginnt. Und wieder bin ich in der Science Fiction und bin bei Hans Deters, nur deshalb bin ich hier. Als seine Vorstellung. Er kann uns sehen, wir alle sind seine Einbildung. Sie zum Beispiel ... Sie auch ... er erfindet Ihnen Geschichten.

Fiktives und Reales, Mechanisches und Organisches, das Ästhetische und Praxis vereinen sich, die Kategorien verschwimmen – sie *flirren*. Damit spiegelt das Internet auch in den Weblogs eine Grundynamik der modernen, postmodernen und nachpostmodernen Welt: der Industrieländer mithin. Aufgrund der Unentscheidbarkeit verfallen sie, auch wenn die Struktur komplexer und eben technisch und nicht naturhaft vermittelt ist, einem Erklärungsmodellen sogenannt einfacher Völker analogen Mythos. Hierauf hat bereits Levi-Strauss hingewiesen und den Begriff der *bricolage* in die Erkenntnistheorie eingeführt. Netzschriften und insbesondere Weblogs sind *grundsätzlich* brikoliert: Was aus sozusagen erkenntnistheoretischer Not geschieht, wird in Literarischen Weblogs bewusst gestaltetes Material; nicht selten wirft das Lustgewinn ab. Denn anders als es etwa Bücher können, scheint das Netz über die Fähigkeit zu verfügen, sich quasi-direkt mit dem Ganglion zu verschalten, wodurch ebenfalls der Suchtcharakter erklärbar würde, den die meisten Chats offenbar auf ihre *user* ausüben, aber auch die auffällige Kürzung des Zeitgefühls; jeder mit dem Computer Beschäftigte hat sie schon erlebt: Binnen weniger Minuten scheinen Stunden vergangen zu sein. Unabhängig von dem physiologischen Grund, wird möglicherweise quasi

148

überbrückt, was ich den *Widerstand des Materials* nennen möchte. Jedenfalls kommt eine solche scheinbare Unmittelbarkeit auch sehr vielen Weblogs zu, und zwar schon deshalb, weil sie, glaube ich, die distanzierteste Form höchster Intimität repräsentieren, die sich vorstellen lässt: Sie schützen ebenso wie sie offenbaren. Allerdings hat der Gesetzgeber aus recht befragbaren Gründen der Anonymität unterdessen einen Riegel vorzuschieben versucht. Ohne die neue Impressums-Pflicht jedenfalls wird der Öffentlichkeit die Rolle eines oft auch zustimmenden sozusagen Beichtigers zugeschrieben. Sie wird, aufgehoben in der Form der anonymen *community*, zum Eltern-Objekt. Dies nun beschreibt ziemlich genau das Verhältnis eines Schriftstellers-als-Künstler[8] zur Öffentlichkeit, insoweit sie metaphorischer Stellvertreter des Idealen Lesers und eben nicht Zielgruppe ist. Dieser ist selbstverständlich eine Projektion des Künstlers, indes seine notwendigste: denn ihm vertraut er sich, wenn er gräbt, an. Nicht anders der Weblogger/die Webloggerin der anonymen Leserschaft.

An dieser Stelle gewinnt ein Begriff an Bedeutung, den zu fassen ich derzeit bestrebt bin: die anthropologische Kehre. *Anthropologische Kehre* meint nämlich nicht etwa, der Mensch habe sich durch den Kontakt mit den Neuen Medien und namentlich dem Internet verändert – das ist freilich möglich und würde auch nicht bestritten, doch darum geht es erst einmal nicht. Sondern das Wissen über den Menschen und meines über mich, Ihres über sich selbst, hat sich durch das Netz verändert und erweitert – oder wird das noch tun. Es ist keines, das mit unserem bisherigen moralischen Bild übereinstimmen will, weshalb ich eben von *Kehre* spreche. Der Begriff wertet auch noch nicht; er stellt nur fest. Wir drehen uns sozusagen im Netz zu uns um und sehen nicht mehr nach vorne in ein imaginäres Ziel, bzw. auf das präformierte, vom öffentlichen Über-Ich zensurierte (moralische) Ich-Ideal, sondern zurück in unser eigenes Gesicht, aus dem dann ein sehr viel weniger öffentlich, allenfalls privat zensuriertes neues Ich-Ideal destilliert wird: Dieses bekommt den Zutritt ins Netz und kommuniziert dort mit anderen weitgehend von öffentlichen Sanktionen befreiten Ich-Idealen. Jeder Besuch der kaum kontrollierbaren fttp-Newsgroups verdeutlicht einem diesen Prozess zur Genüge. Es handelt sich bei deren *user* keineswegs um vernachlässigungswerte Minderheiten: Im Gegenteil scheinen sie nur die oben schwimmende Eisbergspitze zu repräsentieren; der ganze ungeheure Rest des Eises versteht sich noch nicht auf die nötige Technologie, sonst sähe man auch ihn.

Nun sind alledie sicher keine Literaten. Zum Betreiber eines Literarischen Weblogs wird ein Blogger ohnedies erst dann, wenn er sich über diese und ähnliche dynamischen Phänomene klargeworden ist und sie in das Kalkül seines künstlerischen Schaffens bewusst einzubauen versucht – Zumal ist auch das künstlerische Schaffen von unbewussten Vorgängen nicht frei, ja eventuell sind eigentlich sie es, die ihm Seele geben. Genau deshalb kann das Literarische Weblog seine Kunst – oder einen, bzw. einige ihrer Aspekte – möglicherweise überhaupt erst erfüllen. Denn auf die Archäologie trifft nun das vom öffentlichen Zwang gelöste Ich-Ideal: Es *findet* sozusagen zu seinen Gründen. Dieser Prozess ist ebenso beklemmend wie befreiend und wird von den Lesern nicht nur an- sondern oft auch aufgenommen, so dass sich an ein Literarisches Weblog zunehmend weitere Unternehmen drängen, die nunmehr ein nicht-intentiöses Netzwerk ergeben. Das bedeutet: die Figuren entstehen aus ihrer Interaktion, sie sind nicht mehr vorgängig und nicht mehr auf ein Ziel aus. Kunsttheoretisch gesprochen: Der Roman *schreibt sich* nach der organischen Maßgabe seiner produktiven Eigengesetzlichkeit.

Merken Sie die Bewegung? Wie bei Levi-Strauss, aber auch Adorno/Horkheimer beginnen wir mit einem nüchternen, ja banalen Prozess – dem Gequassel eines Chats – und enden oder enden *fast* in der Mythologie der frühen brikolierten Welt. Der eigentliche Charakter der *bricolage*, die Montage nämlich aus *objets trouvés e cherchés*, entzieht sich aus eigentumsjuristischen Gründen der Darstellung. Auch hier ist das Netz, aufgrund sowohl seiner Internationalität, die die verschiedenen Gesetze gegeneinanderstemmt, als auch wegen seines anonymen Charakters, die noch am wenigsten sanktionierte und sanktionierbare Plattform einer der Wahrheit und nicht dem Entertainment verpflichteten Kunstbewegung. Wobei das Entertainment selbst, als Divertimento verstanden, durchaus nicht zu fehlen braucht: Es ist nur nicht das Ziel, sondern ein zuzeiten höchst angenehmes Seitenergebnis. Aber für die Kunst ist es überflüssig. Allerdings spült es ihm die Leser zu.

In Diskussion in meinem weblog fällte sich eine Fragestellung aus, die mir zuvor nie wichtig war, es dadurch aber wurde und nun weiterhin ist: Wie ist es im Netz um die kulturelle Erbschaft bestellt, wenn denn eine kybernetische Publikation über ihr rein Informatives hinausweisen möchte, sie also bleibenden Kunstanspruch erhebt und nicht immer schon vergangen sein will? Kunst hier begriffen als eine Grundlage des kollektiven Gedächtnisses. Publikationen im Netz sind insbesondere als Weblogs höchst flüchtig, da sie selbst dann am Zeitstrahl vergehen, wenn sie de facto irgendwo in der Tiefe einer Website erhalten bleiben... aber bereits der Begriff „Tiefe" ist, um Vilèm Flusser zu travestieren, der ihn für den Bildschirm verneinte, bei jeder Netzpublikation fragwürdig: schon weil er räumlich und nicht, wie ein Weblog, zeitlich konstituiert ist.

„Literarisches Weblogggen oder Literatur im Netz lässt nichts übrig, was nach dem Armageddon von der Nachwelt zu rekonstruieren oder zu deuten wäre. Es überliefert nicht."[9] Der Kritiker nun, im Netz *Stromberg* genannt, band die kollektive Identität einer Art, bzw. Gattung an ihr kulturelles Gedächtnis und parallelisierte dies mit der biologischen Entwicklung einer Art, der biologischen Erbschaft vermittels ihrer Gene. Das ist schlagend, wenn man einmal akzeptiert, dass sich Kultur und kulturelle Identität auch in ihrer Weiterentwicklung von biologischer Identität durch Sublimation absetzt: das heißt: natürliche Vorgänge werden mimetisch übertragen und in ein metaphorisches Feld übersetzt – *transzendiert* wurde das einmal genannt –, das weitgehend kommunikabel, also bewusst ist und sich *als* Kommunikables vom jeweiligen TrägerIndividuum distanziert: es wird abstrakt. Derart losgelöst, kann es unabhängig vom persönlichen Individuum überleben, braucht nun aber ein anderes Trägermedium: in den letzten Jahrhunderten war dies die Schrift, erst auf Papyrus, schließlich in Büchern. Derzeit, rein praktisch, werden diese Printmedien durch Orte im kybernetischen Raum ersetzt, ja in sie überführt. Tatsächlich wird dabei übersehen, dass die neuen Orte bislang noch sehr viel flüchtiger sind als es die Bücher jemals waren. Pessimisten können das darum auch so betrachten: Kulturelles Gedächtnis wird ausgelöscht, indem es seinem schnelleren Verfall zugespielt wird. Optimistisch gesehen, wird lediglich die Haut des Widders als Goldenes Vließ gehandelt, bevor man ihn im Stall hat; doch bekanntlich macht die Börse mit genau so etwas gar keine so schlechten Geschäfte. Eine Wertung des Vorgangs muss von daher gespalten bleiben, sie vollzieht sich imgrunde nach dem persönlichen Geschmack und der jeweiligen, sagen wir, kulturellen Risikofreude. Das gilt auch für das Literarische Weblog, insofern es *in seiner Gestalt* Kunst sein will. Die stets mitverarbeiteten Inhalte hingegen lassen sich wie bei Weblogs oder anderen Netz-Publikationen, die das Printmedium lediglich *vertreten*, jederzeit aus ihrem Zusammenhang lösen und dann tatsächlich getrennt und herkömmlich publizieren. Es werden von der befürchteten Vergänglichkeit eines Literarischen Weblogs also gerade nicht seine Inhalte gefährdet, sondern es ist die *Form* und vor allem der *Inhalt als dynamischer Prozess*, was auf dem Spiel steht und von demjenigen riskiert wird, der sich künstlerisch auf das poetische Bloggen einlässt. Er versucht eine Kreisquadratur: Wie erhalte ich, was vergeht, ohne es festzusetzen ...

[1] Zit. n. http://12koerbe.de/phosphoros/novalis.htm
[2] http://www.didymus.de/ in: http://albannikolaiherbst.twoday.net/stories/1127094/
[3] Ein sehr schönes etwa hier: http://desideria.twoday.net/
[4] http://albannikolaiherbst.twoday.net/stories/473386/ u.http://www.touchgraph.com/TGGoogleBrowser.html
[5] http://epicore.de/
[6] http://lotman.twoday.net
[7] http://hanginglydia.twoday.net/stories/1108603/
[8] Nicht des Schriftstellers als journalistischer Aufklärer; das sind zwei verschiedene Berufungen!
[9] http://www.20six.de/elsa_laska

Lutz Rathenow
Klick zum Glück

Er sog die Hektik in sich auf und versuchte sie durch noch mehr Eile zu vervielfältigen. Wenn er nicht zwanzig Dinge gleichzeitig tat, begann er zu leiden. Eine Übertreibung, mehr als siebzehn waren es eher selten.

Natürlich schrieb und las er unaufhörlich E-Mails und Short Messages. Und antwortete unablässig auf Mails und Handy-Botschaften. Das Internet als das lebensbestimmende Netz, in dem all seine Worte hingen und sprangen und schwirrten.

„Hallo, es ist kurz vor Mitternacht", sagte seine Frau und hielt einen grünen Brief in der Hand, über den sie gern mit ihm geredet hätte. „Gleich, nur noch die Glosse zu Ende", murrte er, um einen

freundlichen Ton bemüht, und tippte den Gedanken mit dem Netz zu Ende. Die Redaktion wartete schon. Der Redakteur begann bereits vor Sonnenaufgang zu arbeiten und würde seine regelmäßig abzuliefernde Glosse pünktlich vorfinden. Ein hingehuscht origineller Text mit einem Hauch Brillanz, dachte er und notierte diesen Gedanken schon für die nächste.

Er klickte und schickte alles auf den Weg, zur Sicherheit zweimal. Und noch ein weiteres Mal an das Sekretariat, falls sein Redakteur am kommenden Tag erkranken sollte.

Die Kolumne erschien wie geplant und führte zu zweifachem telefonischen Lob, das er nicht wirklich begriff. Wahrscheinlich verwechselten die Leser wieder einmal die Texte, das kam öfter vor. Das schon am Tag darauf eintreffende Belegexemplar wollte er zu seinen Presseunterlagen nehmen. Doch es blieb auf dem Küchentisch liegen, und er kam nicht dazu, den Beitrag mit einem kleinen Foto und einem längeren Text von ihm zu lesen, weil ein Anruf wieder seine Absichten durcheinander wirbelte. Und neue Mails weitere Mails erforderten.

Löste sich am Ende vielleicht die ganze Literatur in einem Schwall von E-Mails auf?, dachte er und hatte schon wieder einen Gedanken, der gedreht und gewendet sich zu einem Feuilleton auswachsen würde. Einzig die SMS genannte Kurznachricht könnte ein Wiederaufleben des Aphorismus bedeuten. Und er dachte und schrieb und mailte und faxte und SMSte und telefonierte anschließend, ob auch alles auf den Servern der Adressaten erschienen war.

Währenddessen kam seine Frau in die Wohnung – „Hallo! Guten Tag." – „Guten Tag. Hallo!", ging in die Küche und begann ihre Einkäufe auszupacken. Als sie eine Packung Grünen Tee auf die Zeitung legen wollte, stutzte sie. Sie überflog den Text, las. Las ihn ein zweites Mal. Sofort begriff sie die Panne, die er bis jetzt noch immer nicht bemerkt hatte. Damit dies so bliebe, faltete sie rasch das Blatt zusammen und versteckte es gut bei ihren privaten Unterlagen.

Sie staunte über die Gedanken und die Wärme ihres Mannes und holte den grünen, immer noch nicht abgeschickten Umschlag aus ihrer Tasche. Sie zerriss den Antrag auf Scheidung und sprach ihn an diesem Abend gar nicht mehr an. Was er am Morgen darauf besorgt bemerkte. Sie lächelte und er lächelte und erzählte von ganz neuen Würmern, die schon im Netz sein sollten und um die ganze Welt krochen, um seine Mails und Atomkraftwerke und Raketensicherheitsvorrichtungen, aber vor allem seine Arbeit zu beschädigen.

Eine Woche später war er spät abends wieder einmal damit beschäftigt, alte E-Mails durchzusehen und zu löschen, um so Speicherplatz für neu eintreffende zu schaffen, als er eine erstaunliche Nachricht erhielt. „Hallo, Schatz, gehe jetzt ins Bett. Nehme meinen neuen Laptop mit. Dir noch einen schönen Abend in der Globalität. Ich habe mir erlaubt, den von dir so geliebten Pfälzer Weißen zu öffnen."

Sieh an, dachte er, deine Frau hat sich klammheimlich einen eigenen Computer und eine Mailadresse besorgt! Diese Einsicht erschütterte ihn so, dass er seine Arbeit sofort beenden musste. Eilig löschte er noch einige weitere von ihm versandte Mails, ohne sie noch einmal anzusehen – so erfuhr er nicht, was seine Frau wusste.

Er hatte einen Liebesbrief an eine Frau geschrieben, die noch nicht seine Freundin war, die es aber durch diese ausführliche E-Mail werden sollte. Dann allerdings hatte er dieses private und zugleich witzige Schreiben statt seiner Kolumne an die Zeitung abgeklickt. Es war nur unwesentlich länger. So druckte ihn das Blatt aus einer der vielen Provinzen, die er regelmäßig beschrieb, leicht gekürzt. Dieser talentierte Autor schreibt zu viel und zu schnell, hatte der Redakteur gedacht fand aber seine Arbeit diesmal ziemlich geschickt und gefühlvoll.

Auf die Antwort der anderen Frau hatte er noch ein paar Tage gewartet. Sie las die Zeitung aus der südöstlichen Provinz nicht. Er sah ihr Schweigen als Abfuhr und verlegte ihre Adresse bereits, während er noch auf eine Reaktion hoffte.

Er fuhr den Computer herunter. Erledigt. Unglaublich. Er schritt feierlich in die Küche und holte ein Glas aus dem Küchenschrank, um sich seinen Teil von dem wirklich fruchtig-knorrigen Wein abzuholen. Als er sich dem Schlafzimmer näherte, hörte er durch die offene Tür, wie seine Frau tippte und ihn gar nicht ansah.

„Sofort. Nur noch den Brief zu Ende. Darfst dir aber ruhig schon mal einschenken und dich ausziehen."

Er gehorchte voller Verblüffung.

Ingeborg Jaiser
Abends im Café Florian

Wenn man von draußen, vom feuchtkalten Markusplatz, sehnsüch-
tig hineinschaut ins Café Florian, erscheint die warme, vornehme
Plüschigkeit als Inbegriff des Wohlbefindens. Doch wenn man erst
auf diesen alten, sanft verblichenen Samtbänken sitzt, benebelt
von der heimeligen Kuscheligkeit und der heißen Schokolade,
entdeckt man, dass der wahre Salon der Stadt doch San Marco ist:
hier treffen sich die Liebespaare, hier promenieren die Begüter-
ten unter den Arkaden, hier warten die Einsamen auf Wunder.

Noch fröstelnd vor Kälte haben wir eines der behaglichen,
weichen Samtabteile des Cafés bezogen. Halbblinde Spiegel,
verblasste Gemälde und mattes Edelholz umgeben uns wie das
Luxusambiente eines feinen Zugcoupés. Der weiß befrackte Ober
serviert Kaffee und Zabaione und überlässt uns still der genüssli-
chen Hingabe.

Fast schmelzen wir vor Wohlgefühl dahin, als ein Mädchen in
weiten Schritten – tack, tack, tack – energisch hereinstürmt, am
Nachbartisch Platz nimmt und nachlässig ihr Pelzcape herabglei-
ten lässt. Herrisch und knapp ruft sie ihre Bestellung durch den
Raum: „Un succo di pomodoro!" Der Kellner nickt kurz würde-
voll und huscht ergeben davon. Auch wir verstummen, unterbre-
chen unser träges Gespräch und schauen unwillkürlich hinüber
zu dieser theatralischen Erscheinung. Doch das Mädchen ist bereits über einen Bogen ecrufarbenes Schreibpapier gebeugt. Mit
schwungvollen, ausladenden Lettern hält sie einige Sätze fest, die
ihr offenbar gerade in den Sinn gekommen sind – um dann kurz
innezuhalten, versonnen auf San Marco hinaus zu schauen und
ihren rotbraunen Lockenschwall nachdenklich von einer Seite
auf die andere zu streichen. Als einer von uns das zuvor geführte
Gespräch wieder aufzunehmen versucht, sind wir alle plötzlich
merkwürdig zerstreut und abwesend.

156

Schließlich serviert der Ober auf einem ausladenden Silbertablett ein schmales Glas Tomatensaft, großzügig begleitet von Salz und Pfeffer in zierlichen Streuern, einem Fläschchen Tabasco und einer kleine Schale mit Kartoffelchips. Die Lockenmähnige bedankt sich mit keiner Geste, registriert kaum die aufgebahrte Pracht, nimmt nur zerstreut einen Schluck Tomatensaft, um dann – von einer neuen Idee beflügelt – schnell und ohne weiteres Nachdenken mehrere Zeilen schwungvoll niederzuschreiben.

Inzwischen haben meine Freunde wieder ihr verlorenes Thema aufgenommen, doch meine eigene Benommenheit dauert an. Manchmal, in den zähen Pausen des Sinnierens, schweift der grübelnde Blick der Langmähnigen auch zu mir herüber: grün schimmernd, nachdenklich, wohl blind für den Moment. Wann immer sich unsere Augen treffen, erkenne ich ein vages Zögern auf der anderen Seite, doch das Mädchen scheint sich jedes Mal kaum merklich zu schütteln, um sich in hartnäckiger Hingabe wieder dem Brief zu widmen. Ich spüre, dass er ihr nicht leicht von der Hand geht, dass sie jedes Wort abwägt, dreht und wendet. Trotz des Geplauders der Freunde glaube ich das leichte Kratzen des Füllers auf dem faserigen Briefpapier zu hören. Er folgt einem eigenen, synkopischen Rhythmus. Wenn man die Augen schließt, kann man die Gedanken fließen hören.

Als ich mich mühevoll dem Bann entwinde und von der Bank rutsche, um auf die Toilette zu gehen, wirbelt die ganze Pracht dunkler Locken unvermutet zu mir herum, trifft der Katzenblick direkt auf meinen. „Entschuldigung", setzt das Mädchen an, und ich merke, dass Deutsch nicht ihre Muttersprache ist, dass Reden vielleicht überhaupt nicht ihre Sache ist, so rau und spröde, wie ihre Stimme klingt. „Heißt es der Brief oder das Brief?"

Gelähmt vor Überraschung starre ich auf den Bogen lose beschriebenen Papiers. Die letzten Worte glänzen noch feucht und dunkel. In der silbrigen Feder des Füllers reflektieren sich irisierend die Farben des Raumes. Kurz ist mir, als ob die Tauben auf dem Markusplatz in ihrem Flug innehalten, als ob das Stimmenraunen im Raum verstummt, bis endlich ein natürlicher Automatismus einrastet und ich gutmütig die Antwort gebe: „Der Brief ...“

Dann haste ich stürmisch hinaus, verärgert über meine einfältige Konfusion, und hinterlasse der Klofrau ein viel zu großzügiges Trinkgeld. Der Liebesbrief (stillschweigend nehme ich an, dass es einer ist, obwohl die herrische Schöne genauso an einer Seminararbeit oder einem Geschäftsbrief arbeiten kann) gilt also einem Deutschen. Vielleicht einem melancholischem Geiger aus dem Berliner Staatsorchester. Oder einem honorigen, älteren Hamburger Handelsreisenden. Oder einem westfälischen Philosophiestudenten. Alles erscheint denkbar. Aber vielleicht ist mir auch einfach die Zabaione nicht bekommen.

Als ich wieder benommen in unser Plüschabteil stolpere, ist der Platz neben uns verlassen. Auf dem Silbertablett liegen nachlässig ein paar Kartoffelchips verstreut, das Glas Tomatensaft ist nur zur Hälfte geleert. Fast glaubte ich, noch den Windhauch eines hastig umgeworfenen Pelzcapes zu spüren. Sofort schwenkt mein suchender Blick nach draußen, doch inzwischen hat die venezianische Dunkelheit den Markusplatz verhüllt. Ich bin enttäuscht, wie über einen Film, der an einer spannenden Stelle gerissen und nicht mehr zu reparieren ist.
Nun drängen auch meine Freunde zum Aufbruch und begleichen mit mildem Lächeln die selbst für diese Stadt sündhaft überteuerte Rechnung. In der feuchten Kühle der Gassen kehren die klaren Gedanken zurück. Verrückt, dieser Unbekannten mehr Bedeutung als nötig beizumessen. Verliebtheit und Hingabe sind in dieser Stadt so allgegenwärtig, dass an jeder Hausecke, jeder Bar, ja selbst auf den bloßen Steinstufen einer Kirche, ein Schwärmer wirre Liebesbriefe verfasst. Auch in Deutsch. Ich kann mir nicht mehr erklären, wieso ich von der langmähnigen Erscheinung so beeindruckt war.

Im abendlichen Nieselregen erreichen wir schließlich unser Hotel am Campo San Maria Formosa. Schläfrig wie wir sind, wollen wir sofort zu Bett gehen. Schon halte ich den Zimmerschlüssel in der Hand und schleiche müde die ersten Treppenstufen hoch, als der Nachtportier hinter mir herruft „Moment, warten Sie bitte – hier liegt noch etwas für Sie" und mir ein schmales ecru-farbenes Briefkuvert entgegenhält.

SAID

Und das Wort,
diese lausige Zufallshure,
die an unserem Mund hängt,
um mit jedem
von der Treue zu flüstern.

Ulrike Dietmann
Unterhaltung schreiben

Ich schreibe Unterhaltungsliteratur. Liebesheftromane für Panini und dergleichen. Kurze Sätze, sympathische Charaktere, leicht verständliche Handlungen, Feelgoodstimmung, keine komplizierten Innenwelten – und immer passiert was!

Das Schreiben von Unterhaltungsliteratur ist genauso herausfordernd wie das Schreiben von komplexen, hoch literarischen Texten. Ich weiß es, weil ich es getan habe. Ich habe Hörspiele, Theaterstücke, Drehbuch und Prosa von politischer Satire bis erotischem Selbsterfahrungsroman geschrieben und veröffentlicht. Ich habe Preise dafür bekommen und Stipendien. Ich habe an einer Kunsthochschule *Schreiben* studiert.

Ich mag Unterhaltungsliteratur aus verschiedenen Gründen. Erstens: Man verdient damit Geld. Zweitens: Man wird gelesen. Egal, wem ich eines meiner Hefte schenke, immer kommt begeistertes Feedback. „Schön geschrieben ... so viel Spaß gemacht." Drittens: Es macht Spaß, sie zu schreiben. Ich bin überzeugt, dass man

keine Feelgoodliteratur schreiben kann, wenn man nicht selbst gut drauf ist. Man kann nicht über Liebe schreiben, wenn man nicht selbst liebt. Dazu muss man nicht seinen Traummann gefunden haben. Man kann auch das Leben lieben.

Ja, ich habe Angst vor Schreibblockaden, vor einem Stoff, der als Idee gut aussieht und bei der Ausführung floppt. Ich habe Angst vor Redakteuren, Verlegern, Lektoren, Produzenten, die mein sensibles Ego in der Luft zerreißen. Ich habe Angst, Mist zu produzieren und es nicht zu merken. Ich brauche emotionale Bemutterung, wie sie keine noch so liebe Freundin leisten kann.

Dazu habe ich Little R. erfunden, mein kreatives Ich, meinen Coach, meinen spirituellen Führer, meinen seelischen Mülleimer.

Um Ihnen, verehrte KollegInnen oder LeserInnen, die sich für den Prozess des Schreibens interessieren, einen Einblick in meine Produktion zu geben, führe ich Ihnen einen typischen Dialog zwischen mir und Little R. vor. (Fragen Sie mich nicht, woher der Name kommt.)

Ich: Little R., wie geht's denn so?

Little R.: Ganz gut.

Ich: Super. Das ist einfach toll. Ach, Mensch, du bist einfach Spitze.

(Anmerkung: Es ist wichtig, dass Little R. ganz viel gelobt wird. Dann ist sie nämlich kooperativ.)

Little R. (Nickt)

Ich: Virginia Woolf meint, Schreiben wäre eine „endlose Plackerei". Aber so was gibt's bei uns nicht. Schreiben macht uns jeden Tag immer total Spaß und wir hätten gern ein zweites Leben, um noch mehr Unterhaltungsliteratur zu schreiben. Stimmt's, Little R.?

Little R.: Ausgenommen die kleine Krise, neulich.

Ich: Krise? Das gibt's bei uns nicht.

Little R.: Doch, da haben wir uns total verfahren. Ich hab dir gleich gesagt, dass aus dem Stoff nix wird. Es sollte eine Figur wie Robbie Williams sein, nur deutsch. Sexy, animalisch, unwiderstehlich, ein blonder Hüne, und am Ende sollte er die Hauptfigur heiraten und Familienpapa werden.

Ich: Die Story hat immer noch Bestsellerpotenzial. Die holen wir demnächst wieder raus ...

Little R.: In den Sch... stecken wir keine Sekunde mehr rein!

Ich: Du hast ja so Recht. Vergessen wir's einfach.

Little R.: Klar. Haben ja auch nur zwei Monate Arbeit investiert und aller Welt von dem kommenden Jahrhundertwerk erzählt.

Ich: Reden wir lieber wieder darüber, wie viel Spaß es macht, Unterhaltungsliteratur zu schreiben.

Little R.: Ist viel einfacher als diese blöde experimentelle Poesie oder die pubertären Selbstquälromane, die wir früher geschrieben haben.

Ich: Ja, früher war das Schreiben ganz schön anstrengend.

Little R.: Für Unterhaltungs-literatur dagegen muss man morgen nur das Knöpfchen am Computer drücken und schreiben, was einem eben so einfällt. Es reicht, wenn man einen Schreibmaschinenkurs belegt hat.

Ich: Wenn man ehrlich ist – ist man als AutorIn ja selten –, bringt Schreiben die ersten zehn Jahre nichts als Frust, Enttäuschung und ruinöse Investitionen. So viele Absagen, so viele brutale Kritiker erträgt nur eine sehr nervenstarke, ausgesprochen widerstandsfähige Persönlichkeit.

Little R.: Wie du.

Ich: Genau!

Little R.: Wir können uns keine narzisstischen Ausschweifungen leisten. Du hast in drei Tagen Abgabetermin und noch 60.000 Anschläge vor dir.

Ich: Ich will nur noch schnell sagen, dass es nach zehn Jahren besser wird, wenn man bis dahin nicht in Hölderlins Turm sitzt.

Little R.: Wenn du das Tempo nicht hältst, musst du deine Kinder mit Tiefkühlpizza ernähren, auf deine Rückengymnastik verzichten, und das Kreuz wird dir weh tun.

(Anmerkung: Für Little R. zählen nur Anschläge. Sie führt Buch über die Anschläge pro Stunde, und dauernd schraubt sie das Pensum hoch. Dass ich Zeit brauche, mich in Szenen einzufühlen, interessiert sie nicht.)

Little R.: Du bist in Ge-
danken schon wieder
woanders.
Ich: Ich habe an die
Pfannkuchen gedacht,
die ich meinen Kin-
dern heute verspro-
chen habe.
Little R.: Schreiben
heißt, nur an die Men-
schen zu denken, die
man selbst erfunden
hat.
Ich: Fahr zur Hölle!
Little R.: Dort wirst du
auch landen. Du wirst
mich nie los.
Ich: Stimmt. Schreiben
ist ein Gen, wie eine zu
große Nase. Schlimmer
noch: Eine Nase kann
man wegoperieren.

Okay, hören wir auf, dem eigentlichen Problem auszuweichen:
den 60.000 Anschlägen. Sehen wir es von der positiven Seite. Die
meiste Zeit schreibe ich gern. Sehr gern sogar. Es entsteht dabei
so ein warmes Prickeln. So ein Gefühl, in einem großen warmen
Strom zu schwimmen. Alles kommt von selbst. Ich bin an das Gött-
liche angeschlossen, es ist Ekstase pur ... Und genau diesen Flow
braucht Unterhaltungsliteratur. Man muss sie schnell schreiben.
Man darf nicht lange über Formulierungen oder Wendungen
nachdenken. Es darf nicht stocken. Man muss es tun. Riskieren.
Auf großer Flamme kochen. Man darf sich die Geschichten nicht
ausdenken, sondern lässt sie sich erzählen. Aus den Tiefen seiner
selbst. Vom kosmischen Zentrum für Unterhaltungsliteratur. Ich
muss gefesselt sein von dem, was ich schreibe. Wenn ich nicht vom

Bildschirm wegkomme, kommt auch der Leser nicht vom Buch weg. Das ist zumindest meine Theorie.

Little R.: Sie hebt gerne ab. Für mich heißt Unterhaltung schreiben: Solide Recherche, Wünsche der Auftraggeber erfüllen, Termine einhalten, sauber lektorierte Texte abgeben, gut strukturierte Plots und meine Geschäftspartner zuvorkommend behandeln. Mich mit Steuern, Honoraren, Verträgen auskennen und handwerklich auf dem neuesten Stand sein. Es ist ein Beruf wie Arzt, Anwalt oder Hundebademeister.

Ich: Danke Little R. Kriegst auch 'nen Pfannkuchen.

Little R.: Hmm. Lecker. Ich habe übrigens gerade eine super Idee, wie wir die Story mit dem deutschen Robbie Williams ...

Vielleicht fragen Sie sich jetzt, wozu habe ich diesen Artikel gelesen? Es wäre mir lieber gewesen, die Autorin hätte mir ein paar Namen und Adressen genannt, wo ich meine Stoffe einschicken kann und ein paar Mäuse machen. Oder mir erklärt, wie ich einen sympathischen, unkomplizierten Charakter erfinde, der dann auch noch spannend ist. Tipp: Recherchieren Sie ein bisschen. Gehört ja zum Job. Es gibt jede Menge Bücher (vor allem aus den USA, dem irdischen Zentrum der Unterhaltungsliteratur), wo Sie das nachlesen können. Namen und Verlagsadressen nützen Ihnen nichts, wenn Sie nicht das gewisse Etwas rüberbringen, das gute Unterhaltung braucht. Das fängt in Ihrem persönlichen Leben an. Arbeiten Sie daran, gut drauf zu sein, das Leben zu genießen, ein richtig sympathischer Mensch zu sein, der eine Menge erlebt, weil er seinen Träumen folgt. Darüber schreiben Sie dann. Das funktioniert. Dann werden die Verlage bei Ihnen anrufen.

Die Erde untersteht einer geistigen Kraft,
der man nicht mit Gewalt beikommen kann.
Sie ordnen zu wollen, bringt sie in Unordnung.
(Lao-Tse)

Litt Leweir
Verehrte Frau Leweir

Ein Nachmittag im Oktober. Ich sitze an meinem Schreibtisch, ungestört von der Sonne. Nicht nur, weil es ein trüber Tag ist, um diese Jahreszeit steht die Sonne tief, selbst wenn sie scheint, erreicht auch am späten Nachmittag nicht mehr das Terrassenfenster, streift nur noch das Geländer, beleuchtet für kurze Zeit den schwarzen Kübel mit den verblühten Sonnenblumen und versinkt dann hinter den Dächern gegenüber.
Neben der Tastatur liegt noch immer die Ausschreibung. Sie kam vor ein paar Tagen als Anhang einer Mail. Ich habe sie ausgedruckt und offen auf den Schreibtisch gelegt, unübersehbar. Während der Computer hochfährt, lese ich sie noch einmal durch. Ich starte die Textverarbeitung, öffne ein neues Dokument und speichere es mit dem Namen „Schreiben 19-10-04". Nach einer Minute steht der erste Entwurf. Ich feile noch ein wenig an den Sätzen. Es ist wichtig, den richtigen Ton zu treffen. Sie ist empfindlich, fühlt sich leicht missachtet, nicht ernst genommen. Erst kürzlich hat sie sich wieder über ihre Arbeitsbedingungen beschwert. Wir ließen sie immer nur mitten in der Nacht oder am frühen Morgen oder im Nachmittagstief arbeiten, behauptet sie. Selten einmal könne sie sich frisch und ausgeruht an den Tisch setzen. Immer gingen die anderen vor. Dabei ist sie meistens selbst schuld, wenn es nicht vorangeht. Sie braucht Ewigkeiten, bis sie in die Pötte kommt, und wenn sie dann endlich angefangen hat, bringt die kleinste Kleinigkeit sie aus dem Konzept. Dauernd ist es zu hell, zu laut, zu unruhig. Es nützt nichts, wenn ich ihr sage, dass ihre Arbeit Priorität hat. Allein der Gedanke daran, dass noch etwas anderes zu tun ist – Geschirr spülen, einkaufen – versetzt sie in Unruhe.

Nach fünf Minuten bin ich fertig. Ich drucke den Text aus und lese ihn noch einmal durch.

„Liebe Frau Leweir, beiliegend eine Ausschreibung für ein Konkursbuch zum Thema ‚Schreiben'. Ich habe bereits zugesagt. Wie Sie sehen, haben wir noch einige Monate Zeit, Abgabetermin ist Ende April. Sie können also ruhig zuerst das Jugendbuch zu Ende schreiben, an dem sie zurzeit arbeiten (Wie weit sind Sie?) Teilen Sie mir bitte trotzdem in den nächsten Tagen mit, was Sie schreiben möchten. Die Herausgeberin, Regina Nössler, benötigt diese Information für ihre Planung. Wenn Sie noch Fragen haben: nur zu! Herzlichst Ihre G.W."

Ich falte das Blatt, stecke es in einen Umschlag, den ich mit „Frau Litt Leweir" beschrifte und platziere ihn auffällig auf dem Schreibtisch.

Am nächsten Tag liegt er immer noch da, ebenso am Tag darauf und eine Woche später. Ab und zu bewege ich ihn ein paar Zentimeter, wenn ich die Pulsuhr suche oder die Schlüssel vom Büro oder die Polsterdüse vom Staubsauger. Ansonsten bleibt er unberührt.

Als sich Anfang Dezember noch immer nichts getan hat, nehme ich ihn in die Hand und mache mich auf die Suche.

In der Küche steht wie immer verstreut Geschirr, neben meiner Zimmertür stapeln sich schon seit Monaten verstaubte Bücher, und im Bad türmen sich Wäscheberge. Wenigstens bin ich nicht für die Wäsche zuständig. Die ganze Unterabteilung Wäsche und Bad habe ich bereits vor vielen Jahren geschlossen. Mit Beginn der Kooperation mit meiner Frau, Sabine, die diesen Bereich komplett übernommen hat, erledigen „wir" solche Aufgaben nur noch vertretungsweise. Dafür fällt der Bereich Küche fast ausschließlich in meine Verantwortung. Unter anderem auch der Kühlschrank, in dem es zurzeit ziemlich übel riecht, und die Schränke, aus denen uns Tupperdosen und Teepäckchen entgegenfallen, wenn wir sie öffnen. Ich versuche nicht daran zu denken, habe jetzt anderes zu tun. Ich nehme jeden Winkel unter

die Lupe, klopfe die Wände ab, um verborgene Türen zu finden. Nichts. Dabei ist es doch hell genug, die Sonne scheint, jede Fluse ist deutlich zu sehen, jede Spinnwebe an den Decken, der Staub, wie er durch die Sonnenstrahlen rieselt und jeder Soßen- und Kaffeespritzer an den Küchenschränken und -fliesen.
Keine Spur von Frau Leweir.

Am nächsten Morgen werde ich von einem Hämmern und Schaben geweckt. Erst ist es ganz leise, und ich ordne es noch meinem Traum zu, in dem ich mit einem gelben Bauhelm auf dem Kopf auf einer riesigen Baugrube über Bretter balanciere. Die Bretter biegen sich durch, und bei jedem Schritt kommt die Konstruktion bedrohlich ins Wanken. Es dauert eine Weile, bis ich registriere, dass die Geräusche außerhalb meines Traums stattfinden. Ich zucke zusammen, als etwas mein Gesicht berührt, und knipse das Licht an. Das Hämmern hat aufgehört. Neben meinem Kopfkissen entdecke ich Tapetenfetzen und Putzbrocken. Weißer Staub rieselt auf mich herab, und ich blicke nach oben. Etwa einen Meter über meinem Bett befindet sich ein Loch in der Wand. Der gelbe Strohhut, der vorher dort hing, liegt auf der Bettdecke. Aus dem Loch blicken mich aus einem kalkigen Gesicht zwei Augen an.
„Frau Leweir?"
Klar, auf die Idee, mich am frühen Morgen durch ein Loch in der Wand zu wecken, kann nur eine kommen.
„Guten Morgen, Chefin!"
„Was machen Sie da? Wissen Sie, wie spät es ist?"
„4.47 Uhr", antwortet sie.
Stimmt, 4:47 zeigen die Leuchtziffern meines Weckers. Meine Geburtszeit. „Und was soll uns das sagen?", frage ich.
Keine Antwort. Frau Leweir ist verschwunden.

Ich bin schlecht gelaunt, als ich von der Arbeit nach Hause komme. Jetzt sind es nicht mehr nur die Geschirr-, Bücher- und Wäscheberge, die wie Monster vor mir aufragen, jetzt gähnt auch noch direkt über meinem Bett dieses Loch und erinnert mich daran, dass wir schon längst hätten renovieren müssen. Wie sollen wir da zum Schreiben kommen?

„Sie wird das schon hinkriegen. Sie hat es schließlich bisher noch jedes Mal hingekriegt, oder?", sagt Sabine, als sie gegen Mitternacht von der Arbeit nach Hause kommt. „Und renovieren können wir nächstes Frühjahr immer noch."

Sie hat Recht. Ich stopfe die Ausschreibung in den Hängeordner mit der Aufschrift „Aktuelle Texte" und kümmere mich um andere Dinge. Es ist ja noch Zeit, viel Zeit.

Weihnachten kommt näher und Sabine immer später von der Arbeit. Die Abteilung Hauswirtschaft ist voll beschäftigt. Wir spülen Geschirr, erledigen Weihnachtseinkäufe, bringen die Wohnung in einen bewohnbaren Zustand und übernehmen vertretungsweise sogar Bad und Wäsche. Frau Leweir bekomme ich in dieser Zeit nur sporadisch und von Ferne zu Gesicht. Wenn ich durch den Park jogge, sehe ich sie manchmal durchs Gebüsch schleichen. Oder ich entdecke sie auf dem Dach der gegenüberliegenden Schule. Keine Ahnung, was sie treibt, vielleicht arbeitet sie ja an dem Jugendbuch.

Das Loch in der Wand beunruhigt mich. Ab und zu werfe ich einen Blick hinein, aber es ist nichts zu erkennen, absolut dunkel. Ein modriger, muffiger Geruch strömt mir entgegen. Am Tag vor Heiligabend hänge ich meinen Strohhut darüber. Er hat genau die richtige Größe, um es zu verdecken.

So vergeht Weihnachten und die Zeit zwischen den Jahren und ich denke nicht viel an Frau Leweir, die Ausschreibung und das Loch in der Wand.

Mitte Januar haben wir eine Lesung, und da möchte ich Frau Leweir nicht unnötig mit anderem belasten, sie ist da sehr empfindlich. Und auch danach benötigt sie einige Zeit zur Regeneration.

Als ich am Morgen des 2. Februar aufwache, liegt der Hut wieder auf meiner Bettdecke. Wahrscheinlich hat ein Luftzug ihn heruntergeweht. Ich nehme das als Zeichen.

168

„Sehr geehrte Frau Leweir", schreibe ich, „darf ich Sie noch einmal an das Konkursbuch ‚Schreiben' erinnern? Bitte teilen Sie mir umgehend mit, für welches Thema Sie sich entschieden haben, damit ich Regina Nössler informieren kann. Für eventuelle Rückfragen stehe ich Ihnen gerne zur Verfügung. Mit freundlichen Grüßen G.W."

Das sollte genügen. Entspannt lehne ich mich zurück und blicke aus dem Fenster, erwarte das kleine grünspanbedeckte Türmchen auf dem roten Schuldach zu sehen, doch stattdessen habe ich freie Sicht auf ein bewegtes blaues Meer. Eine steife Brise bläst mir um die Nase, als ich auf die Terrasse trete. Eine Treppe aus Steinen und Sand führt hinunter zu einem endlosen weißen Strand. Unten an der Treppe steht Frau Leweir. Sie trägt den gelben Strohhut und hat die Hosenbeine hochgekrempelt. Sie sieht zu mir hoch, winkt. Ich rechne schon damit, dass sie zu mir heraufkommt, doch stattdessen geht sie zum Wasser. Ich kann spüren, wie das kühle Wasser ihre nackten Füße umspült.

Für einen Moment schließe ich die Augen, lausche auf das sanfte Rauschen, rieche den fischigen, salzigen Meeresduft. Ach, Urlaub, das wäre jetzt nicht schlecht. Als ich die Augen wieder öffne, ist Frau Leweir verschwunden. Das Meer und den Strand hat sie mitgenommen. Stattdessen leuchtet das Grünspantürmchen der Schule im Sonnenlicht.

Ich gehe zurück in mein Zimmer, schließe die Terrassentür und lasse mich seufzend auf den Schreibtischstuhl fallen. Frau Leweir ist vom Meer fasziniert, sie liebt und fürchtet es, das weiß ich. Aber muss sie es deshalb in jedem zweiten Text unterbringen? Und was will sie mir jetzt damit sagen? Das Meer des Unbewussten, in dessen Tiefen sich so vieles verbirgt? Passiert nicht der größte Teil des Schreibens im Verborgenen? Wahrscheinlich meint sie das. Ich denke eine Weile darüber nach und komme zu dem Schluss, dass es keinen Sinn hat, auf eine konkretere Antwort zu warten. Konkrete Antworten gibt es bei Frau Leweir schlicht und einfach nicht.

„Liebe Regina“, schreibe ich, „ ... mir schwebt etwas zum Thema *Schreiben und Unbewusstes* vor: mein Schreibprozess – was läuft bewusst, was unbewusst ab, und Störungen in der *Zusammenarbeit* – Tagträume, Nachtträume. Das möchte ich nicht in einem Aufsatz, sondern in einer Geschichte beleuchten.“

Das muss erst mal reichen. Es ist ja noch Zeit, viel Zeit. Vielleicht sollte ich sie erst einmal in Ruhe dieses Jugendbuch zu Ende schreiben lassen. Bis Ostern gebe ich ihr dafür noch.

Ostern vergeht, das Jugendbuch ist noch nicht fertig, und was das Konkursbuch „Schreiben“ angeht, scheint nichts zu passieren. Ich bitte Frau Leweir zu einem ernsthaften Gespräch, doch sie erscheint nicht. Wahrscheinlich schlendert sie diesen Strand entlang und träumt vor sich hin. Ich würde sie ja holen gehen, wenn ich nur wüsste, wo er sich zurzeit befindet – der Strand, meine ich. Stattdessen fängt mich die Leiterin der Abteilung Hauswirtschaft im Flur ab und bittet um ein dringendes Gespräch. Sie berichtet mir von einer Verliebtheit, die viel zu viele Ressourcen bindet.

„Eine Verliebtheit?", frage ich, „Das ist doch schon längst erledigt."
„Sie wissen genau, dass das nicht stimmt. Seit diese Frau gestern wieder mit Ihnen gesprochen hat, geht sie uns nicht aus dem Kopf. Statt uns um den Haushalt zu kümmern, legen wir uns wieder ins Bett und träumen vor uns hin. Sehen Sie sich das an!" Sie zeigt auf das Chaos in der Küche. Dort sieht es aus wie immer.
„Bestimmt dauert es nicht mehr lange und sie hängt sich an die Rockzipfel von allen und heult herum, weil es wieder nichts geworden ist. Hatten wir nicht erst kürzlich beschlossen, dass wir so etwas nicht mehr haben wollen?", fragt sie mich vorwurfsvoll.
Ach, jetzt eine Liebesgeschichte schreiben, das ginge bestimmt ganz flott.
„Chefin?"
„Hatten wir das?", frage ich lächelnd. „Ich kann mich gar nicht erinnern."
Am nächsten Morgen reißt mich die Leiterin der Abteilung Sport, Disziplin und Bekämpfung von Depression und Hypochondrie – von mir kurz Trainerin genannt – unsanft aus den Träumen. Sie wirft meine Laufsachen auf das Bett und kippt mir ein Glas Wasser ins Gesicht.
„Auf geht's!", sagt sie und schlägt mir mit der flachen Hand auf die Schulter, nachdem ich mich aus dem Bett gequält habe. Ich blinzle sie müde an und steige in meine Laufsachen.
Heute steht ein Tempolauf auf dem Programm. Ich hechle durch den Park und grüble über mein Leben nach, speziell über den Text für das Konkursbuch. Abgabetermin ist in drei Wochen. Eigentlich noch genug Zeit. Wenn es gut läuft, schreibt Frau Leweir so einen Text an einem Tag. Nur läuft es eben manchmal nicht gut. Vielleicht liegt es am Thema. Über das Schreiben schreiben, das ist wie – wie ein Kochbuch kochen oder eine Töpferscheibe töpfern oder ... Na ja, die Vergleiche hinken, aber Frau Leweir kann sie ja streichen, wenn sie möchte. Schließlich ist das Vergleichen nicht mein Metier. Ich muss nur die notwendigen Rahmenbedingungen schaffen, damit Frau Leweir vernünftig arbeiten kann. Bisher habe ich miserable Arbeit geleistet, das wird sich ab

sofort ändern. Ich werde eine Konferenz einberufen, gleich nach der Arbeit, und dann werden wir alle gemeinsam einen Plan ausarbeiten. Wer was wann erledigt. Und was Priorität hat.

Als ich von der Arbeit zurückkomme, stolpere ich im Flur über einen Zementsack, der heute Morgen noch nicht hier stand. Neben dem großen runden Esstisch klafft ein fußballgroßes Loch im Boden. Aber das ist harmlos gegen das, was in meinem Zimmer passiert ist. Dort hat sich die komplette Wand neben meinem Bett verflüchtigt. Entsetzt blicke ich auf eine Baugrube, die sich über die Größe von mindestens vier Fußballfeldern erstreckt. Am anderen Ende, mindestens zweihundert Meter weit weg, ragt eine riesige Tafel in den Himmel. Hier entsteht Litt Leweirs Beitrag zum Konkursbuch Schreiben steht in großen fetten Buchstaben darauf. Du liebe Güte, was hat sie vor? Eitel war sie ja schon immer! Ist sie jetzt auch noch größenwahnsinnig geworden? Das soll doch nur ein kleiner Text werden, kein Jahrhundertroman.
„Das wird schon noch", sagt Sabine, die jetzt wieder früher nach Hause kommt, als wir zusammen beim Abendessen sitzen.
„Dein Wort in Gottes Gehörgang", antworte ich.
Aber irgendetwas scheint ja zu passieren, auch wenn ich keinen Fortschritt sehe, jedenfalls keinen wirklichen. Die Baugrube scheint sich immer weiter auszudehnen. Ab und zu erblicke ich im Augenwinkel eine Bewegung, aber wirklich zu sehen ist nie jemand. Nur nachts höre ich es manchmal hämmern und sägen und bohren, höre das Dröhnen von Baggern und das Schlagen von Presslufthämmern. Manchmal kommt es mir so vor, als stiege jemand über mein Bett, und für Momente sehe ich Menschen mit Bauhelmen, die Schubkarren über meine Schienbeine schieben, sehe Bretter über meinem Kopf schweben und Zementmaschinen sich neben meinem Nachttisch drehen. Und wenn ich morgens aufwache und auf diese riesige stille Baugrube blicke, wird mir schwindlig vor Angst.
„Nimm dir doch einen Tag frei!", schlägt Sabine vor.
Zum Glück ist die Leiterin der Abteilung Brotberuf einsichtig.

Früher war sie immer leicht reizbar und die meiste Zeit sehr unzufrieden. Aber seit sie diese nette Chefin hat, macht ihr die Arbeit Spaß, und sie ist richtig umgänglich geworden.

„Kein Problem", sagt sie, „ich rede mit meiner Chefin!"

„Verehrte Frau Leweir, bitte halten Sie sich am 14. April zu meiner Verfügung. MfG GW."

Es ist der 14. April und Frau Leweir ist nicht da. Ich frühstücke ausgiebig, lese Zeitung, werfe ab und zu einen ängstlichen Blick in die Baugrube und hoffe, dass Frau Leweir bald erscheint – oder besser doch nicht? Um ein Uhr ist sie immer noch nicht da. Meine Nerven flattern, und mir ist schlecht vor Angst.

„Geh sie holen!" Am anderen Ende des Bettes erblicke ich verschwommen einen Engel.

„Ich weiß doch gar nicht, wo sie ist."

„Natürlich weißt du, wo sie ist. Du weißt immer, wo sie ist."

„Aber wie komme ich da hin?", frage ich.

Der Engel antwortet nicht. Er weiß, dass ich es weiß.

„Ich könnte fallen und mich verletzen. Ich könnte sogar sterben."

Der Engel schüttelt den Kopf. „An so was stirbt niemand, das weißt du doch."

Zitternd setze ich einen Fuß auf das erste Brett und taste mich vorsichtig voran. Mein Herz klopft hart, ich wage kaum zu atmen.

„Ganz ruhig, du schaffst es schon", sagt der Engel. Er fliegt neben mir her.

Ich bin so unsicher wie nie. Musste ich jemals zuvor so eine riesige Baugrube auf so dünnen schmalen Brettern überqueren?, frage ich mich.

„Ja", antwortet der Engel.

„Und habe ich es geschafft?"

„Hm, ja sicher."

Ich kann es mir nicht vorstellen.

„Nur nicht nach unten schauen."

Ich tue es trotzdem. Es ist wirklich tief, furchtbar tief, und ich mag gar nicht darüber nachdenken, was da unten alles liegt und vor sich hin gammelt. Mir ist schwindlig, fast verliere ich die Balance. Wie in diesem Traum, denke ich. Jetzt werde ich jeden Moment abstürzen. Und dann ... und dann ... Doch der Engel ist neben mir, und ich stütze mich auf einen seiner Flügel.

„Schau mal, da vorne!", sagt er.

„Was?"

Ich hebe den Kopf. Ein paar Meter vor mir flattern drei Gestalten über dem Abgrund. Mercy steht in großen roten Buchstaben zwischen den Flügelchen auf dem Rücken der linken. Sisters auf dem der mittleren und of auf dem der rechten.

Fasziniert betrachte ich ihre weißen durchscheinenden Körper, höre das Surren ihrer kleinen Flügel, das unentwegte Geschnatter ihrer hellen Stimmen und folge ihnen einfach.

Litt Leweirs Schreibzimmer steht auf der Tür vor mir. Ich fasse mir ein Herz und klopfe an die Tür. Keine Antwort. Also drücke ich die Klinke und trete ein.

Starr vor Entsetzen betrachte ich die Szene. So schlimm habe ich es mir nicht vorgestellt. Maler in weißen, Maurerinnen in blauen Overalls wuseln zwischen Betonmischmaschinen, Farb- und Mörteleimern und Tapeziertischen, Backsteinen und Zementsäcken. Die Wände sind in unterschiedlichem Zustand der Fertigstellung. Während an einem Ende noch Steine aufeinander geschichtet werden, wird am anderen Ende schon gestrichen. Hier und da sind noch die rohen Backsteine zu sehen, während anderswo Tapeten der verschiedensten Muster nebeneinander kleben. Auch beim Fußboden scheint noch keine einheitliche Linie gefunden. Estrich liegt neben Laminat neben PVC neben Steinfliesen. Hier und da klafft ein Loch. Eine Decke fehlt ganz. Männer und Frauen tragen große Pakete herein, anscheinend werden Möbel angeliefert. In einer Ecke wird bereits ein Regal aufgebaut. Auf einem roten Sofa liegt eine Frau. Sie trägt ein mit roten Rosen besticktes weißes Kleid, blickt verklärt in den wolkenverhangenen Himmel und rupft Blütenblätter von einem Gänseblümchen.

„Sie will mich, sie will mich nicht, sie will mich ..."

Ich entdecke Frau Leweir. Sie trägt Jeans und T-Shirt und ist von oben bis unten mörtel-, kleister- und farbverschmiert. Mit einem Ärmel wischt sie sich den Schweiß von der Stirn, während sie eine Malerin anweist, eine Wand, die bereits teilweise grün gestrichen ist, mit einem leuchtenden Rot zu übertünchen. Kaum hat die Malerin den Pinsel angesetzt, hat sich Frau Leweir anders entschieden. Jetzt zeigt sie auf einen Eimer mit blauer Farbe. Die Malerin protestiert, und eine Weile brüllen die beiden sich an. Dann senkt die Malerin resigniert die Schultern und taucht den Pinsel in den blauen Farbeimer. Frau Leweir wendet sich einem Berg Tapetenrollen zu.

Ich löse mich aus meiner Erstarrung und stürme auf sie zu. „Frau Leweir, was um Himmels willen machen Sie hier?" Bevor ich sie erreiche, stoße ich mit einer Gestalt in einer grauen Tunika zusammen.

„Niemand liebt mich, ich kann nichts, ich bin nichts!", ruft sie immer wieder, schlägt sich mit einer Peitsche auf den Rücken und wankt durch den Raum.

„Komm!", sagt einer der Maurer, legt ihr einen Arm um die Schultern und schiebt sie sanft aus dem Weg.

Bevor ich weitergehen kann, packt mich jemand am Arm.

„Achtung!"

Vier Arbeiterinnen tragen das rote Sofa mit der Verliebten an mir vorbei und stellen es ein paar Meter weiter ab.

„Ich frag sie, ob sie mit mir Kaffee trinken geht, ich frag sie lieber nicht, ob sie mit mir Kaffee trinken geht ..." Ein Gänseblümchenblütenblatt landet auf meiner Schulter, und ich puste es weg. Endlich ist der Weg frei. Aber wo ist Frau Leweir? Ich schaue mich verzweifelt nach ihr um. Nichts, sie ist weg. Zitternd falle ich auf die Knie, schlage die Hände vors Gesicht, weine. Plötzlich spüre ich eine Hand auf meiner Schulter, jemand zieht mich hoch. Es ist die Trainerin.

„Komm schau dir das an!", sagt sie. Sie hält mir ein Blatt Papier hin. „Das sind deine Zeiten vom letzten Lauf."

175

Ich versuche, die Zahlen zu lesen, doch sie verschwimmen vor meinen Augen. Also liest sie sie mir vor.

„Ist das nicht fantastisch, wie sehr wir uns verbessert haben? Siehst du, was du alles schaffen kannst, wenn du dich anstrengst?"

„Ich weiß nicht ...", antworte ich. Meine Stimme bricht.

Sie drückt mich an sich. Eine Weile ruhe ich mich in ihren kräftigen Armen aus, schöpfe wieder Atem.

„Komm!", sagt sie schließlich. „Wir machen jetzt einen schönen, langen, gemütlichen Lauf. Den haben wir uns verdient. Und hinterher sieht die Welt wieder ganz anders aus."

Die ersten Schritte fallen mir schwer. Ich spüre wieder die Tiefe unter mir, das bedrohliche Schwanken der Bretter, doch dann wird mein Schritt sicherer. Immer wieder begegne ich der Trainerin, sie steht am Wegrand, drückt die Stoppuhr, reckt den Daumen und lächelt.

„Wer kämpft, kann verlieren, wer nicht kämpft, hat schon verloren", steht in roten Buchstaben auf ihrem weißen T-Shirt.

Meine Gedanken beginnen zu schweifen. Es ist nicht mehr notwendig, die ganze Zeit auf den Weg vor mir zu starren. Ich hebe den Kopf und sehe mich um.

Ein sonniger Tag, nur ein paar kleine fransige Wölkchen schweben ruhig den blauen Himmel entlang. Der Park ist voller Menschen. Ich laufe an Müttern und Vätern vorbei, die Kinderwagen über den Weg schieben. Andere Läuferinnen ziehen an mir vorbei. Einigen bin ich schon öfter hier begegnet. Sie leben hier und laufen hier, so wie ich, und ich fühle mich mit ihnen verbunden.

Am Wegrand, an einen Baum gelehnt, entdecke ich die Chirurgin, der wir mit großem Vergnügen Zettel ins Fach gelegt haben, um sie aus dem Konzept zu bringen. Und da neben der Bank, ist das nicht diese Rollstuhlfahrerin, Mock, die uns ihr Herz ausgeschüttet hat? Hinter einem Gebüsch verschanzt kauert Brook Steinberg, die Detektivin mit dem langen grauen Lächeln. Und die Horde alter Frauen, die sich auf der Wiese neben dem See tummelt, kommt mir auch sehr bekannt vor. Sie winken mir fröhlich zu, und ich winke zurück.

Und da – mein Herz schlägt schneller –, ist da nicht unser geliebter Kater Merlin? Er ist letztes Jahr gestorben. Jetzt fliegt er einem Schmetterling hinterher, den er natürlich nie fangen wird. Die Sonne blendet mich, ich blinzle, schon ist er wieder verschwunden. Aber das macht nichts. Ich weiß, dass er immer noch da ist. Irgendwo in meinem Herzen schwirrt er herum, jagt Schmetterlinge und fürchtet sich vor großen Käfern.

„Streich das, das ist kitschig", sagt eine scharfe Stimme direkt neben mir.

Ich drehe mich zur Seite, aber da ist niemand.

„Na und", antworte ich, „das Leben ist kitschig."

„Das Leben?"

„Mein Leben", antworte ich und lege einen Zahn zu.

Aber auch wieder nicht so kitschig, denke ich, als ich aus dem Augenwinkel Frau Leweir entdecke, die gerade dabei ist, einen ausgestopften Hirschkopf aus dem Gebüsch zu ziehen. Sie klemmt ihn unter den Arm und streift weiter durch das Unterholz. Ich beobachte, wie sie noch weitere Gegenstände einsammelt. Ein altes schwarzes Telefon mit einer Wählscheibe und etwas, das aussieht wie ein verrostetes Fernrohr. Was zum Henker will sie mit dem ganzen Ramsch?

„Das reicht!", sagt die Trainerin und schickt mich duschen.

Der Weg über die Baugrube fällt mir kaum leichter als beim ersten Mal. Diesmal hilft mir kein Engel, und keine flatternden *Sisters of Mercy* weisen mir den Weg. Dafür fixiere ich die große Tafel in der Ferne.

Frau Leweir sitzt auf einem Karton und macht sich Notizen in ihre schwarze Kladde, die sie hinterher selbst nicht mehr wird lesen können. Aber macht nichts, es beruhigt mich, sie so konzentriert arbeiten zu sehen. Sie zieht eine Tapetenrolle aus dem Berg, kritzelt etwas in die Kladde, zieht dann noch eine heraus. So richtig entschieden scheint sie nicht zu sein, welche Tapete sie nun nehmen will. Und auch in dem Raum sieht es noch immer sehr chaotisch aus. Noch immer fehlt die einheitliche Linie. Noch immer wird gleichzeitig gemauert, tapeziert und gestrichen. Noch immer wird das rote Sofa mit der Verliebten von einem Ort zum anderen getragen. Der Boden ist übersät mit Gänseblümchenblütenblättern. Zu meiner Überraschung entdecke ich auch die Leiterin der Abteilung Hauswirtschaft. Sie steht an einer Spüle, die Hände bis zu den Ellbogen in schaumigem Wasser, und sieht zufrieden aus. Neben ihr ragt ein Stapel Teller in den Himmel. Die Flagellantin verfehlt ihn knapp – Gott sei Dank. „Verpiss dich!", zischt die Haushälterin. In diesem Moment ist sie mir fast sympathisch. Ich drehe mich zu Frau Leweir um und stoße einen Schrei aus. Frau Leweir lässt die Tapetenrolle fallen, die sie eben aufgehoben hat.

„Was soll das?"

„Was?", fragt sie.

„Das!" Ich zeige mit dem Finger auf die Wand über der Tür.

„Das ist ein ausgestopfter Hirschkopf", antwortet sie und lächelt.

„Weg damit, sofort!" Ich versuche mich zu beruhigen. Gebrüll verträgt Frau Leweir überhaupt nicht, das macht sie bockig.

„Finden Sie nicht auch, dass er überhaupt nicht hierher passt?", frage ich ruhig „Und wer weiß, ob wir da nicht Ärger mit den Tierschützern bekommen."

„Aber der war doch schon tot, als ich ihn gefunden habe."

„Würden Sie ihn bitte trotzdem abhängen!"

Sie grinst. „Okay."

Am nächsten Tag hängt er wieder da. Nun gut, wir können ihn auch später noch herausstreichen. Vielleicht erhöht das ja die Spannung, wenn Sie nicht wissen, ob er am Ende noch da sein wird oder nicht. Obwohl – wenn Sie jetzt davon lesen, wissen Sie natürlich, dass wir ihn am Ende nicht herausgestrichen haben. Hätten wir ihn herausgestrichen, wäre er ja jetzt nicht mehr da. Sie wüssten gar nichts von ihm. Oder ist es möglich, ihn in der Mitte zu lassen und am Ende herauszustreichen. Ich werde das mit Frau Leweir besprechen.

In den nächsten Tagen erscheine ich regelmäßig auf der Baustelle. Der Weg über die Bretter ist noch immer etwas mühselig und beängstigend, doch er fällt mir zusehends leichter. Auch das Schreibzimmer erhält so langsam Konturen, auch wenn mir einiges noch immer recht ungewöhnlich erscheint.

„Sind Sie sicher, dass Sie keine Decke haben wollen?", frage ich Frau Leweir und „soll diese Wand wirklich um die Kurve gehen? Wollen Sie wirklich einen Fußboden aus Gänseblümchenblütenblättern haben? Wollen Sie diesen bescheuerten Hirschkopf nicht endlich abhängen?"

Allmählich verschwinden die Zementsäcke und Tapetenberge, an den Wänden reiht sich ein bücherbepacktes Regal an das andere. Dort hängt ein Bild, hier erscheint eine hübsche Pflanze. Die Verliebte hat das Gänseblümchenzupfen wenigstens vorübergehend eingestellt. Sie sitzt auf der Terrasse, schlürft einen Cocktail und blickt verträumt auf das Meer. Die Peitsche liegt irgendwo in der Ecke, und die Flagellantin hat es sich auf dem Sofa bequem gemacht. Die *Sisters of Mercy* schwirren um sie herum. Eine versorgt ihre Wunden, die andere fächelt ihr Luft zu, die dritte singt ihr ein Schlaflied.

Abends sitze ich mit Sabine am Tisch oder vor dem Fernseher, doch in Gedanken bin ich noch auf meiner Baustelle. Aber das macht nichts, sie versteht das. Sie stöhnt nur, wenn ich wieder einmal eine ihrer Fragen nicht beantworten kann, weil ich nicht zugehört habe, oder wenn ich mit debilem Blick auf einen Fleck an der Wand starre, statt auf den Fernseher. Sie verzeiht mir die angebrannte Soße und die verkochten Nudeln und dass kein Brot mehr im Haus ist. Sie freut sich, als ich sage: „Es könnte doch noch etwas werden. Vielleicht."

Schließlich ist es so weit. Nun werden auch die Farbeimer, die Pinsel, die Werkzeugkisten, die Leitern weggeräumt. Unten am Strand prasselt ein Feuer, und der Duft von Gebratenem zieht herauf.

Frau Leweir gibt mir ein Zeichen, ich hebe den Hörer des alten schwarzen Telefons ab und halte ihn an mein Ohr. „Hallo, mein Schatz, es ist so weit."

Ein Sonntagnachmittag im April. Ich sitze am Schreibtisch, verschwitzt und abgekämpft. Die Sonne scheint durch das Terrassenfenster auf meinen Rücken. Ich blicke zur offenen Zimmertür. Ein Boxsack, der im Nebenzimmer von der Dachluke hängt, versperrt mir die Sicht auf Sabine. Die sitzt noch ein Zimmer weiter auf dem Sofa mit Blättern auf dem Schoß und einem roten Stift in der Hand. Mein Herz klopft schnell, und in meinem Bauch fände Merlin reichlich Beute.

Ich halte es nicht mehr aus auf meinem Stuhl, schleiche am Boxsack vorbei, erhasche einen Blick auf ihr Gesicht. Sie entdeckt mich, runzelt die Stirn.

„Und?", frage ich.

„Ich bin noch nicht so weit." Sie winkt mich weg.

Ich stelle mich im Bad ans Fenster und beobachte Frau Leweir. Sie sitzt auf dem Dach und hat das alte verrostete Fernrohr auf unsere Hinterhofterrasse gerichtet. Wahrscheinlich hat sie gute Sicht auf Sabine. Ich wünschte, ich könnte Sabine jetzt auch sehen. Blickt sie ernst oder lacht sie, kräuselt sie noch immer skeptisch die Stirn? Wie oft kritzelt sie etwas mit dem roten Stift auf eines der Blätter? Und wenn sie es tut, was bedeutet es? Fehlt nur ein Komma, ist beim Hin- und Herschieben ein Satz etwas schief geraten? Oder hat sie mehr zu bemängeln, gefällt ihr womöglich die ganze Geschichte überhaupt nicht? Wo ist sie gerade? Geht sie zum ersten Mal über die Bretter, sieht sie unseren Kater im Himmel Schmetterlinge jagen, werden die Wunden bereits versorgt, geht sie gar schon durch den fertigen Raum? Wird ihr schwindlig von den Kurven und Winkeln? Bestimmt gefallen ihr die Bücherregale rechts und links. Aber was wird sie sagen, wenn sie entdeckt, wie der Raum sich gabelt? Ich sehe, wie sie erst auf die eine Terrasse hinaustritt. Ein paar Minuten bleibt sie dort stehen, blickt auf die Lichter der Stadt, dann geht sie zurück zur Gabelung und nimmt einen anderen Weg. Ich kann mir vorstellen, dass ihr der Meerblick von der zweiten Terrasse gefällt. Aber was sagt sie zu dem Gänseblümchenblütenblätterboden und den Bächlein und sprudelnden Quellen und Springbrunnen, die überall verteilt sind? Und wird sie vor Entsetzen erschauern, wenn sie den Hirschkopf an der Wand erblickt?

Ich höre Schritte und gehe ihr entgegen.

„Und?"

„Vier Fußballfelder aneinander gereiht – das gibt keine 200 Meter. Weder längs noch quer", sagt sie und zeigt mir ihre Berechnungen. „Es sind entweder 480 Meter, wenn sie längs aneinander gereiht sind, sonst 320."

„Aber sonst geht's dir gut?", frage ich.

„Ja", antwortet sie grinsend, „ich habe mich köstlich amüsiert."

Das ist schon mal gut, ich freue mich. „Und weiter?"

Wir gehen zusammen durch den Raum. Dass es keine Decke gibt, gefällt ihr gut.

„Es ist natürlich blöd, wenn es regnet", sage ich.

„Aber immer den Himmel sehen können, das hat doch was."

Auch den Rest findet sie ganz schön, und ich atme auf. Nur hier und da wirft die Tapete noch ein paar Blasen, und dieses Bild dort würde sie lieber abnehmen und jenen Teppich ein wenig verrücken ...

„Ach ja, und davon hast du immer zu wenig", sagt sie und drückt mir einen großen Karton voller Kommata in die Hand.

„Und eins noch: dieser Hirschkopf, der muss natürlich weg, der passt hier überhaupt nicht hin. Und wer weiß, ob du da nicht Ärger mit den Tierschützern bekommst."

„Aber der war doch schon tot, als Frau Leweir ihn gefunden hat", werfe ich ein.

„Trotzdem ..."

Zähneknirschend nimmt Frau Leweir den Hirschkopf von der Wand, geht damit die Steinstufen hinunter zum Strand. Ich folge ihr, bleibe bei meinen Leuten stehen, die sich um das Feuer versammelt haben, und beobachte, wie sie ihn in hohem Bogen ins Meer wirft. Eine Weile schaukelt er noch auf den Wellen, dann saugt er sich voll Wasser und geht unter.

Die Leiterin der Abteilung Hauswirtschaft drückt mir eine Flasche Bier in die Hand und stößt mit mir an: „Prost Chefin." Sie hat die Verliebte im Arm und lächelt mich an.

 „Warum denn so traurig?", frage ich Frau Leweir, als sie sich zu uns gesellt. „Es ist doch gut geworden."

„Meinen Sie?", fragt sie zaghaft.

„Aber ganz bestimmt", sage ich, obwohl ich mir selbst gar nicht so sicher bin. „Sabine sagt, sie hat Tränen gelacht."

Sie lächelt schwach. „Wirklich?"

Die Trainerin kommt polternd auf mich zu. „Willst du nicht eine Rede halten?"

„Aber das liegt mir doch gar nicht ..."

„Na, nun mach schon!" Sie klatscht in die Hände, und alle verstummen. Ich hebe meine Stimme, bedanke mich bei allen für die gute Zusammenarbeit und lobe sie über den grünen Klee. So wie es sich eben für eine gute Chefin gehört.

„Und noch was", sage ich zum Schluss, „mit den meisten von Ihnen arbeite ich schon seit vielen Jahrzehnten zusammen. Ich finde ... ich finde, da wird es Zeit, dass wir uns endlich mal duzen. Ich heiße übrigens Gabi."

Ich sitze am Schreibtisch. Die Sonne steht auf dem Dach gegenüber und scheint mir direkt ins Gesicht, blendet mich. Aber das macht nichts. Nur noch ein Satz und die Grußfloskel. Dann die Datei anfügen, auf „senden" klicken, und diese Geschichte schwirrt durch die Leitungen auf Regina Nösslers Schreibtisch. Ob sie sie nehmen wird, wer weiß? Und wenn ja, wird sie den Hirschkopf streichen wollen?

Sie wundern sich doch nicht darüber, dass er noch immer über der Tür hängt, oder? Wenn wir ihn gestrichen hätten, wüssten Sie schließlich nichts von ihm. Soll ich Ihnen etwas verraten? Ich wollte ihn gar nicht streichen. Sabine hatte überhaupt nichts gegen ihn, auch wenn er ihr am Ende dann doch zu viel wurde.

„An dieser Stelle möchte ich ihn am liebsten streichen. Langsam hängt er mir zum Hals raus", hat sie am Anfang dieses Absatzes in das Manuskript geschrieben. Aber dann würde es diese Passage nicht geben, und das fand sie dann auch wieder nicht gut. Also haben wir ihn auch hier einfach stehen lassen. Wie Sie sich natürlich denken können.

Und sicher wissen Sie auch, dass ich die Geschichte noch gar nicht an Regina Nössler geschickt haben kann. Nicht jetzt, in diesem Moment, in dem wir diese Sätze schreiben. Aber in dem Moment, in dem Sie sie lesen, werde ich es bereits vor längerer Zeit getan haben. Das Präsens ist also völlig falsch. Sie können davon ausgehen, dass diese ganze Geschichte hinten und vorne nicht stimmt. Aber das tun Sie ja sowieso. Sie wissen schon lange, dass es besser ist, nicht alles zu glauben, was geschrieben steht. In Berliner Parks finden Sie in der Regel keine ausgestopften Hirschköpfe, und Berlin liegt natürlich auch nicht am Meer, oder?

Aber glauben Sie mir trotzdem, wenn ich Ihnen sage, dass diese Geschichte wahr ist? So ist für uns das Schreiben. Wirklich!

Danke an (in the order of appearance):
meine Oma Helene, die mir das Lesen und Schreiben beigebracht und mein erstes Buch geschenkt hat („Leopold das blaue Schwein" von Jürgen Neven-du-Mont in Schreibschrift),
Sabine für die unendliche Liebe, Unterstützung, Geduld, die wertvollen Ratschläge, die konstruktive Kritik, die finanzielle Unterstützung .... und weil sie es schon so lange mit „uns" aushält und meine Chefin Rita, mit der die Zusammenarbeit so angenehm ist, dass mir das Geldverdienen sogar Spaß macht, was ganz erheblich zu meiner Seelenruhe beiträgt und meinen Kopf und mein Herz frei macht für das Schreiben

Sandra Wöhe
Rote Löckchen

„Halt deinen Mund", fahre ich den Geist an, der sich über meine Schulter beugt. Es ist eine sie. Ihre Stimme wird galliger, je länger ich an meiner Geschichte bastele. Lösche ich den gerade geschriebenen Text, dann wird ihr Geraune schwächer, aber je mehr ich schreibe und je zügiger die Erzählung vorankommt, desto fassbarer wird die Protagonistin aus meiner Fantasie.

„Aus deiner Fantasie?", fragt die Gestalt ironisch. Sie lacht hinter meinem Rücken laut auf, und ich ducke mich unter ihrem Spott.

Wenn ich mit einer Geschichte beginne und die ersten Figuren auftauchen, handelt es sich um authentische Personen, deren Identitäten ich aber sogleich verschleiere. Ich gebe ihnen andere Namen. Dann verändere ich ihr Aussehen, ihren Geburtsort, ihr Alter, ihre soziale Schicht und ihre ethnischen Hintergründe, und schließlich streiche ich die Gefühle der Person und erfinde deren Gedanken neu.

„Aha!", meint der Geist und schlägt mir auf den Hinterkopf. „So etwas wird also heutzutage Fantasie genannt! Du klaust aus deiner Wirklichkeit und nennst das dann Fiktion."

Ich fühle mich ertappt, nie würde ich zugeben, dass meine Figuren autobiografisch sind. Oder sind sie es doch nicht?

Bei Friederike, der Seele, die mich gerade bedrängt und mir in mein Handwerk pfuschen will, habe ich die reale Vorlage vergessen. Ich werde sie mit ihrer Gefährtin Lexa durch die Höhen und Tiefen des Lebens schleifen, wie mir das Schicksal nie mitspielen würde. Hoffe ich zumindest.

„Halt deinen Mund!", drohe ich Friederike. „Und du, Lexa, denke nicht einmal daran, das Wort zu ergreifen. Lasst mich in Ruhe! Eine Autorin beim Schreiben zu stören, ist, als würde man jemandem während einer Sitzung den Thron unter dem Hintern stehlen."

Friederike tippt auf meine Schulter. „Kann ich Dauerwellen haben? Schöne rote Dauerwellen?" Ihre Eitelkeit ist mir schon auf den ersten zehn Seiten meines Romans auf die Nerven gefallen.

Sie begründet ihren Wunsch mit dem Argument: „Rothaarige erfüllen, was Braunhaarige versprechen."

Sie knabbert an einem Fingernagel. Sie kaut darauf wie ein Hund auf einem Pansen. Ich knurre und würde gern nach ihr schnappen. Meine Finger eilen über die Tastatur und veranlassen Lexa, ihr in die Hand zu beißen. Aber sie ist nicht einmal mehr bereit, einen Laut von sich zu geben, als ich dies von ihr verlange. Nach einer Weile erwähnt sie mit einem süffisanten Unterton: „Wenn du dich um einen Hund richtig kümmerst, ihn fütterst und pflegst, bekommt er nicht nur ein seidig glänzendes Fell, sondern er liegt dir ein Leben lang dankbar zu Füßen."

Selbstgefällig stimmt ihre Friederike ihr zu. „Und?", fragt sie, „bekomme ich nun meine roten Löckchen?"

Das ist nicht zu fassen! Ich werde erpresst von einer, die ich weder aus meiner Wohnung vertreiben noch schlagen kann. Nicht, dass ich eine Anhängerin von Gewalt bin, aber es ist doch einfacher, mit jemandem fertig zu werden, der sich in realer Reichweite befindet. Für die erste Runde gebe ich mich geschlagen: Wer auf seinen Nägeln kaut, kann alles von mir haben, nur um das lästige Geräusch loszuwerden. Ich schnappe nach der Maus, um Friederike in eine Rothaarige zu verwandeln. Jäh halte ich inne.

„Das geht nicht!", packt mich die Panik. „Wenn ich dir nach dreißig Romanseiten die Haare färbe, dann wirst du zu einem ganz anderen Typ. Zu einer völlig anderen Figur. Ein neuer Mensch wird geboren." Mir steht der Schweiß auf der Stirn, der sogleich wieder trocknet. „Ich habe keine Lust, mit der Geschichte von vorne anzufangen. Nein, das will ich nicht tun."

Demonstrativ kaut Friederike wieder an ihren Nägeln. Meine Nackenhärchen stehen stramm. Ich will die zweite Runde im Nägelkampf nicht verlieren und bemerke den Sandsack, der im Türrahmen baumelt – als ob er auf mich warten würde. Vielleicht verbessere ich erst einmal meine Fußarbeit und die Schlagkraft, bevor ich mich wieder Friederike und Lexa widme. Für die beiden sind flinke Hände und schnelle Beine nötig. Zudem brauche ich Ausdauer, Schnelligkeit und Beweglichkeit, um Runde für Runde

ihr Geschwafel zu über-
stehen. Ich werde nicht
nachgeben. Wohin käme
ich denn, wenn meine
Figuren mir sagten, was
ich zu schreiben habe?
Das geht zu weit.

Ich schalte meinen Com-
puter aus und grinse.
Durch das Abschalten
des Computers und das Schwarz des Monitors werden meine Romanfiguren in die Unendlichkeit der Datenbank gezogen.

„Endlich Ruhe!" Ich verpasse dem Sandsack einen Tritt. Er baumelt gleichmütig. „Feierabend", freue ich mich und greife nach
meinen Boxhandschuhen. Während ich sie anziehe, stelle ich mir
eine Halle mit zweihundert Zuschauern rund um den Ring vor:
schöne Frauen, starke Frauen, Champagner und Kaviar am Ring.
Mein erträumtes Turnier bietet alles, was ich mir unter einem guten
Kampfabend verspreche. Ich stelle mir eine Ringsprecherin vor.
Als sie auf dem Kampfplatz erscheint, sieht sie Lexa verflixt ähnlich. Sie begrüßt in guter Box-Manier alle Gäste, als ob sie noch nie
etwas anderes getan hätte. „Wir starten in der Klasse bis 69 Kilo",
sagt Lexa.

Ich steige als Erste in den Ring und erwarte meine Gegnerin. Ich
reibe mir die Augen, als sie unter den Seilen hervorkriecht. Es ist
Friederike. Die Gestalt sieht nicht nur so aus wie sie. Sie ist es tatsächlich! Meine Romanfigur lacht mich aus: „Ein kleiner Knopf
kann mich nicht zum Verschwinden bringen, meine Liebe."

Mit möglichst wenig Substanzverlust schlage ich auf den Sandsack
ein, der sich von Kopf bis Fuß in Friederike verwandelt hat. Die
erste Hürde ist genommen. Die zweite Runde gewinne ich mit
einstimmiger Punktrichter-Entscheidung.

Friederike grinst frech, und ich schlage ihr mitten auf die Nase,
die sogleich heftig zu bluten beginnt. Die Ringsprecherin Lexa
brummt mir einen Strafpunkt auf. „Sie hat dir doch nichts ge-

tan", rügt sie. „Sie will doch nur rote Haare und eine klitzekleine Dauerwelle."

Ich habe ein schlechtes Gewissen. Als ich mich bei Friederike entschuldigen will, sehe ich, wie sie sich das Blut abwischt und zum Schlag ansetzt. Sie trifft meinen Busen. Ihr Schlag reißt die Zuschauer fast von den Sitzen. Die Halle tobt.

„Treffer!", ruft sie und wirft die Arme in die Luft. „Übrigens ist dein Brustumfang genauso winzig wie dein IQ!" Der Sandsack schwingt gefährlich im Türrahmen hin und her.

„Je intelligenter der Geist, desto tiefer sein Fall", kontere ich und haue zu. „Kurz und bündig: Rot gefärbte Haare kommen nicht in Frage."

Ich will keine Chance verpassen. Unbedingt mit Punkten gewinnen – und suche weiterhin den offenen Schlagabtausch. „Es ist meine Geschichte. Ich bestimme, ob ich dich unter dem Auto herausziehe, ob du die Verletzungen überlebst oder als adrette Leiche endest", schimpfe ich.

Ich lasse die linke Deckung einen Moment zu tief, und da kommt sie auch schon angeflogen – die Rechte von Friederike.

„Du kannst mir so ein Outfit nicht antun", schlägt sie zurück. „Sonst rede ich nur noch mit meinen Socken."

Zwar kein Volltreffer, aber ich wickele mich um die Seile und liege beinahe außerhalb des Rings. „Manche Menschen schreiben ihren Socken mehr zu, als sie selbst besitzen. Nämlich Charakter!", wehre ich mich verzweifelt. Der Kampf sitzt mir bereits in den Knochen.

„Socken verbergen Füße, wie Menschen ihre Fehler verstecken", nutzt Friederike geschickt die größere Reichweite. Sie macht einen weiteren guten Treffer aus einer sicheren Deckung: „Du hast so viel zu verbergen, dass du dir nicht einmal atmungsaktive Socken erlauben kannst!"

Meine Beine werden schwerer, ich habe Konditionsprobleme. Dagegen wirkt sie wie ein junger Hund, der wie eine Katze schleicht. Der Schlussgong der vierten und letzten Runde wird durch das Klingeln des Telefons unterbrochen. In der Ringecke warten Lexa und Friederike und fragen sich, wer mich wohl anruft.

„Und? Wie geht es dir?", fragt meine Liebste.

„Gut", antworte ich gereizt.

„Du lügst, das höre ich an deinem Ton, aber es ist schon gut. Bist du mit deiner Geschichte vorangekommen?"

Ich seufze: „Seit fünf Jahren stehe ich als Autorin im Ring. Meine Kampfbilanz bis heute waren nur schmeichelhafte Niederlagen, weil ich ab der Kampfmitte nicht mehr selber das Geschehen bestimmt habe."

Meine Partnerin lacht. Sie ist Lehrerin und kennt sich mit Literatur aus, darum glaubt sie zu wissen, womit ich kämpfe. „Deine Figuren haben viel mehr Erfahrung als du und wissen, wann sie ihren BH auszuziehen haben. Wann befreist du mich von meinem?", flirtet sie, während ich mich frage: Wann wird sie lernen, dass hinter Geschichten nicht immer das steckt, wofür man sie hält.

Im Hintergrund höre ich Lexa aus der roten Ecke rufen: „Siegerin mit 3:1-Richterstimmen ist Friederike!"

Die Zuschauer jubeln.

„Ich bin zufrieden", lautet Friederikes Analyse gegenüber den Reportern, die sie nach dem Kampf interviewen. Die Halle tobt vor Begeisterung. Als ich ihr gratuliere, fragt sie: „Heißt das, dass wir jetzt Freundinnen sind?"

„Nein", sage ich lauthals. „Sondern nur, dass mir an dir etwas liegt."

„Wie bitte?", ruft meine Liebste durch das Telefon und schweigt dann beleidigt. Statt auf sie einzugehen, schweife ich abermals ab und setze in meinen Gedanken meine Geschichte neu zusammen.

„Hallo! Ist da jemand?", fragt meine Liebste. Bevor ich antworten kann – die Pause muss ihr wie eine Ewigkeit vorkommen –, legt sie auf.

„Bis bald", flüstere ich und weiß, dass ich mich ihr erst wieder widmen kann, wenn der letzte Buchstabe geschrieben ist. Geschwind drücke ich den Schalter des Computers, weil ich meine Liebste bald von ihrem Büstenhalter befreien möchte.

„Du könntest erst mal duschen", meint Lexa, die im Stehen knapp meine Achseln erreicht. „Du stinkst wie eine Ladung getragener Boxschuhe, die jedes Kaninchen in die Flucht jagen würden." Als Erstes verändere ich über die Tastatur ihr Längenmaß.

„Danke schön. Dein Duft war unerträglich", meint Lexa und putzt sich die Nase.

Sie wird sich doch bei ihrem ersten Ausflug keine Grippe geholt haben, denke ich und fürchte wieder um meinen Handlungsstrang.

„Und jetzt", fordert Friederike, „jetzt will ich meine rote Dauerwelle."

„Nein! Das geht mir zu nah", sage ich und flüchte unter die Dusche.

Mein innerer Schweinehund, der sich zu einem ausgewachsenen, bissigen Wachhund verwandelt hat und sich auf die Schwelle zu meiner Geschichte legt, schüchtert mich ein. „Bleib, wo du bist und trau dich bloß nicht an mir vorbei", droht er.

Das Wasser plätschert an meinem Körper entlang, und meine kalten Füße werden warm. Friederike kriecht in die Duschkabine. Sie stützt sich auf meine Schulter und flüstert mir ins Ohr. „Deine Liebste schmücken rote Dauerwellen. Nicht wahr? Schenk mir ihr Haar. Das wird doch keiner merken."

Matthias Penzel
Auf dem Parkplatz und von hinten
(Warum ich schreibe)

Die Jacke war fünfzehn Jahre alt. Eine originale Perfecto: schwarzes Leder, drei Reißverschlüsse, kein Firlefanz. Man sah ihr an, dass er sie liebte wie ein Scheich seinen panzerverglasten Mercedes Pullman. Er hatte sie in New York gekauft, als er dort beruflich zu tun hatte. Als Musik-Journalist. Yeah, tolle Sache, große Klasse: sounds good & good sounds. *It's only rock and roll, but I write it ...* Klang gut, kam an. In den Clubs der Vorstädte brachte so was schon mal die Frauenaugen zum Rollen, manchmal die Beine zum Rocken.
Geblieben waren verzückte Reaktionen, verbraucht, da abgegriffen war sein Stolz. Seit fünf Jahren war Mike nicht mehr *rock & roll writer*, sondern verantwortlicher Redakteur bei einer Autozeitung. Auch nicht schlecht. Anstelle der Frauenaugen rollten nun Leichtmetallfelgen über den Asphalt des Alltags. Wenn er unterwegs war, ob in Manhattan oder in rheinländischen Kiesgruben, dann weiterhin, weil er beruflich zu tun hatte. Nur musste er auf seinen Geschäftsreisen nicht mehr in verrauchten Clubs bei schalem Bier auf die nächste Band warten. Wenn er nun unterwegs war, war er in Bewegung. Sogar zu Hause gab es keinen Stillstand: Nach Feierabend befand sich Mike im *rocking-chair*, dem Schaukelstuhl, und versuchte, sein Baby in den Schlaf zu summen. Bis der nächste Tag anfing. Dann ging alles wieder von vorne los.
Papa als Motor-Journalist. Klang auch gut. War aber unheimlich langweilig.
Beim „Blatt", wie es die Kollegen nannten, ging es um 16-Ventiler, um 12-Zylinder, V8 im Winkel von 43,7°, es ging um die drei Jahreszeiten und dafür geeignete Pneus, um Reifenprüfungen und Zweitakter. Alles Einakter für Leute, die ihren eigenen Emotionen nicht trauen, die statt ihres eigenen Geschmacks lieber Zahlen und Fakten wiedergeben. Fakten, Fakten, Fakten mit Zahlen, Zahlen, Zahlen ließen die Herzen der Kollegen schneller schlagen, sie trieben die Käufer zum Kiosk und dem Erwerb des Hefts.

Statt filigraner Auflistungen von Akkorden, Inspirationen und Betäubungsmitteln, anstatt Anekdoten des Exzesses wiederzukäuen und Reportagen von Orgien und Strips backstage zu verfassen, gab es beim Blatt diesen Krimskrams, der allem einen informativen Anstrich verleihen sollte: am Ende von Testberichten die offizielle Note. Tabellen in Kästchen simulierten vor graugrünem Hintergrund, dass das Ganze nicht so korrupt und getürkt war, wie es einem erscheinen musste, war man nur mit einem IQ über der Zylinderzahl eines 76er BB512 ausgestattet. Jeder halbwegs aufgeklärte Mensch hatte von den Zugaben und Zubroten der Automobilindustrie gelesen, von den Kaviar-Soirees mit Schampus und Montecristo. Man musste sich die Fotos der Tests und Präsentationen nur nüchtern betrachten, schon konnte man sich ausmalen, was in den Hotelzimmern von Bel

Air oder Madagaskar auf die Testfahrer wartete.

Autojournalisten waren, wie Mike Fontano früh erfuhr, nicht so bestechlich, wie alle Welt annahm. Sie waren schlimmer. Viel schlimmer. Für Smalltalk bei Partys war das aber immer noch besser geeignet als die Schichtjobs, mit denen er ein paar Jahre sich und zwei bis fünf Katzen vorm Verhungern bewahrt hatte.

An Verhungern war nicht mehr zu denken, höchstens an ein Austrocknen des Gewissens. Aber als Familienvater macht man eben Abstriche an frühere Ideale. Die Verwirklichung von Träumen ist, wie das Verfechten von Idealen und Beharren auf Moral, denen vorbehalten, die es sich leisten können, finanziell und zeitlich. Nix für einen wie ihn, mit dreißig bereits Familienvater. Wie gesagt: An Verhungern war nicht zu denken. Trotzdem knurrte sein Magen, als seine Schwägerin anrief. Deshalb schlug er ihr spontan vor, sich zum Mittagessen zu treffen. Nur auf einen Bissen, was kleines Leckeres.

Auf dem Rückweg vom Kaffeeautomaten legte er einen Pit-Stop ein, bei Pit dem Pförtner. Mit Pit plauschte Mike gerne – auch weil niemand sonst mit dem Pförtner plauderte. Alle stoppten nur bei Pit, um Päckchen abzuholen oder um sich in die Liste einzutragen. Mit der Liste führte Pit Buch über den Fuhrpark, alle Autos, die den Blattmachern zu Vergnügungs- und Testzwecken zur Verfügung standen – Herstellern und PR-Agenturen sei Dank. Pit war der Wächter über die Liste und die dazugehörigen Zündschlüssel. Er fuhr jeden Abend mit einem anderen Auto nach Hause, in aller Regel mit dem Testsieger.

Auf der Liste der Autos, die beim Blatt gerade auf dem Parkplatz standen, suchte sich Mike einen Zweitürer ohne Verdeck aus. In jeder Version, mit oder ohne Dach, kostete das Ding mehr als die Dreizimmerwohnung, die er mit Frau und Baby teilte. Es war ein Sportwagen von der Sorte, wie sie für Leute gebaut werden, die sich für Hydraulik, Messwerte und U/min genauso wenig interessierten wie er. Ein Rennauto mit Nummernschild. Spielzeug und Spekulationsobjekt für Zahnärzte und Rechtsanwälte. Das waren, wie die Chefs beim Blatt glaubten, die Leser von Mike Fontano. Er war der Dienstleister für die fünfstellige Anzahl Praxen und Kanzleien, an die das Blatt via Leserzirkel ging. Wenn dann der Herr Doktor oder der Anwalt, vornehmlich zu Jahresende, das Heft durchblätterten, sich fragten: Warum liegt das im Wartezimmer, liest das jemand?, dann sollten sie sich sagen: Na ja, ich kann das Blatt ja immerhin ins Ferienhaus mitnehmen, auf jeden Fall besser als Joggen oder mit der Kleinen angeln. Darin also bestand Mikes Job, besonders in den Ausgaben der Autozeitung, die gegen Jahresende erschienen. Ab Oktober räumte man ihm 12-Seitenstrecken ein für Storys, die recherchiert und fotografiert worden waren, als noch Wiesen und Wälder grünten: Er sollte dem Heft mit Storys aus einem anderen Blickwinkel ein prosaisches Niveau verleihen. So wie Nabokovs Beiträge im Playboy, sagte er sich. Nachts, wenn er das Baby in den Schlaf summte. Wenn er an rockende Beine und rollende Räder dachte, an lange Beine und noch längere Kühlerhauben, heißen Gummi in jedem Fall.

Sie hatte ihn kurz vor der Mittagspause angerufen, zwischen dem zweiten und dritten Becher Kaffee. Sie hatte letztes Wochenende mit ihrer Schwester, seiner Frau, verbracht. Ohne Joggen, ohne Angeln, nicht mal mit einem See. Ihr Ehemann hatte Geld zum Verbrennen, drei Kinder, eins aus einer früheren Ehe, und auch im Wochenendhaus einen Waschtrockner, 1200 U/min Schleuderdrehzahl, Umwucht-Kontrolle, Turbo-Trocknungsautomatik, die Trommel aus rostfreiem Edelstahl. Deshalb hatte Mikes Frau drei Taschen mit schmutziger Wäsche mitgenommen. Eine davon war, soweit er die Schwester am Telefon verstand, noch bei ihr im Auto. Die graue?, hatte sie gesagt. Die graue Tasche?

Sätze der Schwägerin endeten immer mit einem Fragezeichen, auch wenn es klipp und klare Feststellungen waren. Wegen der grauen Tasche, die in seinen Augen ganz und gar nicht klein war, sein halber Haushalt passte da rein, rief sie an. Machte ihn ganz durcheinander, mit ihrer Stimme aus Seide, so früh am Tag. Obwohl sie nicht weit von seinem Büro arbeitete, rief sie sonst nie bei ihm an. Sie würde, hatte sie angeboten, die Tasche gerne bei ihm vorbeibringen. Ist ja nicht weit, hatte sie geschnurrt. Nein: hatte sie gesagt, nicht geschnurrt, verbesserte er sich in Gedanken, während er auf dem Parkplatz nach dem Auto Ausschau hielt. Schließlich war sie bei der Arbeit und er nicht mehr ganz bei Sinnen. Von Schnurren konnte da nicht die Rede sein. Überhaupt: Klischees gehörten ins Blatt, nicht in sein Leben. Und ihre Stimme war auch gar nicht wie Seide, sondern wie ein

Glas Bourbon auf Las Ramblas, in dem die Eiswürfel knacken.

Das Auto war so winzig, dass man gar nicht erst versuchen sollte, notierte er sich in Gedanken, es ohne Lesebrille zu entdecken. Insgesamt war seine Arbeit beim Blatt so abwechslungsreich und voller Charme wie ein Korridor im Finanzamt, die Schreibe der Kollegen so temperamentvoll wie ein überzeugter Nichtraucher an dem Tag, an dem ihn der Hausarzt vertrauensvoll zur Seite nimmt – schon schön, dass sie so gesund gelebt haben, aber der Blutwert deutet darauf hin, dass wir nun trotzdem ein Problem haben ... Das Farbenfreudigste in den Büroräumen der Autozeitung waren Poster von Pin-up-Girls, die sich die Jungs aus der Anzeigenakquisition auf ihre Trennwände geheftet hatten. Die Redakteure und Reporter lachten darüber – und stierten stattdessen sabbernd auf den neuesten Dodge Pluto, der als Bildschirmschoner über Monitore zuckelte. Publizistik und schreibende Zunft hin, Journalismus und Integrität her, über allem hing derselbe Mief, den man aus Umkleideräumen von Fabriken kennt, aus den Nasszellen beim Bund – überall dort eben, wo Männer noch unter sich sind.

Die Welt der Stahlfetischisten und Fernfahrer war nicht die von Mike Fontano. Weil die Männer auch hier alle so redeten, als kannten sie die Frauen so gut wie ihren Einspritzmotor, weil sie mit den Maßen und Daten ihrer letzten Eroberungen so angaben wie mit den Beschleunigungsmomenten und Bremskraftverzögerungen der letzten Langstreckenexpeditionen, entschied er sich, seine Schwägerin nicht zum Büro zu bitten. Er bedankte sich für das Angebot, doch lieber wolle er die Tasche bei ihr abholen, vielleicht könnten sie dann auch gleich bei ihr in der Nähe lunchen? Von den Sandwichshops und Buden in seiner Umgebung hatte er ohnehin genug. Und zwar seit langem schon, weswegen er die Schwägerin immer schon zum Essen treffen wollte. Außerdem wurden ihre Wangen immer so rund wie ihre großen Augäpfel, wenn er auf Cocktailpartys von Rock'n'Roll und schnellen Autos, von Rennfahrern und Sängern plauderte. Nicht weiter überraschend: Sie war nicht am Rande von Rennstrecken, sondern in Unis herangereift, hatte Betäubungsmittel nicht in Discos, sondern in Kanzleien gesehen, schwitzende und halbnackte Körper höchstens bei Club-Med und im Fitnessstudio. Menschen wie ihr und ihren Gästen kam ein Kerl wie er gerade recht: einer, dem man den Dreck unter den Fingernägeln noch ansehen konnte; dem man seine Vergangenheit abnahm. Ihr Gatte gefiel sich zwar auch als Geschichtenerzähler. Sein Wohlgefallen an sich selbst und seine Spitzenposition waren auch stets ein Garant für ein aufmerksames Publikum, doch seine Storys kamen selten über den Charme dieser Gerichtssaaldramen aus den USA hinaus. Sein Selbstbild war, hineingemeißelt in den wuchtigen Rahmen seines Selbstwertgefühls, allemal beeindruckend. Doch Action und Location blieben in den Anekdoten des Anwalts stets etwas flach. Zwar holzgetäfelt, glänzend – aber vorhersehbar wie die Pointen seiner Geschichtchen. Nicht nachvollziehbar war in der Biografie des Schwagers vor allem, wie er sich die kleine Schwester geangelt hatte. Mike liebte seine Frau, ganz klar. Und nun hatten sie ein Baby, und er liebte seine Frau wie am ersten Tag. Und die Schwester, tja, die

Schwester ließ ihn da natürlich auch nicht kalt, schließlich war sie ja die Schwester.

Der Schwager lebte und präsentierte sich also wie ein Charakter bei John Grisham, und Mike, Mann für Worte, sah sich als Ritter des Understatements. Er schlug lieber einen sachten Ton für die krassesten Übertreibungen an, als theatralisch das Gesagte mit umherirrenden Gesten und gekräuselter Stirn zu unterstreichen. Dachte er sich jedenfalls.

Zum Essen wollte sie ihn nicht treffen, sie habe einen Termin mit einem Klienten, dessen Maschine noch vor fünf gehen würde; oder Learjet?, hatte sie „dessen Jet" gesagt, oder hatte er sich das nur so ausgemalt? Sie pflegte solche Details in Nebensätzen unterzubringen. Gar nicht so anders als die Protzereien in den Epen ihres Gatten. Wenn auch nicht so eitel und darauf besessen, mit konventionellen Statussymbolen zu beeindrucken wie ihr Mann, sparte sie nicht mit Bemerkungen, die anderen den Hals verdrehen sollten.

Sie war nicht seine Traumfrau.

Sie war die Schwester seiner Frau. Sie war aus demselben Fleisch, demselben Blut, und sie war jünger. Nicht mehr und nicht weniger. Wenn er als Geschichtenerzähler der Vorstädte erwähnen würde, er kenne jemanden mit Privatflugzeug, dann hätte das wie die Prahlerei eines Hanswurst geklungen. Wenn dagegen die kleine Schwester nach dem Gesagten anfügte, im Learjet, dann, um sich prustend darüber zu mokieren. Bei ihr hatte eine so unschuldige Geste wie ein spontanes Lachen immer etwas Verruchtes, Verbotenes. Darin klang immer auch ein Hauch von Teenage-Sex mit, die Überheblichkeit der Mädchen in der letzten Reihe, die mit blitzenden Augen die Waffen der Männer in die Hand nehmen. Immer hatte es den Anschein, als würde die kleine Schwester solche Waffen ohnehin nur zur Hand nehmen, um zu sehen, welche Reaktionen sie im Gegenüber auslösen würde. Und nicht nur dort. Sie nahm solche Sachen in die Hand, rollte sie hin und her, als wollte sie die Waffen einschätzen, Reaktionen abschätzen. Fand er. Klang auf jeden Fall gut. Als Theorie. Für die Anwälte und

Doktoren, die er mit hintergründigem Witz so unterhalten musste, dass sie den Lesezirkel nicht verkleinern würden.

Wie gesagt: Er war glücklich verheiratet, und sie war nur die kleine Schwester seiner Frau. Nicht mehr. Was er in Frauen suchte – nein: Was er an Frauen schätzte, war jener Blick, jenes Aufblitzen in den Augen; dunklen Augen. Aus geheimen Tiefen kommend, mit einer Wucht, der Andeutung von Gefahr, wie ein Gewitter am Horizont, unausweichlich auf einen zukommend: der absolute Ruin, zersplitterndes Geschirr um fünf Uhr morgens, aus dem Fenster fliegende Schallplattensammlungen, bewaffnete Exlover, die in Discos auf dem Weg zur Toilette auf einen lauerten. Was er in einer Frau suchte, das bezeichnete er für sich – und nur für sich – als die Aura von Terroristinnen. Er hielt es nicht für verwerflich, in Frauen so etwas zu suchen und zu lieben, auch wenn er mittlerweile „in festen Händen" war. Man muss ja nicht alles, was man liebt, auch gleich mit ins Bett nehmen. Um es mal so simpel auszudrücken, dass es auch die Anzeigenverkäufer verstehen würden.

Endlich hatte er das Auto auf dem Parkplatz entdeckt. Rotes Nummernschild, beim TÜV knobelte man noch, welche Modifizierungen nötig wären, um das Gefährt hierzulande zuzulassen. Es war wirklich eine Rakete auf Rädern. Nur flacher. Die Rücklichter im Durchmesser kaum größer als eine glimmende Montecristo. Wie gesagt, der TÜV hatte hierzu noch kein grünes Licht gegeben, aus Mikes Sicht tendierte das gelbe eher gen rot.

Das Cockpit, anders konnte man es nicht benennen, war enger als ein Schlafsack. Die Armaturen, Chromschalter auf mattem Silber, waren – der fehlenden Beschriftung oder Symbole wegen – mysteriös wie in einem Flugzeug, zugleich aber überschaubar wie in einem Grand-Prix-Boliden aus der Vorkriegszeit. Man lag in dem Auto wie in einer Badewanne, die Füße rechts und links neben dem Wasserhahn. Statt der Straße sah er nur die Motorhaube. Hier war an keiner Stelle gespart worden. Alles, was vorm Auge verborgen war, war vom Allerfeinsten. Handgefertigt, wahrscheinlich von den Zylinderköpfen bis hin zur Elektronik aus Blattgold.

Unter denselben Gesichtspunkten wie früher die zu porträtierenden Musiker hatte er den Wagen aus Pits Liste ausgewählt: Der Name klang gut.

So fuhr er also zu ihrem Büro: Die abgewetzte alte Perfecto, inmitten einer in der Sonne funkelnden Symphonie der handgedrehten, vergoldeten Technik. Wenn sie zum Mittagessen einen wichtigen Termin hat, überlegte er sich während der Fahrt, warum war es ihr dann so gleichgültig, um wie viel Uhr er vorbeischauen würde? Das Gefährt bullerte und röhrte, es schnaubte wie ein Kampfstier, den es nervt, mit den Hufen nur ein bisschen auf dem Boden herumzuscharren, statt richtig loszugaloppieren. In Wahrheit, aber so würde er das nicht schreiben, röchelte das Gerät wie ein lüsterner Moschusochse, dessen Hoden nach Stunden der Enthaltsamkeit zu stahlharten Punchingbällen angeschwollen waren.

An der vorletzten Ampel vor der Autobahnauffahrt entdeckte er vier Wagenlängen vor sich ein Cabrio. Nicht Ferrari-rot, nicht Silberpfeil-grau, sondern Nuttenlippenstift-lila. Die Karosserie eckig, so formvollendet wie ein Joghurtbecher – wunderbar, aber todlangweilig. Im tennisplatzgroßen Rückspiegel sichtbar, eigentlich klar: ein Rentner. Solarium-gebräunt und mit Herzschrittmacher, verhielt er sich vorbildlich, nahm den runden und röhrenden Bullermann weiter hinten erst mit den Ohren wahr, dann den Augen: Der Rentner folgte den Autos vor sich mit der Perfektion eines Chauffeurs im Präsidentenkonvoi, Stoßstange an Stoßstange, bei Gelb los. Warum sahen, überlegte Mike, als er an dem lila Cabrio außen vorbeizog, warum sahen Stuttgarter Cabriolets mit Münchner Kennzeichen eigentlich immer so extraordinär aus?

Ihr Büro, Klinkerbau am Flussufer, war nicht schwierig zu finden. Ein Auto wie dieses würde, notierte er sich in Gedanken, in Deutschland nie zugelassen werden – jeder TÜV-Angestellte bekäme beim bloßen Anblick der an den Seiten herausquellenden Auspuffrohre einen Herzkasper. Ganz zu schweigen von dem Sound, bei dem jeder noch so verklemmte Hobby-Zoologe rot anlaufen würde. Das Ding, ein reinrassiger Zuchtbulle, war ein vor ccm berstender Flachmann auf Rädern. Einziger Schönheitsfehler, ein Detail, das er im Artikel nicht verwenden würde, war, dass die Lüftung so klang wie ein 2CV im Stimmbruch. Ihr Büro war in einem Komplex mit lauter neumodischen Sachen untergebracht: Bodybuilding-Studio nebenan, Weinbars rundherum. Alles so neu, dass man damit rechnete, an den Ecken der Häuser müssten noch die Verpackungsreste im Wind wehen.

Zwischen dem Haupteingang des Gebäudekomplexes und den für Angestellte reservierten Fahrzeugbuchten standen Männer in maßgeschneiderten Anzügen und rauchten mit aufgesetztem Grinsen. „Zu Hause haben wir dasselbe Problem", überhörte Mike einen Japaner zu einem in ein Auto steigenden Cheftypen sagen. Noch während der Cheftyp sagte, „Was, Rauchverbot im Büro?", zischte der Japaner schon: „Straßenprostitution!"

Abgesehen von ein paar Sommersprossen zu viel hatte die Schwägerin den Look einer Hochglanz-Beauty: resolut, charmant – und ein Herz wie eine stets nahe dem Siedepunkt kochende Maschine aus blitzendem Stahl. Kurz: ein Traum, den man morgens unter der Dusche träumt, mit dem zu leben aber sicher kein einfaches Los ist. Außerdem, das war ihm schon bei ihrer ersten Begegnung aufgefallen, ging bei ihr Großzügigkeit, die Leichtigkeit, mit der sie gab, einher mit einem nihilistischen wie überheblichen Hang zur Protzerei. Nihilismus als neue Variante exhibitionistischen Materialismus. Protzerei mit Unerwartetem. Ihre Aufforderungen an ihn, dies oder jenes noch einmal zu erzählen, die Anekdote von dem Junkie in Paris, von Phil Collins' Privatkonzert bei den Söhnen des Sultan von Brunei, den Fotos an den Wänden von Michael Jacksons Jet. Oder ihr Nachhaken nach Details, während die anderen Gäste ihres Gatten Champagner schwenkten und über den Nasdaq spekulierten. Diese fatalistisch femme-fatale-inspirierten Gesten hatten für ihn immer etwas von ... den Mädchen in der letzten Reihe. Ein Flirten mit dem Unvorhersehbaren, das einen als Jüngling hoffen ließ, hoffentlich bald aufzuholen, die Reife dieser Mädchen zu erlangen. Dass sie nicht einholbar waren, auch nicht mit den schnellsten Autos oder sonst wie irregulären Mitteln und Mittelchen, das wurde ihm erst später klar. Denn diese Mädchen, die Vamps aus dieser Klasse, hatten lange vorher eine andere Abzweigung genommen, einen ganz anderen Weg eingeschlagen. Meistens direkt nach Unterrichtsschluss, wenn sie mit langen Typen in Opel Mantas davonbrausten.

Der Pförtner in dem Glaskasten am Fuße des Klinkerbaus war ein Übereifriger. Mit Uniform und einer Meerschaumpfeife, deren Kopf so tief hing, dass es einen fast traurig machte.

Erst als der Pförtner den Besucher elektronisch durch die Tür surrte, wurde Mike klar, dass er weder den Firmennamen noch die exakte Position seiner Schwägerin kannte. Bevor er begann zu beschreiben, wie sie denn aussehe – Augen wie ein Jaguar, ihr Rock immer ein bisschen zu hoch, nie zu eng, nie billig –, besann er sich eines Besseren. Er nannte einfach ihren Namen. Warum auch nicht?, war doch nichts dabei, ruhig auch mal ganz normal zu sein.

In welcher Abteilung sie arbeitet?, nein, das weiß ich nun leider nicht, die ist meine Schwägerin, wissen Sie ... Der Pförtner nickte, als, ja, ja, als wüsste er ganz genau Bescheid. Die Pfeife in der einen Hand, die Lippen aufeinander gepresst, blätterte er in einem Schnellhefter. Jede Seite darin wie das hintere Drittel des Jahresrückblicks vom Blatt: Namen, nach Alphabet sortiert, Funktion in Klammern, dahinter die Durchwahl; die vielen Pünktchen dazwischen dienten dazu, dass man erstens nicht aus der Zeile rutschte und zweitens, dass alles im Blocksatz fein und säuberlich aussah. Muss alles seine Ordnung haben. Er blätterte eine Seite nach der anderen um, studierte scheinbar jede Zeile, und zwar *en detail*, als sei dies ein Fall nur für einen ganz besonders gewieften Kerl wie ihn. Tempo und Wind der Spritztour noch in den Knochen, musste sich Mike Fontano, der Mann vom Blatt, bremsen, den Pförtner anzufahren, etwa mit einem: Na machense schon, nicht mit T wie Trottel, sondern mit S wie Schlauberger.

Da! Er hatte sie ausfindig gemacht, unglaublich, für ihn das Erfolgserlebnis des Tages. Der Pförtner blickte von dem in Klarsichtfolie gebündelten Stapel Papiere auf. Seine Pfeife wieder zwischen trockene Lippen gepresst – Fall gelöst -, musterte er, wie zum ersten Mal überhaupt, den Besucher. Vom Wind zerzaustes Haar, schlechter frisiert als alle hier Arbeitenden und erst recht zerrissener als die Japaner. Besser gekleidet aber als die Handwerker, die seit einer Woche den Aufzug reparierten. Besonders die Lederjacke, zerschabt vom Zahn der Zeit, von Fingernägeln der Ungeduld.

Ihre Frau Schwägerin, setzte der Pförtner an, vergewisserte sich ein letztes Mal mit einem Blick auf seinen Ordner, ist hier als Prokuristin II/b tätig.

Ihr Büro befand sich im Parterre, mit Blick auf den Fluss. Auf dem scheinbar längsten möglichen Weg hatte sie ihn durch das Großraumoffice geführt, ein Labyrinth aus Workstations, Kollegen wie Mumien, Bildschirmschonern, Styroportellern neben der Tastatur. Vorbei an Aktenschränken wie Sarkophage. Auf Bildschirmen in IBM-grau flimmerte dort ein bisschen Himmel, woanders ein abgedroschener Bürospruch. Außer den Ventilatoren der Rechner waren nur die Handwerker im Fahrstuhlschacht zu vernehmen. Als wären sie näher, als es das Hämmern und gedämpfte Fluchen annehmen ließ, hing in der Luft der bittere wie wilde Geruch vom Schweiß, von Staub und Arbeit-mit-den-Händen.

Das alles ließ die kleine Schwester hinter sich, als sie ihn in ihr durch eine Glaswand von den anderen abgetrenntes Büro winkte. Ja, das ist meins, lachte sie, scheinbar fest damit rechnend, dass er seinen Sinnen nicht trauen würde. Das war ein Unterschied zwischen ihm und seiner Frau, der der kleinen Schwester offenbar nicht klar war: Ihn beeindruckte das nicht. Seine Frau war da anders. Leichter zu beeindrucken. Nicht nur von einem *rock & roll writer*.

Das ist aber, sagte er, wohlwissend, dass er log wie gedruckt, das Office deines Chefs? Kopfschüttelnd lachte sie das weg. Ihr Lachen musste von der anderen Seite der Glaswand so aussehen, als hätte er gerade einen ordinären Witz über ihr letztes Zusammentreffen gerissen, über ein Schamhaar im Rügener Dickmilchsoufflé. Er spielte mit, warum auch nicht?, murmelte etwas, das schmeichelnd klang, und wandte sich, die Augen verdrehend und halb geschlossen, der Glaswand zu, seine Zunge in die Wange pressend. Das Nachspiel zu seiner ordinären Pointe, die warme Beerenlasagne im Strudel ihrer Hüfte. Für die, die draußen starrten. Ein Witz. Die Konsequenz eines Flirts in der Damentoilette eines angesagten Clubs für Nachtfalter, die halb so alt waren wie sie.

Mein Gott, schoss es ihm durch den Kopf, was für Zeugs denkst du hier eigentlich? Mit blitzenden Augen reihte die kleine Schwester ein paar weitere Floskeln Smalltalk wie eine Perlenkette in die Luft. *Pearl necklace.* Von ZZ Top wusste er, aus seiner Zeit als Musikjournalist, was damit gemeint war: nicht nur Schmuck, den sich die Dame von Welt um den Hals legt. Der Klang ihres Smalltalks verebbte wie ein Husten in dem schalltoten Raum eines Aufnahmestudios.

In seinem früheren Leben, als *rock & roll writer,* war er in solchen Studios gewesen. Wow. In London, vor den Pforten Münchens und in Manhattan. Er hatte Musiker interviewt, die das Hinterstraßenleben ihrer Kindheit in Penthousesuiten fortführten, sich im Aufstellen möglichst hoher Roomservice-Rechnungen das Leben zu einem verlängerten Spielplatz gestalteten. Er hatte mit ihnen die Drogen konsumiert, die der Typ von der Plattenfirma, beim Gespräch über den geplanten Artikel, ihm noch zugesteckt hatte. Er hatte dabei den Kreislauf der Dinge kennen gelernt, die Choreografie der Korruption. Seinem Gesicht war dieses Wissen anzusehen. Durchlöcherte Ohrläppchen und Tätowierungen, Spuren jener Zeit, waren zu vermuten – auch durch die Lederjacke hindurch.

Er konnte keinem ihrer Sätze folgen, suchte stattdessen nach seiner Reflexion in ihren Pupillen. War ihm vorher nie aufgefallen, die Augenfarbe. Während ihre Zähne bleckten und blitzten, während die kleine Schwester gleichzeitig in einem nicht enden wollenden Redefluss ihren Lippenstift erneuerte, wanderte sein Blick weiter runter, auf ihre Zähne. Pferde, dachte er. Pferdefleisch. So anziehend wie tabu. Die Vorstellung, dieser Gedanke könnte wie eine Comicblase über ihm schweben, hätte ihr garantiert gefallen. Die Blicke der Kollegen spürend, die Comicblase über seinem Kopf ahnend, wie durch einen Filter sichtbar für alle Außenstehenden, ihre Office-Uniform, ihr „power-dressing", die Kammer innerhalb dieser mausetoten Schaukammer der Macht, das alles ließ seine Knie weich werden. Sie bedeutete ihm, aus dem Fenster auf den Fluss zu schauen, die Lage zu bewundern. Er ließ sich darauf ein, schob anerkennend die horizontalen Jalousien auseinander. Er sah nichts, versuchte sich auf die bohrenden Blicke in seinem Rücken zu konzentrieren und Worte wie „horizontal" zu vergessen.

Als sie durch das Labyrinth ihrer Mitarbeiter zum Parkplatz gingen, stellte er fest, dass weniger Kollegen da waren als bei seiner Ankunft. Draußen auf dem Parkplatz, zwischen ihrem Büro und dem Fluss, spürte er das Summen der Neonröhren in ihrem Office. Erneut waren die Jalousien aus Leichtmetall auseinander geschoben worden, wie zu erwarten hatte sich ihr Rocksaum, Schritte vor ihm, hochbewegt. Die Blicke aus dem Gebäude

tasteten sich herüber. Auf seine Jacke, seine Arme darunter, die bemalte Haut auf seinem Fleisch.

Mindestens fünfzig Augenpaare hatten Arbeit und Papiere liegen gelassen, spürte er. Ohne die hinter den Fenstern Starrenden zu sehen – vielleicht auch nur der Show wegen, genauso verlogen wie sein Lachen in ihrem Glaskasten -, empfand er deren Präsenz mit der Intensität eines Zungenschlags um zwei Uhr morgens. Oder nachmittags.

Ohne hinzusehen spürte er das Geifern und Schlabbern der Kolleginnen. Halt, das hier war nicht sein Büro, es war das gezähmte und geziemte Terrain von ihr. In den Augen ihrer Kollegen war sie ja vielleicht gar nicht die Zuchtstute, als die sie von den Leuten beim Blatt garantiert eingestuft worden wäre. Vorausgesetzt, die Kollegen beim Blatt würden mal einen Moment lang nicht an Motoren und Module denken, vorausgesetzt, sie würden nur einen Moment lang, an diesem langsamen Sommernachmittag und zusammen mit den Jungs aus der Anzeigenabteilung, schnittig und jung wie ein Küchenmesser, die Augen öffnen. Und kurz danach reiben. Vielleicht hatte Stil, würden sie sich sagen, ja doch was für sich ...

Kommentarlos schritt sie an seinem Auto vorbei, sagte ihm über die Schulter hinweg, sie müsse gleich weiter zu ihrem Termin, was hinter den Fensterscheiben wie eine ziemlich eindeutige Aufforderung aussehen musste, ein „Warum nimmst du mich nicht von hinten, in der Vertikale?". Japanisch-piepsend öffnete ihre Fernbedienung die Zentralverriegelung ihres Firmenwagens, eines ergonomisch geformten, anthrazitfarbenen Undings. Schnurstracks ging sie auf den Kofferraum zu und griff nach der Tasche. Statt der grauen Reisetasche, die er erwartet hatte, zog sie den Windelwechselbeutel hervor: Ein aus Frottee gefertigtes Nilpferd mit Reißverschluss auf dem Rücken.

Hier, strahlte sie ihn an, als sei er die Pointe ihres Witzes. Die Tasche!

Der letzte Lacher gehörte diesmal ihr, keine Frage. Fast wäre er auf die Knie gegangen, so laut lachte sein Inneres. Sie küss-küssten sich Ciao, seine kleine Schwägerin stieg in ihren abschreibbaren Firmenwagen, der Motor kam mit leisem Klicken, und sie surrte davon. Er: Hielt den Nilpferdbeutel immer noch wie die Innereien eines frisch geschlachteten Maultiers, unbeholfen, verdattert. Er wusste nicht mehr, wie er die Tasche wo anfassen sollte. Sie sauste um die Kurve, am Absatz des Klinkerbaus vorbei. Mike Fontano glaubte die Horde grau gekleideter Kollegen zu hören. Er konnte sich das Wiehern und Lachen gut ausmalen, sah an ihrem Bürofenster aber nur stille Jalousien. Horizontal. Das letzte Wort unterstrich er zwei Mal, als er abends auf dem Heimweg in der Straßenbahn seine Notizen las.

Florian Günther
Jetzt weißt dus

Ich mußte tanken. Danach ging ich
da rein, um zu bezahlen, und
plötzlich zog der Typ in meinem
Rücken eine Knarre.

Das issn Überfall! schrie er. Gebt
mir mein Geld, oder ich knall
den Wichser ab!

Der Wichser war ich. Und die
Mündung der Pistole stieß kalt
und hart an meinen Hinterkopf.
Doch die Kassiererin war stur.

Nur zu, rief sie. Ich hab sowieso
gleich Feierabend. Sehn Sie den
Mann da drüben bei den Knabber-
sachen? Das ist mein Freund. Der
wartet schon auf mich.

Ich mach keine Witze! schrie der
Typ an meinem linken Ohr vorbei.
Ich zähl bis drei! Dann habt ihr
hier ne hübsche Leiche rumzuliegen!

Das ist mir ganz egal, erwiderte die
Frau. Wir hatten auch schon vorige
Woche einen Toten; bloß, daß der
nich so häßlich war.

Er drückte ab. Die Kugel ging
mir hinten rein und kam an meinem
rechten Auge wieder raus. Und
das ist auch der Grund, warum ich
hin und wieder schreibe:

Man kommt viel rum. Man überlebt
so einiges, und manchmal, wenn
der Mond am Himmel steht, kommt
eine Frau hereinspaziert, die rote
Stöckelschuhe trägt.

Warum ich immer solche Sachen schreibe

Ich pulte mir was aus
den Zähnen, als
das Telefon bimmelte.

Wenn ich nicht zwei
Töchter hätte und Eltern,
um die ich mich zu
kümmern habe, sagte
sie, hätte ich mich
heute Nacht erschossen.

Womit?
fragte ich.

Mit einer
Pistole.

Du hast
ne Pistole?

Nö. Aber
die hätte ich
mir schon
besorgt.

Und warum
erzählst du
mir das?

Weil ich dachte,
du könntest es
vielleicht gebrauchen.

Angelika Scholz
SMS – Save My Soul

Sie hat mir ein Ultimatum gestellt.

„Such dir Hilfe", sie machte eine Pause, das bedeutete nichts Gutes, „bald … bitte. Ich weiß nicht mehr weiter."

Der letzte Satz schnitt mit voller Wucht durch meine Eingeweide.

Hilfe suchen? Weiß nicht mehr weiter? Ihre Worte galoppierten durch meinen Kopf, aber ich verstand sie nicht. Nicht wirklich. Völlig versteinert stand ich an den Herd meiner kleinen Küche gelehnt und konnte nicht antworten. Nachdem die Zeit langsam wie Honig weitertropfte, war ich endlich bereit: „Wie meinst du das?"

Immerhin – besser als nichts. Ich bin keine Frau für das *gesprochene* Wort.

„So, wie ich es sage, such dir Hilfe, geh zur Therapeutin – du bist dabei, dich selbst und unsere Liebe zu zerstören."

Wieso? Es läuft doch gut.

Und es hatte besser als im Märchen angefangen. Wir trafen bei einem Frühstück unserer Freundin aufeinander. Beate, die kleine Kupplerin, versuchte bereits seit einer Weile, mir diese Frau näher zu bringen. Nachdem ich ihren Namen gehört hatte, war es schon beinahe um mich geschehen: Minou.

Das Frühstück endete für mich genau in dem Moment, in dem sie eintraf. Zwischen uns war augenblicklich alles klar, als ob wir den Schlüssel zu unserem verloren geglaubten Selbst wiedergefunden hätten.

Jetzt scheint gar nichts mehr klar. Ich gehe raus aus der Küche und setze mich vor meinen Schreibtisch, nehme einen Zettel und mache mir eine Liste. Schreiben ist meine Rettung. Immer.

Wer könnte mir helfen?

Mein alter Pelikanfüller kratzt angenehm über das raue Papier.

1. Therapeutin. Ich habe kein Problem. Minou hat eins. Soll sie doch gehen.

2. Freunde. Aber warum eigentlich?

Klappe und Schnitt.

„Mein Name ist Veruschka, und ich bin schreibsüchtig."

Das ist der Anfangssatz bei den AA, den Anonymen Autorinnen und Autoren. Der Erkenntnis folgt dieses Bekenntnis. Das heißt: Alle, die das erste Mal dabei sind, sollten diesen Satz im Lauf des ersten Treffens laut sagen. So sind die Regeln.

Der karge Applaus verhallt, der Thrill ist schneller vorbei, als er sich aufbaut. Ich gehe runter von dem kleinen Podest und setze mich auf den freien Platz in der ersten Reihe.

Etliche der Teilnehmer wollen unerkannt bleiben. Sie haben eine Skimütze über dem Kopf. Es sieht aus wie bei einer Bankräubervollversammlung.

Das Thema des heutigen Abends ist Maßhalten, erklärt der Moderator. Pausen machen. Inne halten. Etwas anderes tun. Den Kopf abstellen. Essen. Sich unterhalten. *Ins Leben gehen.*

Warum?

Die Welt, die sich verändert, wenn ich meine Zettelchen voll kritzle, wenn ich wie ein ferngesteuerter Vulkanausbruch schreibe

– diese Welt ist die beste aller Welten. Wenn ich berührt bin, weil meine Figuren leiden, lieben, weinen und lachen. Wenn sie sich selbständig machen, um mich zu überraschen. Wenn sie etwas sagen, was ich nicht wusste, wenn sie etwas tun, was ich niemals erwartet hätte. Was könnte schöner sein?

Mein Name ist natürlich nicht Veruschka. Aber ich bin schreibsüchtig.

Behauptet Minou.

Ich nehme meinen Job ernst. Sehr ernst. Schreiben ist nicht *irgendetwas*. Es ist kein Nine-to-five-Job. Nicht bei mir.

Ich beschreibe alles, was sich beschreiben lässt. Habe immer einen Block dabei. Jeden Tag schicke ich mir selbst einige SMS. Manchmal schicke ich SMS auch zur Sicherheit an Minou, die darf sie auf keinen Fall löschen, bis ich sie aufgeschrieben habe.

Minou.

Jetzt will sie Schluss machen.

Neulich sagte sie: „Wenn SOS ‚save our souls' heißt, dann heißt SMS ‚save my soul'". Damit meint sie *meine* Seele. Das hat sie gesagt.

Ich weiß ganz genau, wie sie darauf kommt, dass *meine Seele* gerettet werden soll: Es war an diesem Abend, als sie mich gefragt hatte, wie mein Tag gewesen sei. Ich fing an zu erzählen, was mir bei *Penny* an der Kasse zugestoßen war. Eine Kundin hatte die Kassiererin angeschrien, weil ihre Zigarettenmarke nicht aufgefüllt war. Der Filialleiter kam dazu und brüllte ebenfalls die Kassiererin an. An dem Punkt hielt ich inne, weil mir klar wurde, dass es eine Szene war, die ich an diesem Tag geschrieben hatte. Dann konnte ich freilich nicht mehr weitererzählen. Minou bohrte so lange nach, bis sie es herausbekam. Da wurde sie sauer.

Seitdem befürchtet sie, dass ich mich „in meiner Welt verliere".

So ein Quatsch.

Ich recherchiere nur sorgfältig. Einmal fuhr ich drei Tage lang ununterbrochen Bus. Währenddessen trank ich nichts und schüttete als Ausgleich abends literweise Wasser in mich hinein. Einmal wollte ich wissen, ob und nach welcher Zeit Wahnvorstellungen eintreten, wenn ich nichts esse ... letztendlich doch alles Lappalien.

Aber deshalb hat Minou diesen Streit angefangen.

Ich habe ihr Rosen geschenkt. Es hat ihr nicht gereicht.

Ich habe einen ganzen Abend die Tastatur meines Computers nicht mal angesehen. (Glücklicherweise hatte ich einen extrem produktiven Tag hinter mir und war ziemlich erschöpft. Meine Geschichte schrieb ich natürlich weiter – in Gedanken.)

Zugegeben, die nächsten Tage verbrachte ich damit, das Buch zu Ende zu schreiben, wie im Fieber. Danach habe ich drei Sicherheitskopien gemacht und sie an verschiedenen Orten deponiert.

Vor einem Jahr stürzte mein Computer ab und mit ihm ich selbst. Es war, als hätte ich ein Körperteil verloren. Das passiert mir nicht noch einmal.

Minou war es, die mich gezwungen hat, zu den AA zu gehen. Ich wollte nicht, und ich will immer noch nicht.

Ich bin zufrieden.

Zugegeben, ich habe abgenommen – aber es steht mir. Ja, mein Kühlschrank ist immer leer, und ich gehe tagelang nicht ans Telefon. Das ist eben der Preis, und ich bezahle ihn gern. Ich bin überglücklich, dass es so ist. Und jetzt muss ich anfangen, mich zu rechtfertigen.

Aber Minou darf mich nicht verlassen. Sie inspiriert mich wie keine andere.

Wenn ich ehrlich zu mir selbst bin, verhält es sich so: Ich kann ohne sie nicht mehr leben. Sie ist mein Elixier. Sie sieht mich an, und meine Nackenhaare stellen sich auf. Wir landen im Bett – bis ich wieder schreiben muss. Die Spannung, die sich aufbaut, löst sich nicht nur durch Sex. Minou kann das nicht verstehen. Ihr reicht der Sex. Außerdem will sie auch noch etwas anderes von mir: Essen gehen. Tanzen. Einkaufen. Abwaschen. *Alltag.*

Sagt sie.

Vor kurzem waren wir drei Tage getrennt. Meine Worte wurden grau, langsam und so schlaff wie ein alter Salatkopf. Mein Blick haftete zu oft an der Wand. Meine Lieblingstasse fiel herunter. Entsetzliche Omen überall.

Ich habe sie angerufen.

Sie hat mir ein Ultimatum gestellt. In der Küche.

„Such dir Hilfe, bald … bitte. Ich weiß nicht mehr weiter."

Ich schreibe nicht mehr.

Minou strahlt. Sie kocht jeden Abend für mich. Meine Nackenhaare stehen zu Berge, wenn sie mich ansieht.

Es war nicht einfach, einen Therapieplatz bei den Anonymen Autoren zu bekommen. Was mich wundert, ist, dass sie mich als *besonders problematischen* Fall eingestuft haben. Und als ich – nur wegen Minou – einer ihrer Intensivbehandlungen zugestimmt hatte, da wusste ich nicht, dass sie mir gleich beide Hände brechen würden.

Maria Popp

Bleistiftgeklapper

Tropft auf den Boden

Gute Mine

Zum wortvollen Spiel

Nach der Arbeit

Keine Zeit für Vergnügen

Zur Nacht

Kehrt das Vergessen

Vorsätzliches unter den Teppich

Das Ungesagte tritt sich fest

Nur die Schatten

Verlorener Gedanken

Geistern im Schlaf

Um die Fransen

Holger Uske
Das Los oder warum ich keine weiße Katze habe

Über den Teppichboden schnüren. Zwischen den Papierstapeln hindurch. Fuß vor Fuß. Keine Katze könnte es besser. Aber für sie wär kein Platz mehr. Eine Katze auf meinem Papier. Und womöglich eine weiße: ohne Brille unterschied ich sie nicht. Ja, bei Wilma vielleicht. Wilmas Katze auf meinem Schoß. Die Wärme durchdringt den Stoff. Und das Wort trifft das Geräusch genau: schnurren. Keine Allgemeinplätze in meiner Wohnung. Meiner Behausung für das Papier und für mich. Für die Farben, die über die Regale wandern, wenn sich das Licht in den Glaskugeln am Fenster bricht und ein Lufthauch sie dreht. Ich weiß, die Katze würde sie jagen.

Über die Papiere hinweg, die begonnenen Geschichten, halbfertigen Leben, die aufgestapelten Blätter aus Novembernächten ohne Ende, aus Januartagen, Februarstunden, Märzmorgen. Novembernächten von sechs am Abend bis vier in der Früh, wenn die Gestalten keine Ruhe geben und mir im Kopf herumtoben, bis ich sie endlich auf Papier erbreche, herauswürge, sie mir manchmal im Hals stecken bleiben und die Luft abschnüren: wir oder du.

Manchmal kann ich sie mit Doppelkorn locken. Den kennen sie nicht. Die aus dem Dithmarschen nicht und nicht die aus Weißrussland. Trinkfeste bärtige Männer, Unverständliches murmelnd, ich brauchte nur zu notieren. Ich bin der Matt, hör ich heraus, ich bin Alexeij. Sie wollen in mein Zimmer. Wollen mir meine Papiere ordnen, wollen obenauf liegen, wichtig sein, wie alle. Aber sie sind nur Papiertiger, ihre Bärte reichen bis zum Blattrand. Und schon in der nächsten Nacht legt sich vielleicht Galina auf sie oder Dörte Claudia Marion. Und sie, vom Doppelkorn gesättigt, verpassen ihre Schattenchance.

Jedes Blatt für einen Namen. Ungezählte Biografien. Manchmal steht ein Buchstabe für ein Jahrzehnt. Kurt muss schon mit vierzig sterben. Schwere Kindheit, unruhige Jugend. Rasante Liebeszeit. Spitzt sein Leben zu zum Schluss, setzt alles auf den Punkt: Dach und Pfeiler treffen hart aufeinander. Es könnte klappen, könnte

– KURT. Ich lege das Blatt zurück. Ein Entwurf nur, ein Versuch. Benjamin hat es besser. Er kann den Kreis vollenden, ruhig seine Bahn ablaufen, helle Vokaljahrzehnte genießen, die samtenen Konsonanten dazwischen. Und der unmerkliche Ausklang dann. Ob er das weiß? Anna hat es nicht so leicht. Die Selbstlaute dehnen auf die doppelte Zeit. Sechzig Jahre, gute, schlechte. Mit sechzig entdecken, dass sie eigentlich Anna-Maria heißt. Manchmal veralbern mich die Figuren. Tanzen mir übern Blattrand davon, während ich mich um sie bemühe. Ihnen jeden Morgen neue Orte zuweis. Das Leben ist eben so, sag ich, bringe Janine mit Wilhelm zusammen. Solln sie sehen, wie sie klarkommen. Wilhelm, der schon ziemlich weit nach unten gerutscht war im Stapel und sich in meinem kurzen Schlaf unverhofft meldete: hast du mich vergessen? Ich darf keinen von ihnen vergessen. Blätterkinder. Zwanzigtausend an der Zahl. Ja, Wilhelm hatte ich vergessen.

Nein, keine Katze. Sie würde sie nicht verstehen. Könnte ihre vorwurfsvollen Blicke nicht erkennen, wenn sie mit den Pfoten spielerisch übers Papier glitte. Nicht die ausgestreckten Buchstabenarme sehen, drohend erhoben: wir sind doch kein Gehweg für dich. Also muss ich selbst durchs Zimmer schnüren, lautlos, um die nicht aufzuwecken, die ganz unten liegen. Ich käme nicht mehr zum Schlafen, reichten sie alle Beschwerde ein. Manch einer kam ja wohl ganz gut mit seinem Nebenmann zurecht. Manchmal aber mach ich mir Vorwürfe: hab ich vielleicht Verborgenes befördert, Mann neben Mann gelegt, Frau auf Frau. Hab sie zur Verzweiflung getrieben. Zettelwesen, gekränkt, die nun nicht mehr mit mir reden, ihren Vater verleugnen, heimlich die Polizei alarmieren: sehn sie doch selbst dieses Zimmer an. Ordnung muss etwas anderes sein. Aber ich hab keine Zeit, neu zu sortieren, die aktuellen Bewegungen zu respektieren. Ein Afrikastapel hier, und die inflationäre Zunahme erst der Asiaten. Nein, sie bleiben mir alle gleich wert, bleiben per Zufall zusammen, per Zufall, der lange schon Lebende und längst Verschiedene eint.

Es ist wieder Abend. Die Sonne im Fenster. Auf dem Weiß des Papiers die Farben des Lichtes. Mein Stift schreibt den Namen Ma-

215

xima. Ich weiß nicht, ob es ihn schon gibt. Ich muss es gar nicht wissen. Sechzig Jahre. Maxima, wird dir das reichen? Sag nicht vorschnell ja, am Anfang sieht es immer nach sehr viel aus. Vielleicht kann ich dir dann mit neunundfünfzig nicht mehr helfen. Das lange A am Ende. Gut. Lassen wir das offen. Die Jugend über Kreuz? Wenn du es so willst. Und die Vierziger nur manchmal mit der Klarheit des Vokals und lange voller Vorbehalte. Maxima. Ich lege Gebetszeichen über das Blatt. Ich vertraue der Luft im Zimmer ihren Namen an. Ich lasse das Licht von den Buchstaben kosten. Ich höre ein paar Blätter atmen. Sie warten schon auf dich. Ich sehe dein Gesicht vor mir, wie du dein Kindsein ablegen musst. Wann beginnt das nun schon? Ich wünsche dir zehn hormonstressfreie Jahre. Die Kerle dann – bitte, das ist deine Entscheidung. Ob ich nicht eingreifen kann? Nein. Ich kann dir nur die Buchstaben mitgeben, der Rest liegt an dir. Machs gut, Mädchen. Und vergiss nicht so viel.

Wo leg ich sie ab? Gleichmäßig im Zimmer verteilt Haut und Haar, Kontinent, Buchstabenfolgen. Nicht mal die Stapelhöhe entscheidet. Manchmal kommt ein Blatt weit nach hinten. Manchmal räume ich um. Einmal war Frau Schmidt im Zimmer und fragte: brauchen Sie die denn alle noch? Steht ja nur ein Name drauf. Und räumte die Stapel zusammen. Soll sie. Hier ist ein guter Platz. Maxima. Könnte eigentlich auch eine Katze heißen. Aber wenigstens schwarz-weiß getigert müsste sie sein. Und könnte ab und zu bei Wilma bleiben. Aber Wilma darf hier nicht rein. Nur das weiße Licht, weißes Papier und ich. Der Rest findet sich, immer. Versprochen.

216

Ute Becker
Worte schaffen Welten

Mit zunehmendem Alter verabschieden wir uns von unseren Tagträumen. Wir wissen, dass wir vieles nicht mehr realisieren können. Wir sind nüchtern geworden.

Ich hielt mir einen vagen Traum in Re-
serve, vielleicht als lebensverlängernde
Maßnahme: das Schreiben. Seit Jahrzehnten wusste ich, dass ich schreiben
wollte, schob das Schreiben aber vor
mir her in meine scheinbar unbegrenz-
te Zukunft. Ich wusste nicht, was ich schreiben wollte. Zum Griffel
griff ich erst zu Zeiten der Bürgerbewegung. Mit meiner politischen Arbeit und den zahllosen Elaboraten, die wir ausstießen,
entwickelte ich Treffsicherheit in Beobachtung und Beurteilung
der Dinge sowie Eloquenz.
Um vorerst bei den Träumen zu bleiben: Hartnäckig malte ich
mir meinen Lebensabend so aus: ich lebe bescheiden und in
Frieden, lese, denke und schreibe, am Abend vor einem knis-
ternden Kaminfeuer das obligatorische Glas Rotwein neben mir,
Wunschmusik im Raum und mein Kater natürlich schnurrend auf
meinen Manuskripten ruhend. Ein Refugium nah an der Natur,
aber auch nahe der Zivilisation. Bald glaubte ich, dass Schreiben
unter diesen Bedingungen heutzutage eine Illusion geworden sei.
Doch während ich das schreibe, mache ich eine erstaunliche Entdeckung: Ich habe mir die ersehnten Bedingungen doch geschaffen! Ich beginne meinen Lebensabend in einer geräumigen Wohnung in Südlage; vor meinen Fenstern ein Garten; statt in einem
offenen Kamin knistert Holz in zwei Kachelöfen; Kater Pippo liegt
lässig auf den Manuskripten. Ich lebe und arbeite versteckt hinter
üppigem Grün, aber mitten in der Großstadt und mit meinem
Weinlieferanten ALDI in der Nähe. Nun also zum Schreiben:

Mit unseren Gedanken können wir fliegen. Im Vehikel der Worte, beson-
ders mit den geschriebenen, landet der Gedankenflug zwangsläufig auf der
Erde, wo er bestenfalls aufrecht stehenbleibt, meistens jedoch eine Bauch-
landung macht. Worte sind schnell gesprochen, sie niederzuschreiben ist
Fronarbeit. Gedanken sind frei, Schreiben ist Verpflichtung. Gedanken,
die wir in unserem Kopf bewegt haben, können wir immer ins Unerhörte
zurückstoßen. Dort sind wir nur unserem Gewissen verpflichtet. Gedan-
kenfreiheit kann in Disziplinlosigkeit des Denkens ausarten. Nachdem ein
Autor seine Gedanken als Worte auf Festplatten, Papier und andere Me-
dien gebannt hat, kann eine Öffentlichkeit auf den Autor zurückgreifen,
seiner „habhaft" werden, ihn „festnageln". Wir Autoren wenden unser
Innerstes nach außen. Wir machen uns angreifbar. Und wir liefern unsere
geistigen Kinder dem üblichen menschlichen Missverstehen aus, dem Mord
durch Zerstückeln, Herausreißen, Zitieren und Klittern. Unsere Schöpfun-
gen können missverstanden, fehlinterpretiert, mystifiziert, missbraucht
und Schlimmeres mehr werden.
Mit dem Schreiben haben sich unsere Gedanken von uns gelöst, sie entwi-
ckeln als Worte ein Eigenleben mit eigener Dynamik. Unsere Worte gehören

nicht mehr uns. Wir sind nur noch ihre Urheber. Unsere Worte werden Teil des Gedankengutes unserer Zeit. Das Geschriebene gleicht einer Moment-aufnahme aus unzerreißbarem Material. Es wird zur „Geschichte" – im doppelten Sinne des Wortes. Auch wartet auf unsere Wortschöpfungen und uns ein schreckliches Schicksal: Wir entwickeln uns weiter, das Geschriebene nicht. Ich kann mir vorstellen, dass so mancher Schriftsteller sein Frühwerk nicht wiedererkennt. Unsere Wortschöpfungen sind Seitentriebe unseres Le-bens. Sie können uns bei späterer Sichtung durchaus peinlich berühren. Wer schreibt und veröffentlicht, muss also mutig sein.

Waren diese Erkenntnisse Grund für mein Zögern? Wann ich denn endlich schrieb – vor allem literarisch? Geduld, liebe Le-serin. Ich hatte mir immer ein Gerät gewünscht, das eine direkte Verbindung zwischen meinen Ideen, meinen Gedanken und meiner Hand herstellen würde. Und siehe da: Eines Tages hielt der Personal Computer Einzug in die Gesellschaft. Schnell lernte ich, dass mit Hilfe eines PC die Verbindung von Hirn zu Papier zwar auch nur mittelbar wäre, aber doch sehr viel schneller als per Hand oder Schreibmaschine! So schnell, dass ich einen Teil der Gedanken festhalten konnte. Das Schreiben mit der Tastatur erlaubte mir, mit halbgeschlossenen Augen zu schreiben, um mich, vom Visuellen nicht abgelenkt, auf Gedanken und Ideen konzentrieren zu können. Respekt vor den Schriftstellern und Philosophen, die bei Kerzenlicht, mit Feder und Tinte, in Enge und Kälte ihr erstaunliches Pensum schafften.

1990 hielt ein persönlicher Rechner Einzug in mein Arbeitszim-mer. Dieser Diener seiner Herrin wurde funktional eingerichtet wie ein Büro – nach dem Motto: „Zeig mir deine Festplatte und ich sage dir, wer du bist!" Ein System wurde entwickelt, um die bis-herige Zettelwirtschaft abzulösen, um Notizen, Konzepte schnell im richtigen Verzeichnis unterbringen zu können. Strukturierung und Ordnung bewährten sich so, dass ich immer effektiver zu ar-beiten begann. Ärgerliches Suchen gehörte der Vergangenheit an. Mein PC förderte mein Schreiben – welcher Art auch immer.

Eine produktive Zweisamkeit begann. Unvergessen der erste Ausdruck eines Gedichtes, gar eines Textes. In dem Maße, in dem ich Ideen, Gedanken festhalten konnte, sah ich meine schreibenden Fähigkeiten wachsen. Auch das ein Beispiel der Nichtlinearität von kreativen Prozessen: sie bedingen sich gegenseitig, schreiten in Spiralen fort. Anders als Papier und Schreibmaschine bot der PC mir ein zusätzliches, anders geartetes Gedächtnis an: Während ich mich unwillentlich subjektiv und selektiv erinnere, erinnert er sich an alles, was ich ihm eingebe. „Selektieren" kann ich dann willentlich. Der PC und seine Speicher sind die vernünftige Ergänzung zum kreativ Schreibenden.

Nach elf Jahren starb mein 386-PC inklusive seines MS-DOS Betriebssystems. Das MS-DOS-Word legte ich ihnen mit ins Grab. Nach einer kurzen Beziehung mit einem 486-PC, Win-95 und WinWord 6.0 ging ich die Ehe mit einem Giga-AMD-PC, dazugehörendem Win-XP und WinWord 2002 ein – wenn es nach mir geht, für den Rest meines Lebens. Als ich den PC einzusetzen begann, verfügte ich bereits über Schreibfertigkeit, die ich mir über Streitschriften und -reden während jahrelanger, politischer Arbeit angeeignet hatte. In zahllosen Gesprächen hatte ich zu meinem Entsetzen festgestellt, dass „Kommunikation" zwischen Menschen in der Regel auf Missverständnissen beruhte. Diesem Umstand widmete ich erst einmal mein Schreiben.

Sprache ist vieldeutig. Die Diskutanten sind nie objektiv oder losgelöst von ihren Emotionen. Das menschliche Gedächtnis ist nicht imstande, sich an einen Gesprächsablauf protokollarisch exakt zu erinnern, was Dialoge meistens scheitern lässt. Menschen diskutieren nicht, sie halten Parallel-Monologe oder reihen eigene Assoziationen an fremde Assoziationen. Dispute verlaufen in der Regel nach dem „Vergeltungsprinzip": wie du mir, so ich dir. Die schriftliche Form aber ist verbindlich für die Teilnehmer und dokumentarisch. Das dürfte der eigentliche Grund sein, warum man und frau schriftliche Auseinandersetzungen scheuen. Argumente setzen den emotionsgeladenen Empfänger schachmatt, der sich lieber mit harschen Formen der verbalen Auseinandersetzung schlagen möchte. Sprache versucht,

Macht auszuüben, vor allem in Verbindung mit Lautstärke. Schreiben stellt
diese Art mündlicher Kommunikation in die Ecke. Intellektuelle sind immer
die ersten Opfer von Stammtischen und Diktaturen.

Aus Abneigung vor Irrationalitäten war ich Realistin mit Rönt-
genblick geworden. Ich sah tief in den Rachen des Faktischen
hinein. Ich zerrte Wahrheiten hervor, die den persönlichen *Wirk-*
lichkeiten von Menschen entgegenstanden. Ich entzauberte, ich
provozierte. Ich entdeckte Worte als scharfe geistige Waffe. *Ich*
schuf keine Illusionen, ich fabulierte nicht. Mir boten sich der (offene)
Brief und der Essay an. Diese Praxis verdarb mich gründlich für
literarisches Schreiben. Den argumentativen Schreibstil musste
ich mühselig überwinden lernen – muss ich heute noch.

Endlich – im dritten Lebensabschnitt wurde der Wunsch übermächtig, auch zu fabulieren, auch zu spinnen. Ich begann mit
autobiografisch gefärbten Texten und scheinbaren Fiktionen.
Scheinbar, weil ich Realitäten nur festhalten und verkleiden musste. Ich bestahl die Wirklichkeit ständig.

Mit dem literarischen Schreiben tragen wir dazu bei, in den Köpfen anderer
Menschen neue Welten entstehen zu lassen. Literatur ist ein wesentlicher Be-
standteil menschlicher Kultur. Schreiben lässt durch das Rohmaterial Wort
vielfältigere Welten entstehen, als Hände mit Farbe oder Ton sie schaffen
können. Das Schreiben lässt sich als „Handwerk" verstehen mit dem Wort
als Rohmasse, dem Denken als Werkzeug, dem Text als Produkt.

Der Umgang mit dem knetbaren Material „Wort" wurde zu meinem favorisierten Ausdrucksmittel. Im Februar 1997 schöpfte ich
für einen Wettbewerb aus dem Stand eine ausgewachsene Fiction-
Geschichte, die *mich* beim Schreiben zu Tränen rührte. Das war
mein Durchbruch vor mir selber. Ich hatte fabuliert! Ich war
hinter eine Figur zurückgetreten. Mit ersten Lesungen wagte ich,
andere Menschen in den Bann der von mir erschaffenen Kreaturen und Wirklichkeiten zu ziehen. Magie über Menschen war eine

neue Erfahrung für mich. Positive Resonanz, Neugier auf meine Texte gaben mir Sicherheit, und diese wiederum schloss neue Türen meiner Fantasie auf.

Für das Schreiben von Gedichten hatte ich zu Beginn meines vierten Lebensabschnittes ein wunderbares Vehikel gefunden: das Wandern. Unversehens verhalf mir die rhythmische Bewegung zu der ersten Zeile eines Gedichtes, und wenn die erste Zeile entstanden war, dann gab es kein Entkommen mehr für die Worte: Sie mussten sich für die nächste Zeile und nächste Strophe bereithalten. Die Ausbeute einer Wanderung oder eines Fahrradausfluges konnte durchaus ein ganzes Gedicht sein. Egal in welchem Zustand, das arme Gedicht wurde zu Hause auf die Festplatte gebannt – digitalisiert seiner Vollendung harrend.

Es ist schon erstaunlich, welche Zustandsänderungen und Verkleidungen ein Text heute durchlaufen kann, ehe er beim Leser und Zuhörer ankommt: Buchstabe für Buchstabe wird in eine Tastatur eingegeben, die auf geheimnisvolle Weise alles in Nullen und Einsen umwandelt und an unsichtbaren Orten speichert. Auf ebenso geheimnisvolle Weise werden Nullen und Einser wieder in Wörter verwandelt, erhalten zur Tarnung einen hässlichen Namen, was wir auf einem Bildschirm überprüfen dürfen. Dort ist der Text rettungslos, bis zur Vernichtung, unseren grausamsten Trieben ausgesetzt: Zerstückeln, Schlachten, Deportieren, Liquidieren, Trennen, Klonen. Sofern ein Text derartige Torturen überlebt hat, folgen Ausdruck, Korrektur, Ausdruck und so fort. Und schon wieder geht er auf Reisen, entweder auf dem guten alten, geduldigen Papier oder als Nullen und Einsen auf einer kleinen Platte. Gestaltlos wird er über Glasfaserkabel, über Datenautobahnen, elektromagnetische Wellen über den gesamten Globus geschickt. Das Wunder ist, dass er ohne sichtbare Erschöpfungserscheinungen ankommt. Früher war das Erzählen einfach: Immer ein wenig verändert, aber direkt von Mund zu Ohr.

Über das Schreiben lernte ich meine Sprache lieben und schätzen. Sie ist reich, aber auch eifersüchtig. Ihren Reichtum offen-

222

bart sie nicht jedem. Man und frau müssen sich um sie bemühen, ihr Geschenke darreichen. Ich habe Respekt vor den Menschen, die im Exil ohne den anregenden Umgang in ihrer Muttersprache, gar in der Sprache ihres Gastlandes schreiben mussten. Ich habe Verständnis für Schriftsteller, die die sprachliche Entwurzelung nicht ertrugen.

Ich habe über das Was, Wie, Wann des Schreibens sinniert, aber *warum* schreibe ich? Mein später Einstieg in das literarische Schreiben, meine nicht mehr jugendliche Sprache werden mir nicht Anerkennung, nicht Bekanntheit bescheren. Und dennoch schreibe ich in meinem stillen Stübchen und bin zufrieden, wenn ich jedes Jahr in die eine und andere Anthologie aufgenommen werde. Keine Lorbeeren zwar, aber ein wenig Anerkennung doch. Will ich, die sich für Kinderlosigkeit entschieden hat, mit meinem Schreiben einen kleinen, bleibenden Beitrag zu meiner Zeit leisten?

Der eigentliche Grund ist das Formen und Kneten. Sprache ist ein großes Geschenk an die Menschheit. Schreiben ist mir tägliches Brot und geistige Übung geworden, denn Schreiben setzt Konzentration und Denken voraus – und wer denkt, altert nicht. Schreiben scheint aber auch ein lustvolles Gesellschaftsspiel zu sein. Besuchen Sie Buchmessen.

Schreiben beruhigt. Mein vierter Lebensabschnitt wird unter dem Zeichen des Wortes stehen. Auch wenn ich in der Zwischenzeit herausgefunden habe, dass und warum ich keinen Roman schreiben werde. Es ist wie mit der Fotografie und dem Film: Momentaufnahmen gegen eine ganze Geschichte in Bildern. *Ich* photographiere. Mir fehlen die Voraussetzungen für einen Roman: Man muss schon eine gewisse Schwäche für unsere neurotische Spezies haben, um sich auf ihre Verstrickungen einzulassen. Ich bin Einzelgängerin und Junggesellin – wie soll ich es über Monate, gar Jahre in meiner Wohnung mit meinen Romanfiguren aushalten? Romane kann nur schreiben, wer seine Figuren liebt. Ich bin eher beziehungsunfähig. Mein Ding ist Kurzprosa: Nach kurzer Bekanntschaft werden die Episoden in einen Ordner und/oder eine Anthologie abgeschoben. Meine Prosa sind abgelegte Beziehungen. Ich bleibe Single. Übrigens: wenn ich eines Tages in eine kleine Wohnung abgeschoben werde: Ein PC hat in der kleinsten Hütte Platz.

Ich mache einen letzten Anlauf, um mein wahres Motiv zu ergründen, warum ich schreibe: Ist etwa eine Vorstellung zum Willen geworden? Mein Vater schrieb, während das Radio dudelte, unsere Katze schnurrend auf seinen Akten lag, die er, der Patentanwalt, noch durcharbeiten musste bis in die Nacht, da er von seinem Eheweib oft gestört wurde. Süßlicher Rauchgeruch seiner ägyptischen Zigaretten *Nil* und *Senoussi* mischte sich mit süßsaurem Schweißgeruch und füllte den Raum, beständig tropfte graue Asche auf graue Krawatte und grauen Anzug. Viele Attribute, die ich gar nicht mochte, dennoch gehörten sie zu den raren Momenten familiären Friedens, die sich mir unauslöschlich einprägten, während ich ihm in seiner Kanzlei Gesellschaft leistete. Will ich mit dem Schreiben nur dieses Bild nachzeichnen und konservieren? Auch das Schreiben eine kindliche Prägung?

Der Lektor
Da liegt der Kater ausgestreckt
auf meinem Arbeitstische.
Sein schönes Fell ist glattgeleckt,
der Schnurrbart strotzt vor Frische.

Sein Schnurren, Purren, tief und weich.,
ist Motor für mein Schreiben.
Sein Knurren sagt mir jetzt und gleich:
„Den Satz, den lässt Du bleiben!"

Die samtne Pfote lässig liegt
auf meinem Manuskripte.
Ganz sachgemäß kam die Kritik,
mit der mein Buch er kippte.

Klaus Berndl
Die Zensur als prägender Faktor der literarischen Produktion

Erst vor wenigen Wochen haben die Zeitungen gemeldet: „Billers ‚Esra' bleibt verboten." Man mochte stutzen – es gibt wieder Bücherverbote in Deutschland? Legt das Grundgesetz nicht fest: eine Zensur findet nicht statt (Art. 5 Abs. 1)? Wo es aber Bücherverbote gibt, da muss dem auch eine Begutachtung der Bücher vorausgegangen, sprich, es muss eine Zensur stattgefunden haben. Haben wir in Deutschland also doch eine Zensur?

Das klingt zwar beunruhigend, wäre aber kaum ein Grund zur Aufregung. Tatsächlich hat es in „Deutschland" immer eine Zensur gegeben, und tatsächlich ist alles, was hierzulande gedruckt worden ist, immer auch zensiert worden – sieht man von den kurzen vierzehn Jahren der Weimarer Republik ab. Damit ist die Zensur einer der Faktoren, die die literarische Produktion in Deutschland immer mitbestimmt haben – dem Autor, Lektor bzw. Verleger gleich-, wenn nicht übergeordnet. Sie hat auf fast sämtliche deutschsprachigen Werke Einfluss ausgeübt – auch auf Goethe, Schiller und Co. –, und sei es nur durch das Wissen von ihrer Existenz, also durch die „Schere im Kopf". Dabei ist, in seltsamer Umkehrung, die Geschichte der Zensurbürokratie eine Geschichte des Scheiterns.

I.

Nachdem sich die geistige Produktion gleich nach der Erfindung des Buchdrucks, mit der Reformation und der Renaissance aus der alleinigen Oberaufsicht der katholischen Geistlichkeit befreit hatte, hat sich allen geistlichen und weltlichen Obrigkeiten schnell gezeigt, dass Gedanken, durch den Druck rasend schnell verbreitet, ebenso schnell Unruhe stiften bzw. Unzufriedenheit bündeln – im Extremfall, Bauernkriege auslösen – konnten, die dann schwer wieder in den Griff zu bekommen waren. Also legten die Herrscher gleich nach ihrer Erfindung die Hand auf die Druckerpressen und übten einen wachsenden Zwang aus. Aber hat dies die Bedeutung der Presse nicht noch gesteigert? Den lawinenartigen Anstieg der Druckerzeugnisse, über den seit damals immer wieder geklagt wird, hat es jedenfalls nicht verhindern können, es hat ihn höchstens etwas gebremst und gelenkt.

Wenn in Deutschland von Zensur gesprochen wird, dann heißt das: Zensur in den einzelnen Staaten des Heiligen Römisches Reiches deutscher Nation bzw. des Rheinbunds, des Deutschen bzw. Norddeutschen Bundes oder des Deutschen Reiches. Bis zum Reichsdeputationshauptschluss von 1803 umfasste dieser Territorienkomplex über 1000 reichsunmittelbare Länder – und damit prinzipiell über tausend (mögliche) Zensurinstitutionen. Nach 1803 gab es immer noch über dreißig Länder. „Mögliche" Zensurinstitutionen heißt: in den allermeisten Ländern brauchte man keine gesonderten „Zensurbehörden", da nichts oder nur wenig gedruckt wurde. Dagegen gab es in den Ländern, in denen zensiert wurde, in der Regel mehrere, z.T. konkurrierende Zensurbehörden. „Zensurbehörde" heißt: juristische Schriften wurden den Justizbehörden vorgelegt, philosophische und literarische der geistlichen Aufsicht unterworfen – die jeweils sachkundigeren Beamten haben diese Aufgabe übernommen. Bis zur napoleonischen Zeit gab es in Deutschland überhaupt keine „Zensoren", sondern nur Beamte, die diese Arbeit als (kostenpflichtige) Nebentätigkeit in ihrem Zuständigkeitsgebiet ausübten. Bei deutschen Zensoren hat man es also in den meisten Fällen mit Fachleuten zu tun, und bedenkt man, wie klein die Gemeinde der geistig Schaffenden bis vor hundert Jahren war, dann wundert es nicht, dass die „Zensoren" die Autoren häufig kannten, dass sie literarische Kollegen, wenn nicht ihre Freunde waren. Entsprechend konnte die Zensur eine Begutachtung, ja, eine Beratung sein, die es dem Autor ermöglichen konnte, sein Werk vor dem Erscheinen noch zu verbessern. Entsprechend hat sich die Zensur auch nicht zwangsläufig negativ ausgewirkt, und entsprechend war an der Zensorentätigkeit per se wenig Anrüchiges. Auch Goethe hat zensiert – und ist zensiert worden –, und dabei ist er keine Ausnahme, sondern der Normalfall; in der kleinen deutschen Gelehrten-„Republik" zensierte man einander vor dem Druck, wie man einander nach dem Druck rezensierte.

Ganz so harmlos ist die Sache natürlich auch wieder nicht. Das Wort „Zensur" hat einen unangenehmen Klang, und dieser Klang kommt nicht von ungefähr. Um der Wirkungsmacht der Zensur auf die Spur zu kommen, muss man zunächst ihre Wirkungsmöglichkeiten untersuchen, sprich, die Entwicklung der Zensur-VERWALTUNG, und zwar am Beispiel des größten und prägendsten deutschen Landes, Preußens, und zwar speziell der Bücherzensur. Preußen bietet sich auch deshalb an, weil es sowohl für seine rigide als auch zeitweilig äußerst liberale Pressepolitik bekannt ist.

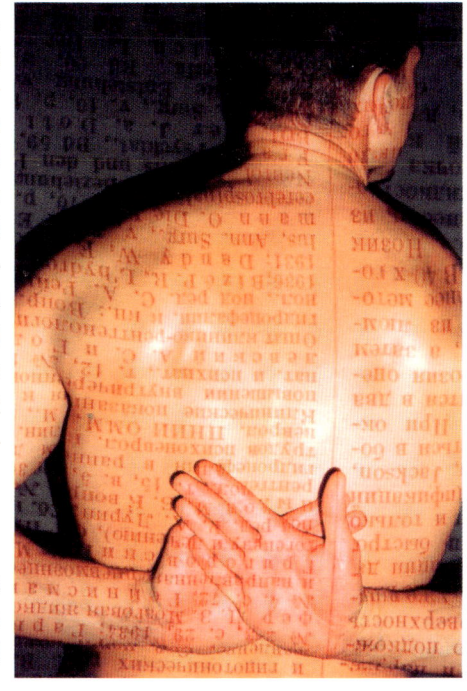

II.

Das Länderkonglomerat des Großen Kurfürsten (reg. 1640-1688) zerfiel in drei große Komplexe, die Zentralprovinz Brandenburg, die rheinländischen Besitzungen um Kleve und Berg und Ostpreußen. Häufig hielten sich der Kurfürst und seine Beamten in Kleve auf, weswegen alle Zensuredikte, die er erließ, von dort den weiten Weg durch die Lande machen mussten. Das heißt aber auch, dass Schriften, die gedruckt werden sollten, prinzipiell denselben Weg gehen mussten. Wie man sich leicht denken kann, war das praktisch nicht durchführbar. Deshalb haben auch Ortsgeistliche und weltliche Obrigkeiten verschiedenster Provenienz zensiert. Und damit die literarische Produktion beeinflusst. Von einer „gesteuerten" Pressepolitik kann zur Zeit des Hochabsolutismus in Preußen also kaum die Rede sein, ja, es ist zweifelhaft, ob man überhaupt von einer Presse-„Politik" sprechen kann: denn es ist vollkommen unklar, ob alle einschlägigen Edikte, die Kurfürst Friedrich Wilhelm und seine Hofbeamten erlassen haben, überhaupt alle relevanten Stellen erreicht haben. Damit ist unklar, ob alle Zensoren überhaupt wussten, was ihr Fürst eigentlich wollte. Immerhin ist nachweisbar, dass allgemeingültige Presseedikte, die Kurfürst Friedrich Wilhelm erlassen hatte, in Berlin angekommen waren und dort (stünde zu hoffen) auch an die zuständigen Stellen gelangten. Dies beweisen elf allgemeingültige Zensurverordnungen, die heute noch im Geheimen Staatsarchiv in Berlin zu finden sind – der Große Kurfürst hat also durchschnittlich jedes fünfte Jahr eine Verordnung erlassen.

Warum dies so vorsichtig formuliert werden muss, hat folgenden Grund: es gab noch keine „Gesetzbücher", die zuverlässig alle neu erlassenen „Gesetze" sammelten. Zwar wurde z.B. bei der Neukonzessionierung einer Zeitung auf die Zensurbestimmungen hingewiesen, doch konnten danach weder der Zensor, der Autor noch der Verleger oder Drucker irgendwo nachschlagen, um zu erfahren, wie das Presserecht und die Zensurkriterien gegenwärtig aussahen bzw. wer überhaupt zuständig war. Gewöhnlich wurden neue gesetzliche Regelungen nur mündlich publiziert und nur denjenigen, die es betraf. Man kann sich das so vorstellen: die Drucker und Verleger der Residenzstadt wurden zu einem bestimmten Zeitpunkt auf dem Berliner Schloss zusammengerufen, wo ihnen ein Kanzlist das Edikt vorgelesen hat. Danach sind alle wieder nach Hause gegangen, und das Edikt wurde im Wortsinne ad acta gelegt. Ob es auch die zuständigen Beamten und damit die Zensoren in spe erreichte? Ob sie also von ihrer Aufgabe überhaupt erfuhren? Und welchen Grund hatten die Verleger und Autoren, sich an so wenig greifbare Rechtsvorschriften zu halten? Diese Fragen, so spöttisch sie klingen, haben ihre Berechtigung – diese Punkte waren in der Frühen Neuzeit tatsächlich fraglich.

Die erste preußische Zensurinstitution, die wirklich die gesamte Bücherproduktion des Landes kontrollieren sollte, entstand auf Vorschlag des Göttinger Universalgelehrten Gotthold Wilhelm Leibniz (1646-1716). Er beantragte bei Friedrich III./I. (reg. 1688-1713) die Gründung einer brandenburgischen bzw. königlich preußischen Akademie der Wissenschaften, die 1700 auch erfolgte. Sein Vorschlag wurde wohl vor allem aus zwei Gründen approbiert: weil eine Akademie die preußische Krone schmücken konnte und weil sie sie nichts kosten würde. Die Finanzierung der Gelehrtenrepublik nämlich sollte über den Verkauf von Kalendern und über Zensurgebühren erfolgen. Dafür erhielt die Akademie ein Kalender- und ein Zensurmonopol (Letzteres erst 1708). Dass man eine Wissenschaftsförderungsinstitution zur Restriktionsbehörde macht, klingt zwar zunächst absurd, ist aber erstens so geschehen, ist zweitens nicht unbedingt anrüchig und drittens keineswegs ungewöhnlich. Bedeutende natur- und geisteswissenschaftliche Zeitschriften z.B. lassen auch heute noch eingehende Manuskripte von anderen Wissenschaftlern beurteilen, bevor sie sie für eine Publikation annehmen. Und die Mittelvergabe und Begutachtung durch Förderinstitutionen wie die DFG, die durch Wissenschaftler erfolgen, lenken eben nicht nur den Fluss der Geldmittel, sondern sie wirken sich ähnlich regulierend aus. Begutachtung, Beratung und Zensur waren und sind nahe verwandt.

Da Wissenschaftler ebenso wie Vereinsmeier äußerst schreibfreudig sind, ist ein Gelehrtenklub wie die preußische Akademie der optimale Untersuchungsgegenstand, um festzustellen, wie weit ein Zensuredikt befolgt wurde. Die Akademie hat sich anfangs redlich bemüht, wirklich alles zu zensieren, dessen sie habhaft werden konnte – was zu Auseinandersetzungen z.B. mit ostpreußischen Druckern geführt hat, die sich vor allem mit der Produktion von Papierstreifen mit Hochzeitsgedichten etc. ernährt haben: aber wie sinnvoll war es, den Wissenschaftlern situationsgebundene Knittelverse zu schicken, die durch den Zeitaufwand einer Prüfung ihren Wert verloren? Die Drucker trugen ihre Klage darüber bis vor den König – mit Erfolg; diese Zensur wurde danach den örtlichen Beamten bzw. Geistlichen übertragen. Die Akademie beschränkte sich darauf, Bücher zu zensieren bzw. sie führte über ihre Bücherzensur ein Protokoll. Nach den Informationen dieses Dokuments hat sie auf dem Höhepunkt ihrer Zensorentätigkeit (1709) 35 Schriften zensiert, 1710 noch 20, 1711 nur noch drei, und unter diesem Level bleibt ihre Tätigkeit bis 1733, bis zum Tode des Protokollführers und Sekretärs der Societät J.T. Jablonski: gelegentlich erinnerte sich jemand daran, dass die Akademie zensierte, und reichte etwas zur Begutachtung ein. Ob das wirklich alles war, was im Königreich Preußen gedruckt worden ist? Natürlich nicht. Das Protokoll ist trotzdem eine nähere Betrachtung wert: die Akademie hat 76 % der Schriften anstandslos passieren lassen, 18,5 % sollten verändert werden, und nur 5,5 % wurden verboten (wobei hinzugefügt werden muss, dass zu diesen 72 Fällen noch 25 hinzukamen, bei denen kein Urteil vermerkt ist und die also auch nicht in diese Statistik einfließen können). Drei Viertel der Schriften passierten die Zensur also anstandslos.

Der nachfolgende König, Friedrich Wilhelm I. (reg. 1713-1740), ist bekannt dafür, dass er den Präsidenten dieser Akademie, den Historiker Gundling, zu seinem Hofnarren gemacht hat, eine Rolle, die die Historiker heute noch häufig übernehmen, sei es freiwillig oder unfreiwillig. Das rigide Sparprogramm des Soldatenkönigs hatte in Berlin zu einer Wirtschaftskrise und beinahe zum Zusammenbruch des Staates geführt – gibt es auch hier Parallelen zur Gegenwart? Das ist ein anderes Thema. Hier ist Thema, dass nicht nur die Gehälter der Akademiker halbiert (oder ganz gestrichen) wurden, dass nicht nur deren Gebäude zum Verkauf ausgeschrieben wurde, sondern dass die Strafverfolgungsbehörde ebenso unsichere Zeiten erlebte. Der Generalfiskal Durham klagte 1716, dass er keine Untergebenen mehr ausschicken könne, weil sie so schlecht besoldet würden, dass sie ihren Lebensunterhalt mit Nebenjobs erwerben müssten und also fast nur ihre Freizeit für die Ausübung ihres Amtes übrig hätten. Er schlug vor, zusätzliche Fiskale einzustellen, was seiner Einschätzung nach keine zusätzlichen

Kosten verursachen würde, da sie ihren Unterhalt über die von ihnen verhängten Strafgebühren selbst erwirtschaften würden (hat dieser Gedanke etwa auch wieder Parallelen in der Gegenwart?). Der König approbierte. Diese Affäre ist insofern für die Zensur relevant, als es Aufgabe der Fiskale war, die Auslagen der Buchläden und damit auch die Einhaltung der Zensuredikte zu überprüfen ... In diesen unsicheren Zeiten fragte schon 1713 der Hofrat und erste Archivar Chuno an, ob sein (Zeitungs-) Zensorenamt etwa schon kassiert worden sei, ohne dass er es bemerkt habe. Das deutet darauf hin, dass ihn das Amt nicht sehr beansprucht hat. Dies war nicht der Fall, lautete der Bescheid. Wenn nun die Zensoren aber nicht mehr wussten, ob sie überhaupt Zensoren waren, und die Einhaltung der Gesetze kaum überprüft werden konnte, und das unter dem deutschen Beamtenkönig per se, dann ist schon fraglich, welchen Druck eine Zensur in der frühen Neuzeit überhaupt ausüben konnte. Zumindest war sie auf der Ebene der Gesetzgebung präsent. In den 27 Regierungsjahren des Soldatenkönigs ergingen 17 Zensurverordnungen – eine weitere Steigerung, verglichen mit den 10 Verordnungen, die Friedrich I./III. in 25 Jahren erlassen hat.

III.

Friedrich der Große ist bekannt und berühmt dafür, dass er die Zensur aufgehoben hat. Das geschah jedoch nicht aus Liberalität, sondern aus außenpolitischen Gründen: wer zensiert, übernimmt die Verantwortung für das Zensierte. Wenn Preußen also nicht mehr zensierte, konnten sich „frembde Ministri nicht ... beschweren ..., wenn in den hiesigen Zeitungen hin undt wieder Passagen anzutreffen, so Ihnen misfallen könten." Dieser (heute) berühmte Befehl vom 5. Juni 1740 war eine verwaltungsinterne Anweisung. Er wurde nie publiziert, hat womöglich selbst den Staatsrat nie verlassen, und somit konnte er von der Bürokratie problemlos unterlaufen werden. Das zeitigte in diesem Fall tatsächlich überhaupt keine Folgen. Denn schon wenige Monate später fiel der König mit seiner Armee in Schlesien ein und wies die Drucker an, über die schlesischen Angelegenheiten Stillschweigen zu bewahren (25. Januar 1741), womit die Zensur schon wieder „reinstalliert" war. Und am 9. Juli 1743 wurde Kriegsrat Ilgen zum Zeitungszensor qua Edikt ernannt, woraus hervorgeht, dass spätestens dann die Zeitungen wieder ganz offen zensiert wurden. Als Rechtfertigung für diese „Wiedereinführung" der Zensur diente ein Argument, das zwar in sich widersprüchlich war, das aber trotzdem die Publikationsgeschichte bis heute begleitet: der Vorwurf vom „Missbrauch der Freiheit".

1747 stieß der neue Präsident der Akademie, des Königs Freund Pierre Louis Moreau de Maupertius, im Akademiearchiv auf die Unterlagen der Zensur. Er hatte Recht in der Erkenntnis, hier auf eine ungenutzte Goldader gestoßen zu sein, und er drang beim König mit dem Wunsch durch, die Zensur in der von Leibniz gewollten, allgemeinverbindlichen Form zu reanimieren. Ein allgemeines Edikt erging, gegen das sich so allgemeiner Protest erhob, dass es wieder zurückgekommen werden musste. Damit stellt sich die Frage: Warum wurde 1708 nicht so massiv protestiert, was hatte sich bis 1747 verändert? Inzwischen wurden alle Edikte zuverlässig in einer Gesetzsammlung veröffentlicht. Sie galten also nicht nur in der gesamten Monarchie, sondern sie wurden auch in ihr bekannt. Unabhängig davon waren die Einwände gegen die Zensur die alten: ein Gelegenheitsgedicht konnte man nicht zur Begutachtung von Tilsit nach Berlin schicken, ohne den Ruin des Druckgewerbes zu riskieren. Zumal es im „Königreich der Grenzen" (Voltaire) ein Leichtes war, außerhalb zu drucken – denn zensiert wurde immer am Druckort; ein solches Ausweichen war völlig legal. So wich man z.B. in der preußischen Druckerstadt Halle an der Saale im Zweifelsfalle in das konkurrierende Leipzig aus. Leipzig hatte ein sehr liberales Zensurwesen und konnte sich daher als Zentrum des deutschen Buchhandels positionieren. Darin zeigte sich wieder, dass es wirtschaftliche Kriterien waren – wie die Konkurrenz des liberaleren Auslandes (so es liberaler war) –, die das wirkungsvollste Argument zur Abschaffung bzw. Einschränkung der Zensur waren. Um den Fall abzuschließen:

Die Akademie musste trotzdem nicht darben; sie erhielt das Privileg für die genannte preußische Gesetzessammlung. Deren Manuskript wiederum wurde vom Staatsrat bzw. vom König selbst zensiert. Was man sich auf der Zunge zergehen lassen kann: ein Gesetzbuch, das vom Gesetzgeber zensiert wird!

Die Neuregelung der Zensur, deren Notwendigkeit durch diese Affäre sichtbar wurde, blieb unerledigt auf den Schreibtischen liegen, und zwar bis zum Edikt von 1753, das die Zensur dann flächendeckend und, wo nötig, dezentral regelte. Davor interes-

sierte sich kaum jemand für sie, und danach, je mehr Jahre ins Land gingen, auch fast niemand. Sie wurde äußerst lax gehandhabt, ja, gegen Ende des Jahrhunderts war sie fest in der Hand der preußischen Aufklärer, so dass sie kaum noch ein Druckmittel, sondern eher schon ein Instrument der Kulturpolitik war. Und das war bekannt, wurde ausgesprochen und auch geschrieben. Die Existenz einer Zensur in dieser Form konnte man durchaus rechtfertigen, wie es z.B. der „Staatssekretär im Justizministerium" Ernst Ferdinand Klein (1743-1810) tat, der nicht nur als Zensierter, sondern auch als Zensor, als Mitarbeiter an Zensurgesetzen wie als (äußerst liberaler) Richter in Zensurprozessen die Materie ausgezeichnet kannte: ihre bloße Existenz sporne die Autoren an, sich stärker anzustrengen, und darüber hinaus verleihe sie Schriften das ihnen gebührende Gewicht. Deshalb sei eher ihre Abschaffung als sie selbst zu fürchten: „Ich fürchte nehmlich, daß da, wo Alles geschrieben werden darf, nichts mehr sonderliches Aufsehen erregen wird, und daß sich dort auch diejenigen Schriften, welche Beherzigung verdient hätten, unter dem Wust der übrigen verlieren." Dahinter steckte die Vorstellung, dass die Zensur vorrangig qualitativ schlechte Schriften unterdrücken würde. Man mag das zwar als „deutschen Idealismus" abtun, jedoch wollte Klein erstens die politische Kritik freigeben – denn sie hilft, die Regierung zu verbessern und nützt ihr also – und die Literatur und die philosophisch-theologische Diskussion ebenfalls. Das wäre ein ganzes Stück weit nur die Anpassung der Gesetzeslage an die preußische Realität gewesen. Zweitens bewies sich Klein mit seinen weiteren Worten nicht als Idealist, sondern als Realist: (aus diesem Untergang des Wichtigen in der Masse) „entsteht eine zu große Gleichgültigkeit der Staatsverwalter gegen die Meinungen des Publikums; und doch ist es eben diese Scheu vor dem Publikum, welche den Eigendünkel und den Despotismus in Schranken hält." Ist das reiner Idealismus? Der vorletzte deutsche Bundeskanzler, Dr. Helmut Kohl, rief seinen Kritikern im deutschen Bundestag zu: „Die Hunde kläffen, die Karawane zieht weiter."

Doch zurück ins achtzehnte Jahrhundert. Ein Versuch besagter Aufklärerclique, die moderate Zensur über den Tod des „aufgeklärten Absolutisten" Friedrich II. 1786 hinaus zu retten, bestand im Zensuredikt von 1788, das zwar verhältnismäßig streng ausfiel – es wurde in der Presse heftig angegriffen und war tatsächlich auch (auch!) obrigkeitliche Reaktion auf die publizistische Kritik des vorangegangenen, restriktiven Religionsediktes –, das jedoch den noch rigideren Vorstellungen des Königs, Friedrich Wilhelms III., und seines Ministers Johann Christoph Wöllner, knapp zuvorkam und so weit Schlimmeres verhindern konnte. Während der kurzen Regierungszeit Friedrich Wilhelms III. (1786-1798) gelang es den Aufklärern tatsächlich, mit eben diesem Zensuredikt und mit den Rechtsregeln des noch von Friedrich dem Großen initiierten „Allgemeinen Landrechts für die Preußischen Staaten" die wichtigsten Anstrengungen des Königs und seiner Minister, eine konservativere Linie zu fahren, zu unterlaufen. Die aufgeklärten Zensoren, die man schon damals als Beamte ihres Amtes nicht mehr so leicht entheben konnte (Ausnahmen bestätigen hier wirklich die Regel), konnten alle Angriffe des Königs und seiner Minister, über ihre Zuständigkeit hinweg (und damit jenseits der Rechtswege) die Zensur zu verschärfen, vereiteln.

Jedoch wurde am Ende des Jahrhunderts, im Zeitalter der Französischen Revolution, alles das, was bis dahin theoretische (Naturrechts-) Philosophie war, zur Politik. Es wurde „staatsgefährdend", was vorher nur „kritisch" gewesen war. Die Presse zog immer mehr Aufmerksamkeit der Regierungen auf sich, will sagen, die Regierungen richteten immer mehr Aufmerksamkeit auf die Presse. Friedrich II. hatte in seinen 47 Regierungsjahren 49 allgemeingültige Zensurverordnungen erlassen, sein Nachfolger 29 in nur 13 Jahren. Unter Friedrich Wilhelm IV. (reg. 1798-1840) waren es bis 1819 (also bis zu den Karlsbader Beschlüssen, die die Zensur in den Staaten des Deutschen Bundes vereinheitlichte und damit die eigenständige Zensurgeschichte der deutschen Länder beendete) in 21 Jahren 130 Edikte. Diese Entwicklung ist allerdings nicht ganz so erschreckend, wie sie auf den ersten Blick wirkt: der „Regelungsbedarf" – mit anderen Worten: der Buchmarkt – entwickelte sich ähnlich schnell. Die Restriktion versuchte nur, Schritt zu halten.

IV.

1808/09 wurde die erste Zensurbehörde auf preußischem Boden errichtet: erst und nur in diesen Jahren gab es also ein eigenständiges „Zensuramt". Bis dahin hatte es nur Beamte gegeben, die *auch* zensiert hatten. Dies geschah bezeichnenderweise nicht durch das preußische Beamtenkönigtum, sondern durch die napoleonische Militärmonarchie, durch die französische Besatzungsmacht also. Als Zensor bediente man sich einer ortsansässigen Kraft, des Predigers der Hugenotten-Gemeinde, Hauchecorne. Diese Zensur musste nun auf die Wirtschaft des Landes keine Rücksicht mehr nehmen. Napoleon höchstselbst hatte als Verwaltungsmaxime für das besetzte Land ausgegeben: „Il faut faire argent de tous.“ Das Wohlergehen des Landes und seiner Bevölkerung war nachrangig. Entsprechend konnte die (politisch orientierte) Zensur rücksichtslos ihre Ziele durchsetzen. Hauchecorne hat über seine Tätigkeit Protokoll geführt – für den Fall, dass er sich nach deren Ende rechtfertigen müsse, ein Fall, der dann tatsächlich auch eintraf. Doch das Ergebnis seiner Tätigkeit ist verblüffend. Zwar hatte der bis dato strengste Zensor in preußischen Landen doppelt so viele Bücher verboten wie die Akademie – 11 Schriften, also 10,7 % –, dem stehen aber 78,6 % (81 Schriften) gegenüber, die er unbeanstandet passieren ließ, und damit sogar mehr, als die Akademie durchgelassen hatte. Vor dem Druck verändert werden mussten weitere elf Schriften.

Nach dem Abzug der Franzosen wurde das Zensuramt wieder aufgelöst, kam die Zensur also wieder in das Nebenamt der verschiedenen preußischen Beamten. Die pränapoleonische Liberalität der Pressepolitik hat Preußen jedoch nie wieder erreicht. Vor und während der Befreiungskriege, in den Jahren 1813 bis 1815, hatte ein Vertrauter des Staatskanzlers Hardenberg die Zensur der philosophisch-politischen Schriften inne, Legationsrat Renfner. Zu dieser Zeit war der (dieser) Zensorenposten ein Schleudersitz: die Genehmigung von unliebsamen Schriften konnte die Relegation von (diesem) Amt nach sich ziehen, was auch regelmäßig geschah. Um gegen eventuelle Anschuldigungen Vorsorge zu treffen, hatte Renfner ebenfalls über seine Tätigkeit ein Protokoll geführt, das er dem Staatskanzler regelmäßig vorlegte. Seine politisch interessierte Zensur kam zu folgendem Ergebnis: 78,5 % der Schriften wurden erlaubt, bei 4,5 % waren Veränderungen nötig, aber ganze 17 % (von insgesamt 200 Schriften) wurden verboten.

Zweifellos ist aus dieser Strenge Renfners Angst vor dem Verlust dieser einträglichen Tätigkeit herauszulesen (seine Relegation hat er trotzdem nicht verhindern können). Fast noch überraschender ist aber, dass auch Renfner drei Viertel der Schriften unbeanstandet hat passieren lassen!

V.

Und das ist auch das kurze Fazit dieser langen Geschichte. So unkoordiniert und ineffektiv die (preußische) Zensur auch immer war: offensichtlich konnte sie es sich erlauben, offensichtlich konnten es sich die Zensoren immer erlauben, drei Viertel der Schriften zu genehmigen. Und das unter dem frühen, unentwickelten Absolutismus wie unter einer Fremdherrschaft, die an keine Rücksichten gebunden war, wie auch in der entwickelten Bürokratie des neunzehnten Jahrhunderts; das unter Regierungen, die sich nur für ihre Reputation interessiert haben, nur für Glauben und Soldaten, für Aufklärung, Macht und Soldaten und auch unter solchen, die an wenig bis gar nichts interessiert waren. Und das unabhängig von der Tatsache, dass erstens die Faktenüberlieferung lückenhaft ist, dass zweitens niemals alle Zensoren, Autoren, Drucker, Verleger und Buchhändler über die jeweilige Rechtslage überhaupt informiert gewesen sein konnten, und dass drittens niemals, wirklich niemals alles zensiert worden war, was in den Druck ging. Selbst die Zensurprotokolle haben nur die Bedeutung von Stichproben. Aber zusammen mit den anderen Unterlagen zeigen sie doch, dass die frühneuzeitliche Zensur ihren allgemeingültigen Anspruch nie durchsetzen konnte. Sie war selbst nur eine Stichproben-Zensur.

Wenn ein so ineffektives System beibehalten wird, ein so offensichtlich ineffektives System, dann heißt das, dass niemand eine Notwendigkeit verspürt hat, es zu ändern – sprich, dass es trotzdem ausreichend funktioniert hat. Das heißt wiederum, dass die eigentliche Zensurarbeit nicht von den Zensoren erledigt worden sein kann, sondern noch bevor die Manuskripte auf ihren Tisch gekommen sind, also von den Verlegern, Druckern, Verlagsbuchhändlern oder gleich von den Autoren. Das lässt sich so beweisen. Die Schere im Kopf ist das Hauptinstrument der Zensur, ist ihr gefährlichstes Werkzeug. Das erklärt auch, warum man hundert Jahre später, 1919, auf eine Zensur so leichtherzig verzichten konnte. Gelegentliche Abschreckungsmaßnahmen reichten, um Autoren und Verleger in der Masse zu disziplinieren. Und effektiv war die staatliche (Vor-) Zensur sowieso nie. Was wirklich gedruckt werden wollte, das fand auch immer Wege, gedruckt zu werden, und sei es im Ausland, in Leipzig z.b. oder im dänischen Altona, vor Hamburgs Toren. Und war es einmal gedruckt, dann griff das Strafrecht – die Nachzensur. Dies war *auch* in der hier betrachteten Zeit von 1640 bis 1819 der Fall, und es ist bis heute so. Und die Nachzensur war und ist nur umso unerbittlicher. Denn sie *kann* die Existenzen von Autoren wie Verlegern nicht nur ökonomisch vernichten, sondern sie *tut* es auch immer wieder einmal. Und lässt sie „Gnade" walten, so ist auch das nicht „kontraproduktiv", denn meistens reicht doch schon das Bewusstsein ihrer Existenz, um die Schere im Kopf zu wetzen.

Auch im Falle von Billers „Esra" schlug also das Strafrecht zu (der Persönlichkeitsschutz) und kein Zensurrecht – auch, wenn das Gericht hier wie eine Nachzensur gearbeitet hat. Das Verbot der „Esra" ist damit ebenso wenig ein Beweis für die Existenz einer Zensur in der Bundesrepublik wie das frühere von Klaus Manns „Mephisto".

In beiden Fällen zeigt sich aber auch die prinzipielle Problematik der Zensur. Sie lenkt die Aufmerksamkeit der Öffentlichkeit auf die inkriminierten Werke, die man doch gerade verschwinden lassen will. Eine Aufmerksamkeit, die Geschriebenes sonst schwer erfährt. Auch das ist aber nicht wirklich „kontraproduktiv", denn diese Aufmerksamkeit ist nicht unbedingt positiv, weil sie den Autor dauerhaft als „problematisch" brandmarkt. Das ist insofern gefährlich, als die stärkste Bedrohung der Pressefreiheit in einem Land, das keine Zensur mehr kennt, ja nicht mehr in den Staatsorganen besteht, sondern in der Presse selbst, im Medienmarkt, dessen Mechanismen sie unterliegt. Es sind die Strukturen der Vermarktung – der Anpassungszwang an einen marktgängigen,

„unproblematischen" Mainstream, an mehrheitsfähige, quoten-
trächtige Gleichförmigkeit. Was hat heute eine Chance auf die
öffentliche Aufmerksamkeit, was geht unter? Welche Autoren,
Stoffe, Verlage werden mit Preisen geehrt – was hat keinerlei
Chancen, gehört zu werden, und sei es noch so gut, und sei es
sogar schon gedruckt? Was kommt in die Buchhandlungen, in die
öffentlichen Bibliotheken, welche Verlage sieht man in den Auslagen, welche Romanstoffe bevölkern die Schaufenster, und was
kommt nicht einmal ins Regal? Der Markt und seine ungeschriebenen „Gesetze", auf die sich heute alle Entscheidungsträger zur
Abwehr jeglicher Kritik so gerne berufen, ist die größte Gefahr
für die Pressefreiheit, für die Meinungsfreihcit geworden. Nein,
es erweitert nicht nur den Horizont, Bücher von Kleinverlagen zu
lesen, sondern es ist ein aktiver Dienst an der Pressefreiheit. Es
ist schon traurig, dass wir in einem Land, das keine Zensur mehr
kennt, wieder wie vor 1848 singen könnten: „Die Gedanken sind
frei ..." Die Gedanken ja, aber nicht die Medien!

Ingeburg Schirrmacher
Wer schreibt der bleibt

Es zündelte zwischen den großen Kriegen. Das zwanzigste Jahrhundert. Noch keine Halbzeit. Aber nach durchhungerten Steckrübenwintern und Börsenchaos ersehnte die deutsche Nation neue Ordnungsmuster.

Erwachend begann sie, sich in ihrem großen Führer zu feiern.

Aufsatzthema: „Mahomed und Hitler", vom Mythos der Eroberer.

Nachsitzen: Fünfzig Mal schreiben: „Es ist Verrat am deutschen Soldaten, wenn ich die Schule schwänze." Gewürzt mit dem launigen Kommentar des pädagogischen Strafvollstreckers – Wer schreibt, der bleibt.

Muttersprache. Gedemütigt, verraten, eingefärbt ins unsägliche Braun der Brüller und Henker. Muttersprache. Seufzer, Sehnsucht. Stammelnde Versuche, dem Unbegreiflichen – Krieg, Nachkrieg, steinkaltes Haus – mit sentimental-poetischen Schreibübungen, mir im Leserausch bei Rilke, Hölderlin und anderen zugeflogen, seinen Schrecken zu nehmen.

Sprache, Zuflucht, Insel der Seligen, die ich nur heimlich betreten durfte. Selbst in schwer fassbaren Texten, die ich unbedarft, dennoch hingerissen, betört vom Wohlklang und dem Geheimnis ihrer Schönheit, tief genoss, entdeckte ich seltsame Botschaften an mich. Fand ich Möglichkeiten der Zwiesprache.

Die ersten Tagebücher. Immer auf der Flucht vor der Neugier der Erwachsenen. Heimliche Briefe, die nie abgeschickt wurden an erträumte Empfänger. Und schon damals hartnäckig auf dem U in meinem ungeliebten Vornamen beharrend. Denn INGEBORG – das klang wie ungeborgen; geborgt sein. Unter Vorbehalt leben. Was träumte die Frau, als sie mich, das noch Namenlose, trug. Was geschah mit ihr, als sie mich ausstieß auf der blutigen Flut ihrer Schmerzen. Wusste sie schon, dass sie mich ein zweites Mal, schmerzlos, ausstoßen würde aus ihrem Leben?

Gepfändetes Leben. Wem schuldete ich es noch. Eine BURG sollte mich schützen. Und der Ersehnte würde mich finden, sein Herz werfen über die Dornenhecke, die mich Vergessene einschloss bis zum seligen Geweckt-Werden. So wollten es die Märchen. So stand es in meinen Briefen.

Schreiben: Abschreiben, festschreiben, hinschreiben zum Ich – so gerinnt der Wassergraben aus Tränen zögernd zur Niederschrift. Brennender Dornbusch. Dürstendes Unterwegssein. Lange. Durch brackiges Wasser, durch halbherziger Versprechen Steinschlag. Horizonte, endlos dämmernd zwischen Abend und Morgen. So kam ich zur Quelle. Wurde Ufer. Und erwartete das Echo. War nicht länger mehr namenlos. Irgendeine Kraft in mir begehrte auf, verlangte Gerechtigkeit. Auch Glück. Wo bist du? Zilp Zalp, läutet die Vogelflöte, und mein Herz springt sommerlich auf, stürzt in den schäumenden Strom unserer Jahre. Wie wir stritten, lachten, uns liebten. Das bleierne Räderwerk Alltag uns prüfte. Sichtblenden mit veränderter Schärfe. Die zunahm, abnahm, wie Mondlicht Dennoch: Das Salz nicht verschüttet. Die Liebe nicht verraten. In Ewigkeit nicht. Warum zögere ich, es aufzuschreiben. Ich bin mir verloren gegangen. Ich erkenne mich nicht mehr. Ich habe meine Liebe verloren an ein Schattenreich, mir noch fremd und unvertraut. Kein Baum, keine Wolke, kein Stein, der zu mir spricht. Hügel verstecken sich vor mir. Vor meinen Füßen flieht der Fluss. Was bleibt, ist Wüste. Und die Fröhlichen meiden mich fürsorglich.

Muttersprache. Magie der Worte. Ausgeliefert den raunenden Zeiten. Schmähwort, Trostwort, Flüsterwort. Immer wieder verführt, missbraucht, schmeichelnd umspielt, ins Dunkle, Vieldeutige getrieben, was doch leuchten sollte als Botschaft grenzenlos. War alles so vorbestimmt, als ich mich suchend, witternd im Schoß der mütterlichen Sprache wärmte; als sie mich zum ersten Schrei, zur Frage aller Fragen ermutigte: Wer bin ICH?

Wer schreibt, der bleibt Ein Wortspiel von beherzter Entschlossenheit. Erst in der Umkehrung verrät es seine hintergründige Weisheit. Denn Bleiben meint ja nicht notwendigerweise auch Schreiben. Aber Schreibenmüssen ist nicht nur lustvoll quälender Zwang. Vor allem vielleicht eine Form innerer Beschränkung, die in die Tiefe zielt. Sesshaft zu werden an einem Ort, der Gerüche, Farben, die Stimmen der Nacht bündelt wie ein Magnetfeld. Ein Ort, der Vertraut-Werden zulässt. Die behutsame Verwurzelung, die Zukunft meint. Manche nennen es auch Heimat.

Schreiben, aufschreiben, beschreiben. Festhalten, was bleibt. Die fliehende Zeit. Worte, Kristalle, vernunftvoll in Schönheit gereiht. Pulsierende Zellen, die über die Ufer unserer Sprachlosigkeit treten. Schmetterlinge, gaukelnd, schwer zu greifen im Glück. Worte, ummantelt von Trauer, nachtdunkel treiben sie mit dem Wind. Seufzer, verloren für immer. Aber manchmal gelingt es unruhevollen Herzen, sie zu berühren, ihr flüchtiges Siegel zu lösen. Dann fluten sie, wie durch Zauber getrieben, dein Innerstes. Und du fliegst, befreit, leicht wie ein Vogel, durch Lichtbögen, die alles erhellen. Die alles Getrennte verbinden. Morgen ist heute. Antwort ist Frage. Und Tod ist Leben. Systeme erklären sich wie im Spiel. Alles scheint fassbar. Alles ist sagbar, solange die Sternminute in dir brennt. Solange du das Mütterliche, das sich immer wieder Neu Gebärende der Sprache erfühlst. Muttersprache. Heimat. Ich schreibe. Also bleibe ich?

Ich schreibe – also bin ich – noch am Leben. Baum und Wolke
und Stein, sie sprechen wieder zu mir.
Und meine Liebe ruft mich aus allem.

Dunkler Satz

Syntax
Der Gliederung strenge Herrschaft.
Der Satz. Ein Spiel.
Auf dem Satz stehen lassen –
(Kaffee oder Tee) meinetwegen
        Jedenfalls Dunkles
Zum nachdunkeln
Nachdenken
Den Farben Formen
      Dem Duft
Mythos der Energien
Dunkles Geheimnis im Satz.
Dem Schlaflosen
      Mutlosen
Dem Ungeduldigen verheißt es
      Träume
Die Hoffnung am Morgen
Die Weisheit des Gärtners vom Reifen.

      Warum also
Soll ein Gedicht nicht reifen
Stehen auf dunklem Satz
Der zögernd seinen Duft entfaltet
      Vielleicht
Ein Herz berührt im Gaukelspiel
Verfrühter Schmetterlinge im März
Als sich im dunklen Satz
Die Schöpfung
Mir lächelnd offenbarte.

Salean A. Maiwald
Zum Schreiben braucht man eine Sprache

Endlich habe ich das Auskunftsbüro im lauten hektischen Bus-
bahnhof in Tel-Aviv gefunden. Ein älterer Herr hört sich, leicht
lächelnd, meine in Englisch vorgetragenen Fragen an – und antwortet mir auf Deutsch. Wir kommen ins Gespräch, und Joshua
V. schlägt vor, dass wir uns an einem der nächsten Tage im Café
Mersand in der Ben-Yehuda-Straße treffen, um uns weiter auszu-
tauschen. Das Café Mersand ist eines der letzten Cafés in Israel,
das in den dreißiger Jahren von deutschstämmigen Juden eröff-
net wurde, ein Ort, an dem auch heute noch Deutsch gesprochen
wird. Solch zufällige Begegnungen mit Juden deutschsprachiger
Herkunft, die mit dem Aufkommen des Nationalsozialismus
schon als Kinder oder Jugendliche ins damalige Palästina kamen,
ergaben sich häufig auf meinen Reisen in Israel. Oft genug such-
ten diese älteren Menschen geradezu das Gespräch mit mir, die
ich aus Deutschland kam; sie antworteten spontan auf Deutsch,
wenn ich meine englischen Sprachkenntnisse bemühte. Unter ihnen waren auch einige Schriftsteller, und immer wieder kreisten
die Erinnerungen und Gedanken um die Schwierigkeiten, die
sich für sie und ihre Umwelt ergaben, wenn sie in ihrer deutschen
Muttersprache schrieben.

Ein Blick auf die Geschichte. Getragen von dem Anspruch des
Zionismus, in Palästina eine nationale Heimstätte für die Juden
zu errichten, strömten spätestens seit der Jahrhundertwende
osteuropäische Juden in mehreren Einwanderungswellen in das
Land. Mit dem Aufkommen des Nationalsozialismus in Deutschland setzte ab 1933 massiv die Immigration einer ganz neuen
Gruppe ein: Juden, die nur zum Teil als überzeugte Zionisten,
sondern eher als Flüchtlinge kamen. Die meisten waren – vor allem in Deutschland – seit langem vollständig assimiliert gewesen.
Das deutschsprachige Judentum hatte eine Synthese von europäischem und jüdischem Gedankengut zustande gebracht, die

in Deutschland zu einer hohen Kulturblüte geführt hatte – eine Epoche, die mit dem Entstehen des Nationalsozialismus abrupt und unwiederbringlich ein Ende fand. Als die deutschen Juden die sich anbahnende Katastrophe, das Inferno der Gaskammern, zu ahnen begannen, war anfangs noch eine planvolle Auswanderung möglich; später blieb vielen bestenfalls eine panische Flucht, um das nackte Leben zu retten.

Die Einwanderer, die aus gut situierten Verhältnissen in den westlichen Städten plötzlich in Notunterkünfte in einem orientalischen, extrem fremden Land wechselten und Pionierarbeit in der Landwirtschaft oder im Straßenbau leisten mussten, hatten mit großen Anpassungsschwierigkeiten zu kämpfen. Mit ihrer einst überdurchschnittlichen beruflichen Qualifikation und ihren preußischen Tugenden wie Tüchtigkeit und Zuverlässigkeit hatten sie im Folgenden jedoch maßgeblich Anteil beim Aufbau des Landes.

Die Integration dieser Einwanderer erwies sich anfangs als schwierig. Viele bewahrten die deutsch-jüdische Kultur ihrer verlorenen Heimat, und damit blieb ihr kulturelles Leben auf das Medium der deutschen Sprache angewiesen. Nicht nur ihre kultivierten Lebens- und Umgangsformen, sondern eben das Festhalten an der deutschen Sprache erweckten oft genug den Argwohn der osteuropäischen Juden. Im aufstrebenden Staat Israel verwischten sich allmählich die Spuren der Herkunft, doch den letzten der deutsch-jüdischen Emigranten blieb ihr kompliziertes und zwiespältiges Verhältnis zur einstigen Heimat.

Für diejenigen, die das Hebräische oft gar nicht oder nur lückenhaft erlernten, gab es mehrere deutschsprachige Zeitungen, von denen heute nur noch die „Israel Nachrichten" übrig geblieben ist. Die Chefredakteurin, Alice S., ist eine gebürtige Wienerin. Obwohl sie ihren achtzigsten Geburtstag bereits vor einigen Jahren feierte, denkt sie noch nicht ans Aufhören, sondern arbeitet täglich mehrere Stunden in der Zeitungsredaktion. Ich besuchte sie in dem viel zu engen Büro, voll gestopft mit alten Zeitungen. Alice S. hat selbst einige Bücher geschrieben, natürlich in Deutsch.

Am erfolgreichsten und raschesten wuchsen Schüler und Studenten nach der Emigration in die neue Sprache hinein, da sie in der Schule und der Universität gezwungen wurden, Hebräisch zu sprechen. Doch auch unter diesen günstigen Bedingungen des hebräischen Spracherwerbs wurde die Muttersprache Deutsch nicht verdrängt. Selbst Intellektuelle, die in ihrem öffentlichen Leben fließend Hebräisch sprechen, gestehen, dass sie nach deutscher Lektüre greifen, wenn sie ein Buch „zum Genuss" lesen wollen.

Heute leben in Israel noch einige tausend Menschen, deren Muttersprache Deutsch ist. Sie sind inzwischen zumeist über siebzig Jahre alt. Die fremde hebräische Sprache bereitete ihnen große Schwierigkeit. Sie schlossen sich häufig in Gruppen gleicher Herkunft zusammen und sprachen weiter Deutsch. Das war zeitweise nicht unproblematisch, während der Krieg über Europa tobte und auch danach, als fast jede jüdische Familie Angehörige betrauerte, die in den Konzentrationslagern umgekommen waren. Juden deutscher Herkunft mussten ihre Muttersprache, die zur Sprache der Mörder geworden war, verstecken, und vermieden es, in der Öffentlichkeit Deutsch zu sprechen.

Eine schwierige Situation, die sich für deutschsprachige Schriftsteller zur existenziellen Bedrohung ihres Schreibens auswuchs: Das Heimatland Deutschland mordete seine Juden, und in der neuen Heimat Palästina war Deutsch an vielen Orten nicht erwünscht, durfte auf der Straße, in den Geschäften oder im Bus nicht gesprochen werden. „Man hätte uns erhängt", erinnert sich Yehudi B. Auf Zeitungsredaktionen, die deutschsprachige Zeitungen druckten, wurden Sprengstoffanschläge verübt, und Kioske, die diese Zeitungen verkauften, wurden angezündet. An diese Jahre erinnert sich Alice S. noch genau. Eine Situation, die für manchen Schriftsteller einem Sprachmord gleichkam. Sie gerieten in eine *double-bind*-Situation: Das Unbewusste sagte, schreib in Deutsch, und der Verstand warnte: Nein, das ist die Sprache der Mörder. Die Sprache des neuen Heimatlandes, Hebräisch, stand ihnen – noch – nicht wortreich genug zur Verfügung. Die Schriftsteller verloren ihr wichtigstes Handwerkszeug, ihre Sprache.

Oft wurde das Schreiben jahrelang unterdrückt, manchmal in einer fremden Sprache versucht oder das Geschriebene vernichtet. Manchmal wurde der Wunsch, eigene Texte zu schreiben, überhaupt begraben.
Wie bei Ada B., die 1938 als Vierzehnjährige nach Palästina kam mit dem glühenden Wunsch, Schriftstellerin zu werden. In ihrer Heimatstadt Frankfurt/Oder hatte sie bereits wie besessen geschrieben. Vor ihrer Flucht wurde sogar ein Kinderroman von ihr in einer Zeitung abgedruckt, und diese Veröffentlichung ermöglichte es ihr, in Palästina umsonst eine Schule zu besuchen. Ihre Eltern, die nur wenige Monate später das Land erreichten, hätten ihr eine Schulbildung nicht bezahlen können. Obwohl Ada B. schnell Hebräisch lernte und ein Studium absolvierte, ist sie

nach eigenen Aussagen nicht vollständig in die Sprache hineinge-
wachsen, erreichte nie mehr die Sicherheit und Leichtigkeit wie
früher mit dem Deutschen. Auf der Terrasse ihrer Jerusalemer
Wohnung erzählt sie leicht wehmütig, wie begeistert sie früher auf
dem Frankfurter Gymnasium Deutschaufsätze geschrieben habe,
dass es aus ihr herausgesprudelt sei. Das völlige Gegenteil dann
in Palästina, als das Aufsatzschreiben in Hebräisch zu einer Qual
wurde. Tagelang zog sie sich zurück, doch das Schreiben floss
nie wieder wie von selbst aus ihr heraus. Bilder und Metaphern,
über die sie in Deutschland wie selbstverständlich verfügt hatte,
konnten nicht einfach in die neue Sprache übernommen werden, waren nicht stimmig in der veränderten Umgebung. Diesen
Sprachschock hat Ada B. nie überwunden. Zwar übersetzte sie Rilke und Celan ins Hebräische, doch ihr Lebensziel, Schriftstellerin
zu werden, gab sie auf.
Ein leichter Berliner Tonfall fiel mir beim ersten Telefongespräch
mit Annemarie K. auf. Ja, sie ist in Berlin geboren, im Kriegsjahr
1916. Unter Hitler emigrierte sie in die Schweiz und lebte ab 1947
in den Vereinigten Staaten. Dort sprach sie nur Englisch. „Ich
habe mein Deutsch absolut vergessen", sagt sie. 1968 wanderte
sie nach Israel ein und ließ sich in Jerusalem nieder. Fing an zu
schreiben. Gegen ihren Willen drängten sich deutsche Worte in
ihre englischen Gedichte. Lachend erzählt sie, dass sie irgendwann nicht mehr dagegen kämpfte und akzeptierte, dass beim
Schreiben ihr Unbewusstes stärker sei als ihr bewusstes Wollen.
Es dauerte, bis ihr die deutsche Sprache wieder sicher zur Verfügung stand. Sie reiste nach Deutschland und schaut in Israel viel
deutsches Fernsehen. Inzwischen hat sie eigene Gedichtbände
veröffentlicht – auf Deutsch.

Fritz W. lebt im äußersten Norden von Israel, in Nahariya. Als er
sich 1936 als ausgebildeter Jurist und Pianist am Strand von Nahariya niederließ, gab es den Ort noch nicht. Fritz W. blieb, bestritt
seinen Lebensunterhalt als Postangestellter und schrieb – Prosa,
Gedichte und Musicals, für die er auch die Musik komponierte.

Als ich den 92-Jährigen kennen lerne, ist er geistig voll auf der Höhe, spielt sogar jeden Tag noch auf seinem Flügel, den er aus Deutschland retten konnte. Er mag nicht aus seinem „verpfuschten Leben" erzählen. Neben allen politischen Tragödien musste er auch in seinem privaten Leben viel erleiden; drei Ehefrauen starben, und die einzige Tochter verübte Freitod. „Doch das Schlimmste ist, dass ich ein Deutscher geblieben bin. Ein Jude zwar, doch ein deutscher. Auch nach siebzig Jahren hier in Israel. Ich verdanke dem Land mein Leben, doch es gefällt mir nicht hier. Natürlich spreche ich Hebräisch, lese es auch, doch nicht gut genug. Geschrieben habe ich immer nur in Deutsch. Hier, lesen Sie das Gedicht von mir. Nicht dass Sie denken, ich könne kein richtiges Deutsch mehr schreiben."

Eva A. bewohnt in Jerusalem ein gemütliches kleines Haus, das in einen üppigen Garten übergeht. Sie ist eine der Frauen, die sich um die vielen herrenlosen Katzen, die Jerusalem bevölkern, kümmert – zahlreiche Fressnäpfe an der Eingangstür ihres Hauses zeigen, dass sie eine große Katzenschar beköstigt. Eva A., gebürtige Wienerin, ist Archäologin, Malerin und Schriftstellerin. Als sie fünfzehn Jahre alt war, wanderten ihre Eltern mit den Kindern nach Palästina aus. Eva A. verlor nicht nur die Heimat, sondern auch die Sprache, denn „ich hatte mich gerade in die deutsche Sprache verliebt und las sehr viel. Das war wirklich ein Verlust, nun Hebräisch sprechen zu müssen." Inzwischen beherrscht sie das Hebräische fließend. Sie war über fünfzig Jahre alt, als sie mit dem Schreiben anfing, hervorgerufen durch ein spirituelles Erlebnis. In einer Art Trance schrieb sie einen Text – in Deutsch. Seitdem schreibt sie regelmäßig. Bei meinem letzten Besuch im September 2004 sagt sie beim Abschied: „Ich bin froh, dass man in Jerusalem wieder Deutsch sprechen kann. Ich brauche es zum Schreiben."

Erminia Viccaro

Schreiben auf Deutsch – vier Phasen

1. An & Ab & Aus

Den ersten deutschen Menschen meines Lebens, den habe ich in Rimini gesehen, ich war ungefähr sieben Jahre alt und zum ersten Mal am Meer. Ich habe damals auch nicht einen Deutschen gesehen, sondern viele Deutsche auf einmal, also kann ich jetzt nicht sagen, welcher von ihnen der erste überhaupt gewesen ist. Es ist eher so, dass ich eine Gruppe deutscher Menschen zum ersten Mal sah, und sie waren eindeutig keine Italiener. Sie waren hellhaarig, hellhäutig und helläugig. Und auch sehr bunt, was damals in Italien eine Seltenheit war. Bunte Kleidung war den Ausländern vorbehalten, Italiener waren nicht grell, vor allem nie gelb. Meine ersten Deutschen waren also bunt gekleidet und groß, viel größer als die Durchschnittseinheimischen.

Sogar die Kinder waren groß gewachsen und trugen lustige, gestreifte T-Shirts. Ich sehe diese Menschen wieder vor mir, wie sie an Cafétischchen sitzen und an riesigen Eispokalen schlemmen. Es waren Pokale mit viel Sahne

250

drauf, und ich hatte einen Gedanken dazu: Deutsche sind reich. Während meiner gesamten Kindheit habe ich nie ein so großes Eis mit Sahne gegessen.

Mein Vater verbrachte viel Zeit mit den Deutschen. In unserer Pension wohnten viele von ihnen, und abends schauten sie Fußball im Fernsehen. Vater konnte kein einziges deutsches Wort, trotzdem hatte er großen Spaß mit ihnen. Morgens bei dem Frühstück erzählte er Mutter und mir, wie das Spiel ausgegangen war und wie viel Bier die Deutschen getrunken hatten. Er war wirklich sehr erstaunt, aber nicht abfällig, sondern sprachlos. Das war sogar mir aufgefallen, und ich fand es befremdlich. Ich sah die Deutschen vormittags in der Pension trinken, vor dem Mittagessen und auch danach. Immer wieder zwischendurch. Keine Frage, sie waren ein reiches, durstiges Völkchen.

Als junge Frau hatte meine Mutter Deutsch gelernt, hauptsächlich Gedichte, und sie schwärmte für Heine. Ab und zu sagte sie einen ganzen Satz in dieser Sprache, die ich nicht verstand und die den Mund meiner Mutter so witzig formte. Ich wollte mehr als einen Satz hören, aber erst wenn ich „mehr!" sagte, trug sie das gesamte Gedicht vor. Ich merkte, dass es eines war, weil ich die Reime erkennen konnte. Wenn sie mir das Gedicht übersetzte, wurde ich noch aufmerksamer: Der Text war immer so traurig, ja richtig herzzerreißend, und ich wollte, dass sie zu übersetzen aufhörte. Sie wurde nämlich selber traurig dabei. So lernte ich als kleines Kind irgendwann, kein „mehr!" zu sagen. Ich hörte den ersten Satz und wusste, dass noch viel mehr davon kommen würden, wenn ich sie aufforderte, aber ich schwieg. Mein erster Eindruck war: Deutsch ist traurig.

In Rimini nutzte Mutter ihr Können kein bisschen. Außer „guten Tag/Abend/Nacht" konnte sie gar nichts sagen. Und wenn wir abends im Speisesaal aßen, merkte ich, wie versunken sie war, wie entfernt von uns: Sie hörte den deutschen Menschen aufmerksam zu, die an den Tischen um uns herum saßen. Deutsche Menschen waren so schwer verständlich! Allerdings habe ich später erfahren, warum sie so konzentriert horchte, arme Mutter!

Mit vierzehn hatte ich meine erste, verzweifelt ersehnte Schulstunde Deutsch. Aus jener Zeit habe ich die ersten beeindruckenden Vokabeln behalten: Katze, klettern, Affe, Pfadfinder und ursprünglich. Die Konversationslehrerin kam aus München und war sehr hellhaarig, -häutig und -äugig und erzählte meiner Klasse, dass man in München das reinste Deutsch spricht. Sie war von dieser Reinheit wie besessen. Sie gab uns viele Beispiele, unter anderem erklärte sie uns, dass wir den Anfangsbuchstaben B wie ein P aussprechen sollten. Nur dann habe man die richtige, saubere, Münchnerisch-deutsche Aussprache. Ich erinnere mich noch an Ponn, Perlin, pillig und Agnes Pernauer. Diese Lehrerin schwärmte uns das authentische deutsche Lebensfeeling vor, sie sagte, dass die Deutschen wahre Demokraten seien, weil auch in den großen Firmen würden sich zu Fasching sowohl die Chefs als auch die einfachsten Angestellten zusammen betrinken und Gaudi haben. Sofort musste ich an meine Rimini-Deutschen denken, und ich machte mir große Sorgen. Ich trank nicht, ich habe nicht getrunken, ich trinke nicht, und ich werde keinen Alkohol trinken, vier Zeitformen von „trinken“, die ich ausnahmsweise gut beherrschte.

Eines Tages brachte die Lehrerin eine Zeitschrift mit und las der Klasse einen Artikel daraus vor. Wir mussten zuhören, verstehen, und später ihre Fragen über den Text beantworten. Ich verstand mehrere „und“, „aber“, „sie“, „nicht“, „der“, „das“, „ein“ ..., aber kein einziges Hauptwort. Sie las schon fünf volle Minuten vor, als ich endlich „platzen“ vernahm, und das kam von „Platz“, es bedeutete also „Platz nehmen“. Ich hatte nicht den geringsten Zweifel. Es klang einfach logisch, und die Lehrerin erinnerte uns ständig daran, dass die deutsche Sprache eine sehr logische Sprache sei.

Wegen ihres Ticks mit dem B am Wortanfang glaubte ich noch Jahre später, dass die Glocken pimmeln, weil das Ding, das hin und her schlägt, ein Pimmel ist. Und, wegen ihrer deutschen Sprachlogik, dass „Kreislauf“ „im Kreis laufen“ bedeutet, ein anderes Wort für „Ringelreihen“.

Eines Tages begegnete mir das Wort „Geschlechtsverkehr“. Ich suchte die Übersetzung des Wortes „Geschlecht“ im Wörterbuch.

„Verkehr" kannte ich schon, es bedeutete „Umgang", und glaubte dann, dass „Geschlechtsverkehr" ein eigentümlicher Begriff sei, vielleicht etwas typisch Deutsches. In meinem italienischen Gehirn bedeutete dieses Wort: „Der Umgang, den Adlige verschiedener Stammbäume untereinander pflegen". Ich grübelte lange darüber nach, warum das Deutsche einen so speziellen Ausdruck für eine bestimmte Schicht und ihren Umgang miteinander hat. Und ich versuchte sogar, eine politisch-historische Erklärung dafür zu finden.

Am spannendsten bei einer Fremdsprache finde ich immer noch die Begriffe, die nicht direkt übersetzbar sind, sie sind so faszinierend! Schon damals in der Schule fing ich an, sie zu sammeln. Am erstaunlichsten fand ich, dass die deutsche Sprache mehr Ausdrücke für Zärtlichkeiten als die italienische kennt. Kuscheln, knuddeln, schmusen, schmiegen, gern haben, mögen, lieb haben, lieben ... Und obwohl bei Heine von knuddeln bestimmt nie die Rede war, erinnerte ich mich an die romantischen Gedichte, die mir Mutter vorgelesen hatte. Also wunderte ich mich nicht, für mich waren die Deutschen ausgesprochen liebesfähig.

Alles, was ich auf Deutsch in die Finger bekam, wurde von mir eifrig übersetzt. Leider besaß ich nur ein völlig unzulängliches Wörterbüchlein, das noch das Wort „Schwefelhölzchen" führte. Mein Eifer war beinahe krankhaft, aber ich sehnte mich nach dem wirklichen, gelebten Deutsch so sehr. Als ich einmal ein Kaugummi aus Deutschland aß, glättete ich das äußere Einwickelpapier und las darauf einen kurzen Satz, in dem das Wort „Alufolie" vorkam. Dieses Wort ließ mir jahrelang keine Ruhe. Ich wusste nicht, dass „Alu" die Abkürzung von „Aluminium" ist und konnte mir überhaupt nicht vorstellen, wie dieses Papier beschaffen sein sollte, um „aluig" zu sein.

Oft fuhr ich eine halbe Stunde mit der Tram in die Innenstadt, um zu einem bestimmten Zeitungskiosk zu gehen, der auch ausländische Presse verkaufte. Dort kaufte ich mir Hefte von *Fix und Foxi*, ich war schon immer ein Comicfan gewesen. Aber ich verstand so wenig, dass ich die Figuren nur noch blöd fand. Ich begann, Fix und Foxi regelrecht zu hassen, wenn sie Sätze aussprachen wie: „Da haben wir den Salat!" Und ich übersetzte langsam jedes Wort, um schließlich zu dem Ergebnis zu kommen, dass ich keine Ahnung hatte, warum von einem Salat die Rede war. Während der gesamten Comicgeschichte tauchte nirgends ein Salat auf. Ich prüfte jede Seite auf der Suche danach ... okay, jetzt haben sie einen Salat, und dann? Was hat die nächste Zeile, „Wir müssen zu Fuß gehen!", damit zu tun?

Am letzten Schultag vor den langen Sommerferien stand ich auf dem Podest neben der Deutschlehrerin. Ich habe vergessen, warum ich dastand, es ist nicht wichtig, ich stand also dort und die Klasse war sehr still, niemand tuschelte, kein Stuhl knarrte. Ich nieste. Die Lehrerin sah mich an und sagte in die Stille hinein, laut und deutlich: „Gsndhhtt". Ich verstand, was es bedeutete, da die Verbindung zwischen dem Wort und meinem Niesen offensichtlich war. Aber meine italienischen Gehörgänge hatten nur Konsonanten vernommen. Am liebsten wäre ich schnell weggerannt, aus dem Klassenraum, aus der Schule ... ich riss mich zusammen und antwortete: „Daaankää!"

Mein „Danke" war aber so falsch! Das „a" war so a-ig, mein „e" unverschämt patzig, eher ein „ää". Alles so offen, breit, ein bisschen vulgär. Im Kopf verbesserte ich meine Aussprache und sagte mir: Dönkö, das nächste Mal sage ich dönkö ...

Als ich wieder an meinem Tisch saß, fragte mich meine Nachbarin Sandra flüsternd: „Was hat sie dir gesagt?" In ihrer Stimme schwang deutlich Panik mit und eine große Neugierde. Sandra klang richtig lüstern. Ich machte auf cool, als wäre alles ganz easy, und antwortete: „Sie hat ‚Gesundheit!' gesagt, warum?" Aber ich war nicht cool. Ich glaube, Sandra hat gemerkt, dass ich bluffte. Wie sollte ich ihr erklären, dass mir nach Weinen zu Mute war? Dass ich einen riesigen Fehler gemacht hatte, denn ich hätte kein Deutsch wählen dürfen, und als ich das beschlossen hatte, musste ich komplett verrückt gewesen sein.

Trotzdem übte ich, wenn ich allein war, das Wort „Gesundheit" auszusprechen, so wie Deutsche das tun. Ich versuchte, all die Vokale dabei wegzulassen, und mein Mund verformte sich merkwürdig dabei. Ich bekam weniger Luft, ich fühlte mich verschlossen, als wären meine Stimmbänder im Gefängnis, als wäre meine Zunge kurz und klumpig geworden. Mutter musste das Gleiche empfunden haben, als sie mir die Gedichte auf Deutsch vorlas. Auch sie wirkte weit weg von mir, ihr Mund bewegte und spannte sich anders als sonst. Die Deutschen ... die Deutschen fraßen sehr viel in sich hinein.

Mir kamen Tränen der Verzweiflung, wenn ich hörte, wie ein deutscher Mensch lange Sätze mit einem knappen AB beendete. Wahlweise konnte derselbe Satz auch mit einem AUS-AN-ZU-AUF zu Ende gehen. Ich war sicher, dass ich das nie schaffen würde.

Trotzdem bildete ich mit meinem eigenen Tempo tapfer endlose Sätze, um trocken zu üben: „Ich mache morgens nach dem Aufwachen zuerst immer das Licht im Schlafzimmer, ohne den Schlafanzug auszuziehen, AN". Für so ein Ding brauchte ich mindestens sieben Minuten absoluter Konzentration, und ich verlor dabei jedes Gefühl für die Bedeutung des Satzes. Wenn ich endlich das erlösende AN in meinem Kopf aussprach, musste ich seufzen und fragte mich: warum? Warum AN und nicht AB? Es machte doch keinen Unterschied, in mir regte sich nichts, es schüttelte mich nicht, wenn ich die Präfixe vertauschte. Es half alles nichts, denn ich wusste, es macht wohl einen großen Unterschied! An meiner Stelle bekäme ein Deutscher Gänsehaut. Ein Deutscher wüsste sofort und instinktiv, ob ZU oder AUS oder sonst was dahingehört. Und wenn ich ihm „ausmachen, zumachen, anmachen, durchmachen, abmachen, aufmachen" sage, dann spreche ich sechs völlig verschiedene Bedeutungen aus, ja, ich spreche sie aus, ab, an oder sogar durch.

Ich hörte kleinen Touristen-Kindern in den italienischen Urlaubsorten zu, die fließend-spontan Deutsch herunterplapperten, als hätten sie diese Sprache mit der Muttermilch getrunken. Zum ersten Mal begriff ich den Ausdruck „Muttersprache": Sie ist nicht, was Mama mit dir spricht, sie ist, was du von ihr trinkst. Und ich erinnerte mich mit Schrecken und Erstaunen daran, dass meine Mutter mich nicht gestillt hatte.

2. Das fremde Element

Meine Schule organisierte eine zehntägige Reise nach Sonnenberg, im Harz, dort befand sich ein Internationales Jugendzentrum. Ich gehörte zu den Auserwählten, die für einen Spottpreis mitfahren durften, bestimmt nicht wegen meiner deutschen Sprachkenntnisse, sie waren erbärmlich. Es kann sein, dass jemand abgesprungen war, und sie hatten plötzlich einen Platz frei. Wir fuhren mit dem Zug nach Frankfurt, wo wir hektisch umsteigen mussten. Dafür hatten wir einen stundenlangen Zwischenaufenthalt in Bad Harzburg, weil wir dort auch umsteigen mussten. Wenn ich die Augen schließe und mich konzentriere, kann ich noch das akkurate Kopfsteinpflaster sehen.

Damals sammelte ich mehrere Sachen: Briefmarken mit bunten Bildern, Ansichtskarten, Streichholzschachteln, Zuckerwürfel und Zuckertütchen und überhaupt, ich schmiss nichts weg, wenn es mich an irgendwas erinnerte. Ich bewahrte einen Klumpen Wachs auf, aus einer Kirche in Neapel, wo ich mit elf gewesen war.

Einen Zahnstocher aus einer Pizzeria in den Alpen, wohin ich einen Ausflug gemacht hatte. So war Bad Harzburg eine Fundgrube aus Steinchen, Bierdeckeln, usw.

Unsere Gruppe, zwei Lehrerinnen inklusive, kehrte in ein Café ein. Genau dort, in diesem für eine Siebzehnjährige langweiligen Dörfchen, fand mein wirklich erster Kontakt mit Deutschland statt. Ich bekam eine Speisekarte, die ich nicht verstand, und das war köstlich. Die Lehrerinnen wurden von uns mit Fragen überflutet, alle rannten und riefen in dem Lokal herum, alle standen mal auf und setzten sich wieder. Und die Korbstühle quietschten im Akkord. Jawohl, wir haben uns aufgeführt wie südländische Temperamentler, wir haben laut gelacht, Käsekuchen bestellt und uns gewundert, dass sich kein Gorgonzola oder Mozzarella in dem Kuchen befanden und dass die Sahnehaube ungezuckert war. Ich habe einen kleinen weißen Aschenbecher aus Keramik, mit goldener, deutscher Schrift, stibitzt. Die Cafébesitzer haben uns bestimmt bis heute nicht vergessen: „Weißt du noch, als die Italiener zu uns kamen?" Der Aschenbecher steht jetzt in der Wohnung meiner nichtrauchenden Eltern, darauf steht *Asbach Uralt*.

In Sonnenberg waren wir vom Rest der deutschen Welt abgeschnitten, und doch war die Landschaft um uns ein Vorbild von Deutschheit. Nadelwälder, Nadelwälder und noch mal Nadelwälder. Wie in einem Märchen, beinahe so exotisch wie eine Savanne, und vor allem gepflegt. Nirgends lag Müll, die Wege waren so glatt wie ein Tanzparkett, die Holzstapel am Wegrand waren ordentlich, schon fast adrett: Unten die großen, langen Stämme, oben die dünneren und kürzeren. Wir gingen ununterbrochen im Wald spazieren, obwohl die deutsche Gruppe dazu „wandern" sagte. Manchmal kamen auch die deutschen Jugendlichen mit, dann war Vorsicht geboten, wir trauten uns nicht, eine Zigarette zu rauchen, es war strikt verboten. Und es war völlig egal, dass der Waldboden regendurchtränkt war, wir hätten die Zigaretten kaum anzünden können, so feucht war es dort.

Wir fühlten uns von den Deutschen skeptisch beobachtet, als könnten wir plötzlich den Römer rauskehren und die Germanen unterjochen. Ich merkte eine Grenze, die nur uns gegenüber existierte, ich spürte, dass ich mich im wahrsten Sinn auf fremdem Boden befand, ich bewegte mich im Element einer anderen Mehrheit, die mich ausschloss. Das Gefühl war mir keinesfalls neu, aber noch nie war diese Mehrheit so groß gewesen, ein ganzes Land. Wir alle spürten, dass dort andere Regeln galten, die wir nicht kannten. Und wir waren eingeschüchtert. Ich fing an, ein Gespür dafür zu bekommen, wie sich Anpassung anfühlt. Ein kleines bisschen nur, aber es reichte, damit mein spontanes Handeln an Schwung einbüßte, ich wurde leiser, zurückhaltender. Ich hätte niemals gewagt, offen gegen das Rauchverbot im Wald zu verstoßen, ich rauchte immer, wenn ich sicher war, dass keine Deutschen weit und breit waren. Das gleiche Gefühl wie zu Hause, wie daheim, wenn ich Vater etwas verheimlichte.

Ich schlief mit einer Klassenkameradin und zwei deutschen Mädchen in einem Zimmer. Wir stellten uns mit Namen vor, die beiden murmelten Unverständliches und fingen sofort an, ihr Gepäck auszupacken. Meine Klassenkameradin und ich hatten noch nie Bettdecken bezogen, denn wir kuscheln uns anders ins Bett als die Menschen in Deutschland. Deshalb dachten wir, wir würden eine fremde Art von Schlafsäcken in bunte Hüllen eintüten. Als wir schlafen gingen, krochen wir umständlich zwischen Überzug und Decke und staunten darüber, dass die Deutschen sogar Knöpfe an der Kopfseite angebracht hatten, um sie zuzumachen und eine Lücke für den Kopf offen zu lassen ... Wir staunten noch mehr, als wir feststellten, dass, wenn wir in den Bettbezug ganz hineinkrochen, alle Knöpfe hätten schließen können, wozu? Gab es im Harz so viele rabiate Mücken?

Die zwei deutschen Mädchen sahen uns zu, während wir unsere Versuche durchführten, sie sprachen nicht, sie lachten nicht. Sie grinsten nicht einmal, sie zogen ihre Schlafanzüge an und machten das Licht aus. Jede Nacht schliefen wir in unseren Bettbezügen, die Knöpfe hinterließen Abdrücke auf unseren Schultern und Gesichtern, wir fanden das Ganze sogar unhygienisch. Wir glaubten nicht, dass die Decken vor unserer Ankunft frisch gewaschen worden waren und bezweifelten, dass es nach unserer Abreise geschehen würde. Seltsam, seltsam, wir waren immer sicher gewesen, Deutsche seien penibel-sauber, wenn wir schon an die staubgesaugten Wälder dachten.

Auf der Rückreise stiegen wir wieder in Frankfurt um, wir hatten vier Stunden Aufenthalt. Ich erinnere mich an die Straßenbahnen, an die Gegend um den Hauptbahnhof, voll mit Kneipen. Wieder kehrte meine Gruppe ein, wir wollten ein echtes deutsches Bier trinken, auch die Lehrerinnen. Die Kneipe war riesig, mit mehreren Sälen, und überall saßen Menschen, sogar auf hohen Hockern am Tresen, wie ich es aus Filmen kannte.

Ich bestellte „ein Bier, bitte!", ein 0,5-Glas wurde mir gebracht, viel zu viel für mich, ich trinke ja sonst nie. Wir saßen zu siebt an einem Tisch, zusammen mit drei oder vier männlichen Einheimischen. Sie tranken auch Bier und hatten vor sich auch mehrere leere Schnapsgläser. Wir stöhnten, als wir über die Größe unserer Biergläser staunten, sie waren wirklich riesig, so heiß war es nicht und wir auch nicht so durstig. Vielleicht lag es daran, dass wir auf der Rückreise waren, aber wir wurden übermütig. Das einengende Netz in dem fremden Element schien sich zu lockern, jemand aus der italienischen Gruppe kippte lachend den Rest Bier aus seinem schweren Glas in einen Blumentopf, der Topf stand auf einer kleinen Konsole, ein Paar grüner Blätter darin, sonst nichts. Die Einheimischen schauten erst den Bierauskipper an, dann auch uns andere, einen nach dem anderen, langsam und ernst, sie sagten kein Wort. Sie sahen uns nur an, und wir schwiegen, auch unsere Lehrerinnen wurden erst leiser, dann still.

Jetzt frage ich mich, warum ich mir damals vornahm, irgendwann die Grenze zu durchbrechen, Mittel zu finden, um in einer mir fremden Mehrheit aufzugehen. Ohne mich aus den Augen zu verlieren. Es war beängstigend, erdrückend, und doch empfand ich es als eine Herausforderung. Damals glaubte ich, dass ich unbedingt ein fremdes Element brauchte, um erwachsen zu werden, um mich an ihm zu stoßen, alle brauchen eins, dachte ich, man kann ohne nicht leben.

3. Pimmelkopf!

„Und von welcher Uhrzeit bis zu welcher Uhrzeit kann ich zu Ihnen kommen?" Auf der anderen Seite entsteht ein kurzes Schweigen. Ich merke, dass es keine gewöhnliche Gesprächspause ist und frage mich, ob die Sachbearbeiterin vom Arbeitsamt mich gehört hat.

„Sie können zwischen acht und zwölf kommen", antwortet sie schließlich. Wir beenden das Telefonat, und ich weiß, dass es schon wieder mit mir durchgegangen ist.

Es ist, als bewohnte ich zwei Häuschen gleichzeitig, sie sind beide gepflegt und gut in Schuss. Ich versuche, sie ordentlich zu halten, aber es strengt mich sehr an, zwischen ihnen hin- und herzuspringen. Es kommt oft vor, dass ich eins vernachlässige, und meistens handelt es sich um das ältere Häuschen, mein italienisches. Seit vielen Jahren halte ich mich fast immer im deutschen auf, dort lebe ich meinen Alltag, benutze die gesamte Einrichtung, ich höre Musik und schreibe Briefe. Und führe Telefonate. Ich empfange Freunde und Freundinnen, Handwerker, manchmal kommt die Nachbarin vorbei, und wir halten ein Schwätzchen. Ich fühle mich wohl, sogar die Zeugen Jehovas, die hin und wieder an meiner Tür klingeln, gehören zu meinem heimischen Gefühl, ich bin freundlich zu ihnen und schicke sie weg. Mein Name steht an der Tür, ich bin hier gemeldet, ich lebe seit über zwanzig Jahren in dieser Stadt und seit siebenundzwanzig in diesem Land.

Mein kleines italienisches Haus ist mehr eine Erinnerung ... es gibt Fliesenböden, die man schwer zum Glänzen bringt, eine große Küche, in der man zu mehreren sitzen und essen kann, es riecht nach anderen Speisen und anderen Putzmitteln. Dieses Haus habe ich vor langer Zeit verlassen und kehre nur noch selten dorthin zurück. Zum Beispiel, als ich das Arbeitsamt anrief.

Abends frage ich Anne, was sie an meiner Stelle der Frau vom Arbeitsamt gesagt hätte. „Von wann bis wann", antwortet sie verblüfft. „Wieso? Was hast du gesagt?"

„Das habe dir doch gerade erzählt! Von welcher Uhrzeit bis zu welcher Uhrzeit." Anne hatte nämlich meinen umständlichen Satz sofort verstanden, sie ist an mein ganz persönliches Deutsch seit langem gewöhnt. Ihr fallen nur noch meine „weiblichen Abende" auf, die sie immer ein bisschen nervös machen. Es sind meine ersten Feierabendstunden, wenn ich alle Hauptwörter im Femininum benutze. Für mich hat es mit Entspannung zu tun – es gibt Menschen, die schauen nach der Arbeit fern, ich sage „eine Apfel". Warum lerne ich es nicht? Wann werde ich endlich die deutsche Sprache perfekt sprechen? Niemals, weil ich diese Sprache gelernt habe, als ich neunzehn Jahre alt war, viel zu spät. Ich werde immer sagen, dass eine Frau schwanger geblieben ist, dass ich einen Traum gemacht habe und werde nie spüren, ob ich das Mehl oder den Mehl kaufen muss, ein dichtes oder ein dichter Verkehr herrscht.

Manchmal schlüpfe ich in meine italienischen Räume, nur für einen Augenblick. Dann schaue ich mich schnell um und atme tief ein, als würde ich plötzlich dringend Luft brauchen ... und in dieser kurzen Zeitspanne bin ich wieder dort, wo ich geboren wurde, wo ich die Schule vierzehn Jahre lang besucht habe. Nur für einen kleinen Augenblick, aber es reicht, damit ich wieder Italienisch fühle und denke. Schon habe ich auf Deutsch ausgesprochen, was ich auf Italienisch gedacht habe, dann ist es zu spät, um mich zu korrigieren. Der Fehler ist einfach da, hörbar, und alle wissen, dass ich nicht von hier bin, dass ich aus dem Ausland komme.

Ehrlich gesagt, ich finde diesen Zustand und seine Konsequenzen nicht wirklich schlimm. Ich kann kein deutsches R aussprechen, es macht nichts, ich bemühe mich auch nicht mehr, weil ich weiß, dass ich es nie schaffen werde. Ich spreche trotzdem, und alle verstehen mich. Ich bin nicht traurig, wenn die Menschen hören, dass ich aus dem Ausland komme und nach so vielen Jahren immer noch merken, dass etwas mit meiner deutschen Sprache nicht stimmt. Viele finden es sogar reizend, liebenswürdig, warum sollte ich mich also beklagen?

Ich will schreiben. Ich kann nur auf Deutsch schreiben, weil ich hier lebe, weil ich auf Deutsch träume und denke. Damit fangen meine Probleme an. Ein Literaturfritze der Agentur Niedieck &

Linder AG schrieb mir einmal, dass es unmöglich sei, gut in einer Sprache zu schreiben, die nicht die Muttersprache ist. Er lehnte deswegen mein Manuskript rundum ab. Es lohne sich nicht. Als ich seinen Brief las, war ich so wütend, dass ich ihn einen Pimmelkopf nannte. Ein Fenster meines kleinen italienischen Hauses wurde durch den Wind meiner Wut aufgerissen und entließ „testa di cazzo!", Pimmelkopf!'

Was meinte der Agent mit „gut"? Ist mein Deutsch schlecht? So erbärmlich schlecht? Ich lasse mir den Mund nicht verbieten!, dachte ich. Ich schreibe weiter, ich bin nicht der einzige Mensch in diesem Land, der aus dem Ausland kommt, der so lange hier lebt, der diese Sprache liebt und in dieser Sprache auch schreiben will. Ich habe mir das Italienische nicht ausgesucht, das Deutsche wohl, und ich kann diese Sprache nur so benutzen, wie ich sie mir hier im Alltag zusammengelernt habe. Vor siebenundzwanzig Jahren benutzte ich für den Unterricht noch ein grobes Sieb, mit großen Löchern, wie eins, das man braucht, um die Nudeln abzugießen. In den Jahren danach wurde mein Sieb immer feiner, wie ein Teesieb, es hatte Löcher so klein wie Gaze. Heute ist es so dicht wie der Filter einer Gasmaske. Sie haben aber etwas gemeinsam, es sind alles italienische Siebe, denn die Sprache, in die ich hineingeboren wurde, schlummert in mir weiter. Sie beeinflusst das lebendige Deutsch, meine Alltagssprache, in der ich liebe, arbeite und einkaufe. Der italienische Filter macht sie eigen, einzigartig und auch kostbar. Ich habe mir das Deutsche buchstäblich Wort für Wort erobert, jetzt ist es so weit, dass ich es schreibe.

4. Ein Schatz

Diese Fragen! Ich höre sie seit so vielen Jahren! Die schlichteste von allen war und bleibt: „Warum sind Sie hier?" Allerdings immer nach der anderen drolligen Frage: „Kommen Sie aus Polen?" Ich weiß nicht, warum, inzwischen bin ich aber auf Polen so neugierig geworden, dass ich hinfahren möchte. „Nein, ich komme nicht aus Polen", antworte ich schmunzelnd, „ich komme aus Italien." Dann der Blick in den Augen des Fragenden, so verwundert, so ungläubig. „Aus Italien? Was machen Sie dann hier?" Ich glaube, ich höre auch Empörung heraus. Ich muss jetzt sofort einen triftigen Grund nennen, warum ich hier bin und nicht auf einem toskanischen Hügel in der Sonne, Cappuccino schlürfend. Und das fällt mir schwer, es ist mir immer schwer gefallen. Ich könnte den Menschen, der so fragt, einfach ignorieren, diese letzte, dumme Frage „warum sind Sie hier?", abtun, aber ich bin ein freundlicher Typ, der gelernt hat, dass Fragen höflich beantwortet werden müssen. Also bemühe ich mich um eine Antwort: „Ich habe die deutsche Sprache schon immer geliebt"

„Was? Aber Italienisch ist so viel schöner! Das Deutsche ist so hart!" An der Stelle bin ich jedes Mal aufs Neue verblüfft: Wie kann ein Mensch seine eigene Sprache nicht von ganzem Herzen lieben? Nie würde ich sagen: „Ich wollte unbedingt Deutsch sprechen, weil Italienisch zu viele Vokale hat."

Meine Antwort führt zu nichts, die meisten Leute würden viel lieber hören: „Wir waren zehn Geschwister und meine Großfamilie war bettelarm. Wir hatten nur trockene Spaghetti zu essen, und ich musste schon mit fünf Jahren Knoblauchknollen am Straßenrand verkaufen. Ich kam hierher, um zu malochen und um meinen Eltern das Geld zu schicken, damit sie in ihr kleines schiefes Steinhäuschen endlich eine Toilette einbauen konnten." Das würde ihnen die Sprache und weitere Fragen verschlagen. Aber wenn ich wahrheitsgemäß meine zweite Standardantwort gebe, mache ich es nur noch schlimmer: „Ich bin nach Deutschland gekommen, weil ich frei sein wollte." Das ist der Hammer! Frei? HIER? Und langsam bekomme ich auch Zweifel, ob die Menschen, die mich umgeben, Recht haben, und ich unpolitisch, unrealistisch, ein bisschen meschugge bin. „Frei sein", armer geschundener Begriff, schön, aber so visionär. Trotzdem ist das der Grund, warum ich jetzt, nach so vielen Jahren, darüber schreibe. Hier sitze ich, an diesem Schreibtisch, nicht zwischen zwei Stühlen, sondern auf zwei Stühlen, hier und woanders.

Aber da ist noch etwas. Irgendwann begann ich, für mich selbst die Gründe finden zu wollen. Nicht mehr die Fragen der anderen ließen mich nach Antworten suchen, ich wollte mich erinnern, mich wiedererkennen. Damit das Schöne, die Sehnsucht, das Streben, das Starke, das mich hierher geführt hat, nicht verloren geht. Ich will, dass es mir erhalten bleibt, ich will nicht vergessen haben, warum ich nach Deutschland kam. Und blieb. Millionen von Menschen leben hier und sind woanders geboren, und jeder von ihnen hat einst einen Grund gehabt, hierher zu kommen, und alle sind unterschiedlich, so wie die Menschen selbst. Unsere Geschichten sind ein Teil des Lebens in diesem Land geworden, sie sind im Alltag anwesend und doch viel zu oft unsichtbar. Aber die Kraft, die uns, warum auch immer, hierher getrieben hat, ist noch in uns drin. Und wir sind die einzigen, die darüber berichten und schreiben können. Weil diese Kraft ein Schatz ist und dieser Schatz ist etwas ganz Fabelhaftes. Denn Weggehen ist hart, und jede Trennung tut schrecklich weh.

Bettina Ahrens
Postkarten schreiben

Über die Postkarte gibt es ein beachtliches Werk von Jacques Derrida* – bestehend aus fiktiven Postkarten an einen unbekannten Empfänger. Seit es die Post gibt – und auch noch heute zu Zeiten von SMS oder E-Mails –, werden aus aller Welt und in allen Sprachen Postkarten verschickt.

Wieso eigentlich werden, wenn auch oft voller Unlust, so viele Postkarten geschrieben? Was hat es auf sich mit der Mühe (oder der Freude daran), Ansichtskarten aus dem Urlaub, Glückwunschkarten, Kondolenzkarten zu schreiben?

Die Entwicklung des Postsystems ging mit der Entwicklung eines polizeilichen Meldewesens einher – das Postsystem musste allerdings nicht mit Zwang durchgesetzt werden, die Kommunikationslust der Menschen reichte aus. Um für Postboten erreichbar zu sein, müssen die Menschen über eine Adresse verfügen; was Untersuchungen Foucaults folgend mit den Disziplinierungs- und Anti-Vagabunden-Strategien in Verbindung zu bringen ist. Im neunzehnten Jahrhundert wurde das Porto dann so billig, dass massenhaft Briefe und Postkarten zirkulieren konnten. Für Derrida ist jedem Schreiben das Prinzip der Post „eingeschrieben", das schriftliche Zeichen würde sich seiner Verschickung verdanken – denn immer seien Schreiben und Rezeption (Lesen) entkoppelt, auch im selben Raum. Und wie ungern lassen Autoren – oder Brief- bzw. E-Mailschreiber – zu, dass ihnen während des Schreibens über die Schulter geschaut und zeitgleich mitgelesen wird. Schrift braucht einen – sei er auch minimal – Abstand. Egal um welches Schreiben es sich handelt, ob um eine Postkarte, ein Buch, einen Zettel, der in Schulklassen kursiert. Schriftliches muss immer eine Kluft überwinden, befindet sich sozusagen immer auf dem Postweg. Und es fixiert, setzt fest, identifiziert bzw. positiv formuliert: schöpft. Das Mündliche verwandelt sich dauernd, vagabundiert, eine Geschichte, heute

* Jacques Derrida, „Die Postkarte von Sokrates bis an Freud und jenseits", 2 Bde., Brinkmann und Bose, Berlin

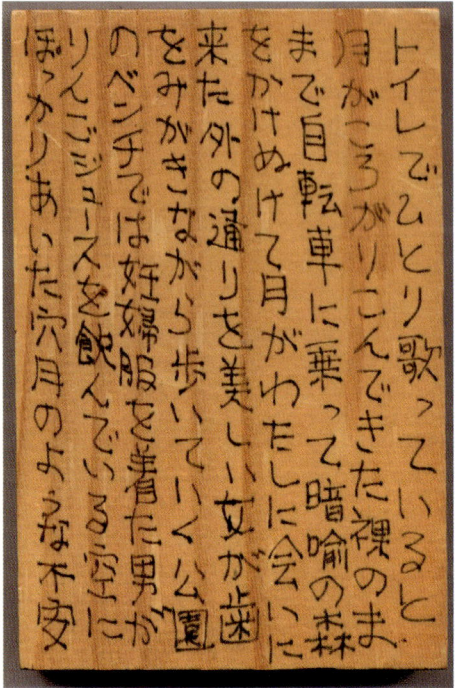

トイレでひとり歌っていると月がこうがリこんできた裸のおまで自転車に乗って暗喩の森をかけぬけて月がわたしに会いに来た外の通りさ美しい女が歯をみがきながら歩いていく公園のベンチでは妊婦服を着た男がリんごジュースを飲んでいる空にぼっかりあいた六月のような不安

gehört, ist am anderen Ende der Kette eine andere, und wer sie wann und wie geändert hat, lässt sich kaum mehr zurückverfolgen.

Das passiert der Schrift nicht. Ihre Verwandlungen sind fixiert, meist lässt sich eine Spur zur Originalausgabe finden, und irgendwann nach diversen zensierten oder falsch abgeschriebenen Ausgaben auch ein „Originaltext" lesen.

„Im Inneren jedes Zeichens […] gibt es die Entfernung, die Post." Für Derrida ist also jedes Schreiben eine Art Postkarte.

Es gibt Geburtstagspostkarten, Liebeskärtchen, Kondolenzkarten, Ansichtskarten, Glückwunschkarten für die verschiedensten Anlässe. Die Karte zwingt zur Mitteilung in kurzer Form, zu knappen und manchmal gerade deshalb besonders schönen Formulierungen; man hat ja weder Platz noch Zeit, etwas lange auszuformulieren und muss sich auf die Blitzeinfälle einlassen.

Oder – auf Glückwunschpostkarten – man darf auch abschreiben, (eigene) Gedichte, Gedichtzitate, oft sind die Glückwünsche vorgedruckt, man muss nur auswählen, das Bild in den Text einbeziehen und eine persönliche Zeile hinzufügen.

Ansichtskarten aus den Ferien haben noch einen zusätzlichen Aspekt des Schreibens. Sie verbinden das zur Zeit des „Urlaubs" (aus dem diese Karten meist geschickt werden) frei herumreisende Subjekt mit dem festsitzenden Subjekt, dem nämlich, das bei der Arbeit hockt oder zu Hause im Nieselregen.

Dieses Frei-Vagabundierende sollte
ja zu Zeiten der Entstehung der Post
bekämpft werden. Aber es ließ sich
nicht völlig in fixe Zuschreibungen
und jederzeit auffindbare Adressen
und Identifikationen zwingen, es
reiste auch weiterhin. Und manch
ein Subjekt verschwindet für immer,
in eine neue Identität anderswo.

Dieses Gefühl der Freiheit beim
Unterwegssein – auch wenn es am
Urlaubsort gleich wieder durch
schlechtes Wetter, unmögliche
andere Touristen eingeschränkt
wird – möchte mitgeteilt werden.

Dazu markieren Urlauber gerne
ihre Stationen schriftlich, kritzeln
auf Steine oder Kirchenglocken,
ritzen mit dem Taschenmesser
in alte Bäume und Bänke, an
touristischen Aussichtspunkten,
Kulturstätten und Wanderzielen ihr
„C und R waren hier. 12.12.2005"
und schreiben Postkarten, um den
Festsitzenden das Unterwegssein
zu beweisen.

Die Postkarte unterläuft das Prinzip
der postalischen Lokalisierung, sie
hat oft keinen festen Absende-Ort
(auch dann, wenn man die ganze
Zeit des Urlaubs an einem Ort ist,
schreibt man kaum die Adresse
des Hotels auf die Karte) – sie ist
von „unterwegs" geschickt, hin zu
einer fixen Adresse. Antwort wird

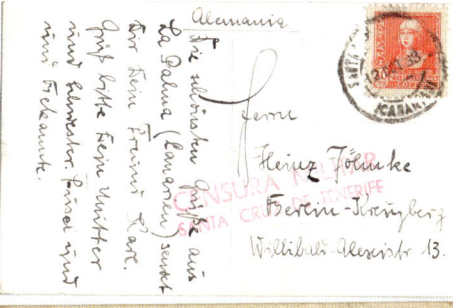

nicht erwartet. Eine Urlaubspostkarte wird vor allem geschrieben, um anderen die Freiheit zu dokumentieren – und weniger, um zu erzählen. Denn auf Postkarten – ähnlich wie bei SMS – ist kein Platz für lange Erzählungen. Um die Festsitzenden nicht allzu sehr zu brüskieren, bietet die Postkarte immer auch ein wenig Trost: „Sind gut angekommen, das Wetter ist schön, nur einmal Regen". Ja, wenigstens einmal muss es zum Trost für die im Dauergrau Gebliebenen auch hier geregnet haben! So entwickelte sich eine spezielle Postkartenpoesie, die übrigens auch heute noch funktioniert, und in SMS fortgesetzt wird.

Auf der anderen Seite der Karte findet sich ein schönes Bild. Das kann sogar noch dreidimensional sein, etwas zum Aufklappen haben, aus Stoff oder Holz sein. Es entstehen kleine Sprachperlen, denn das Bild, das Material, aus dem die Postkarte besteht, gehört zum Text, und dank des Bildes – neuerdings auch per Bilderdatei im Handy für die SMS – lässt sich vielleicht leichter poetisch formulieren als in langen Briefen oder Texten – Glitzergrüße von Gabi etc.

Sigrun Casper
Ich habe die Augen voll

Unvergessen das Gefühl von Geborgenheit, wenn ich auf dem Schoß meiner Mutter saß und sie mir Märchen vorlas. Auf mein Betteln las sie geduldig ein und dasselbe Märchen immer wieder. Ich lauschte gebannt, obwohl ich wusste, wie es weiterging, und meine Blicke gingen in den Landschaften, Dörfern und Schlössern auf den Illustrationen herum. Kinder, Handwerksgesellen und Prinzessinnen waren vor schönen Königinnen, scheißfreundlichen Hexen und verlogenen Zwergen nicht sicher. Ich blieb ruhig. Die Bilder nahmen das gute Ende und den Frieden vorweg. Ich folgte den bösen, unbegreiflichen Begebenheiten und vergaß meine Angst. Über die Märchen erhielt ich eine erste Ahnung davon, dass Menschen und Dinge vielschichtiger sind, als sie erscheinen. Irgendwann sah ich mir das Märchenbuch alleine an. Mit Hilfe eines bestimmten Bildes suchte ich mir ein Märchen aus, das ich schon oft gehört hatte und daher vom ersten bis zum letzten Wort kannte. Bei der Überschrift beginnend ging ich mit dem Zeigefinger von Buchstabe zu Buchstabe, von Wort zu Wort. In Gedanken hörte ich die Stimme meiner Mutter, wie sie betonte, Pausen machte, atmete. Immer mehr Worte erkannte ich. Zeichen für Zeichen entzifferte ich die Laute, mit denen ein Wort seinen Klang formte. So lernte ich lesen und konnte die verschnörkelten Buchstaben auf meine Weise entziffern, lange ehe man mir in der Schule das Lesen der modernen Druckschrift beibrachte.
Was ich mit vier oder fünf Jahren Lesen nannte, war ein Spiel, für das ich keine Freundinnen brauchte, nur das Buch, meine Augen, meinen Zeigefinger. Aber ich blieb auf der Hut. Nicht alle Worte blieben ihrem ersten Sinn treu, obwohl sich ihr Aussehen nicht änderte. Liebe verwandelte sich in Neid, Stolz in Grausamkeit. Selbst das harmlose Himmelsblau konnte auf einmal eine bedrohliche Färbung annehmen. Die Worte wechselten ihre Bedeutung je nachdem, wann und an welchem Ort sie vorkamen, welcher Mund sie sagte und aus welchem Grund. Mein

früh erwachter Argwohn weckte die koboldhafte Lust in mir, mit Worten zu spielen. Dornenhecke, rief ich mit lauter Stimme und schon kamen alle möglichen passenden und unpassenden Teile angeflogen, die sich an und in die Dornenhecke fügten, sie in Rosendornenhecke verwandelten, in Hosenrosendornenhecke, Duftheckenrosenstacheldorn, Stachelbeerenhosenrosenheckendorn und so weiter. Ich vertauschte einzelne Buchstaben, amüsierte mich über Hosenrechendackelstuft, warf ein langes Wort in die Luft, hob seine Silben auf und stellte sie anders zusammen. Und ich erfand meine Geheimsprache, die ich vor mich hin murmelte, wenn ich mich ärgerte oder langweilte. Schließlich entdeckte ich, dass sich lange Worte, zum Beispiel Sklavenkarawane, ohne weiteres von hinten sagen ließen.

Trotz der Märchen, die mich früh zum Selberlesen führten, trotz der Geschichten und Romane, die ich später wahllos und heimlich verschlang, habe ich mich nicht über das Lesen zu meiner Lust am Schreiben bringen lassen. Erste Erfahrungen mit einem Gebiet, heißt es, prägen die spätere Einstellung. Wenn es sich so verhält, hätten mich meine ersten Schreiberfahrungen vom Schreiben abhalten müssen. Das Abschreiben der Buchstaben von der Tafel fiel mir schwer, weil sich meine Hand mit dem Bleistift schwer tat. Als wir mit Federhalter und Tinte schreiben mussten, produzierte ich in einer Zeit, als „Schönschrift" zensiert wurde, mehr Tintenkleckse als ordentliche Buchstaben. Je mehr ich mich anstrengte, desto wilder sah die Heftseite aus. Das S schrieb ich lange Zeit falsch herum, ausgerechnet meinen Anfangsbuchstaben! Dies alles hat sich in meiner Erinnerung gehalten, aber es hat keinen Schaden hervorgerufen. Der Prozess des Schreibens ist zum Glück eine komplexere Angelegenheit als das bloße Reproduzieren der Schrift, die man gelernt hat, wie leicht oder schwer auch immer.

Mit elf Jahren zog ich mir eine lang andauernde Ohrenkrankheit zu. Abgesehen von den Schmerzen konnte ich über ein Jahr lang so gut wie nichts hören. Ich wurde es leid, fünfmal „wie bitte?" zu fragen und mir die genervten Gesichter anzusehen und gewöhnte

mir ein abweisendes Verhalten an, durch das Freunde und Familienmitglieder sich kaum noch aufgefordert fühlten, sich sprechend an mich zu wenden. Hören konnte ich nicht. Verstehen wollte ich trotzdem.

Wenn einer der fünf Sinne gestört oder ausgeschaltet ist, springt ein anderer mit verstärktem Einsatz an dessen Stelle. Ich begann anders zu verstehen als ich es mit gesunden Ohren fertig gebracht hätte. Vor meinen Augen bekamen die Gesten der Menschen meiner Umgebung eine unerhörte Bedeutung. Ihre Mimik, ihre Bewegungen gaben mir Auskünfte anderer Art als Informationen gesprochener Wörter. Der Mund, aus dem sie kommen, spricht noch eine andere Sprache. Bis heute habe ich nicht aufgehört, Menschen auf den Mund zu sehen.

Dennoch wäre ich lieber genau so wie alle anderen gewesen, hätte mit ihnen geredet, ihnen zugehört. Da mir Gespräche nicht möglich waren, unterhielt ich mich notgedrungen mit mir selbst. Papier und Bleistift wurden meine Gesprächspartner. Gedanken, Beobachtungen, Erlebnisse landeten im Tagebuch. Es tat mir gut, nachmittags an Vaters gewichtigem Schreibtisch zu sitzen und mich aufzuschreiben. Solange ich schrieb, sah, spürte, dachte ich dem nach, worüber ich schrieb. Nach-denken, Hinterher-spüren, das ist es, bis heute. Mein Selbstbewusstsein bekam kleine Muskeln. Ich schrieb Gedichte, Dialoge, Filmkritiken. Briefe an Freundinnen. Mit fünfzehn hatte ich einen Brieffreund in Georgien. Aus der Not war eine Angewohnheit geworden, aus der Angewohnheit ein Bedürfnis und aus dem Bedürfnis schließlich die Erkenntnis, dass Schreiben mein Weg ist zu sagen, was ich sagen will. Meine Gespräche mit mir waren mir selbstverständlich geworden. Schreiben ist der für mich geeignete Weg geblieben, mich auszudrücken.

Ich kann besser schreiben als reden. Mündlich Formuliertes kommt oft unbeholfen aus mir heraus, jedenfalls erscheint es mir oft irgendwie schäbig gegenüber dem, was ich sagen will. Beim Sprechen kommt mir offenbar eine Befangenheit vor den versteckten anderen Bedeutungen der Worte in die Quere. Furcht, falsch verstanden zu werden, treibt mich dazu, mich mit anderen Worten zu wiederholen. Ich will auf den Punkt kommen, verheddere mich, und um das zu vermeiden, drücke ich mich vorsichtshalber allzu schlicht aus. Beim Sprechen fühle ich mich getrieben und bedrängt, von der Kürze der Zeit, vom eigenen Imponiergehabe, von der Angst, dumm und oberflächlich zu erscheinen, von Leistungsvorstellungen. Beim Schreiben drängt mich nichts und niemand. Ich habe Zeit. Wie damals spielt Zeit keine Rolle, solange ich schreibe. Beim Schreiben begleitet mich ungerufen das Gefühl der Zeitlosigkeit.

Als ich zweiundzwanzig war, lernte ich einen alten Privatgelehrten kennen, den ich alle zwei Wochen besuchte. Seine Frau kochte Kakao für uns, er hatte eine Schachtel Astor-Zigaretten für mich gekauft, wir saßen in seinem Arbeitszimmer auf Biedermeiersesseln neben einem riesigen alten Globus und stritten kontrovers über Fragen wie die, ob der Mensch von Natur aus schlecht ist oder ob er erst durch die Lebensumstände schlecht wird. Herr Enke war der erste Mensch in meinem Leben, dem ich selbst geschriebene Prosa zeigte. Er las die kleinen Texte und ermunterte mich, diesen und jenen zu veröffentlichen. Ich schickte ein paar Skizzen an Zeitungen und bekam sie kommentarlos bzw. gar nicht zurück. Bis auf eine Ausnahme: den Brief eines Redakteurs oder Lektors, der meine Beobachtungsgabe lobte und sich fragte, ob die Autorin siebzehn oder sechzig Jahre alt wäre; die seltene Mischung aus Weisheit und Naivität in den Texten habe ihn neugierig gemacht. Er schrieb, er wolle mich kennen lernen. Als ich es meinen Kommilitoninnen erzählte (ich besuchte damals die Staatliche Werkkunstschule), rieten sie mir von einer Begegnung ab. Journalisten wollten alle nur das eine, sagten sie. Viele Jahre später lernte ich den Verfasser des Briefes kennen. Ohne Hintergedanken vermittelte er mir den Kontakt zum Berliner Tagesspiegel, auf dessen Frauenseite am Sonntag von 1970 bis 1980 ab und zu eine Glosse oder ein Feuilleton von mir zu lesen war.

Meine Texte wurden länger und stapelten sich in einer Schublade. Ende dreißig las ich einem Freund, dem ich vertraute, mit Herzklopfen eine Erzählung vor, danach auf seinen Wunsch noch eine. „Ich bin nicht mit allem einverstanden, *was* du schreibst", sagte er, „aber *wie* du schreibst, das finde ich gut."

Ich hatte immer Erzählungen geschrieben. Auch mit den kurzen Skizzen, Glossen, Feuilletons habe ich erzählen wollen, mitteilen, was ich mündlich eher nur unbeholfen sagen kann. Insgeheim habe ich mir immer Leser und Zuhörer gewünscht. Dennoch gingen nach jenem Abend, an dem ich dem Freund vorlas, noch Jahre ins Land, in denen ich weiter vor mich hin schrieb. Eines Abends lernte ich den besessenen Schreiber Reinhard Gehret kennen. Durch ihn geriet ich in das „Literaturcafé", einen von den vielen Berliner Treffpunkten für schreibende Leute, wo eigene Texte vorgelesen und hinterher diskutiert werden. Schon beim zweiten Mal las ich dort eine Erzählung vor, und als ich fertig war, klatschten die Zuhörer. Später musste ich mir bei anderen Texten eine Menge Kritik gefallen lassen, doch der Beifall nach meiner allerersten Lesung vor einem größeren Forum gab mir den Anstoß, nicht länger feige zu sein, die Schublade zu lüften und das viele beschriebene Papier nach und nach unter die Leute zu bringen. Abgesehen von den selbst finanzierten Werken gehörte ich jahrelang zu den Autorinnen und Autoren, die in ihrer Vita stolz angeben, sie hätten Veröffentlichungen in Anthologien, Zeitschriften und im Funk. Im Frühjahr 1990, ich war fast einundfünfzig, kam mein erstes Buch in einem Jugendbuchverlag heraus, eine Novelle, die der besseren Vermarktung wegen „ihr erster Roman" genannt wurde.

Ob ich mich vor mir selbst als Schriftstellerin bezeichnen werde, werde ich auch fürderhin (was für ein reizendes altes Wort) bezweifeln. Schreiben ist schreiben und schreiben und nochmals neu schreiben; selbst einen Erinnerungstext wie diesen kann ich nicht aus dem Ärmel schütteln. Schreibend setze ich mich nachspürend mit mir selbst und anderen, mit Erinnerungen und Begegnungen und mit der so genannten Fantasie, vor allem aber mit meiner Sprache, den Täuschungen, den Fallen auseinander und wieder zusammen. Jede Veröffentlichung gleicht einer Gratwanderung zwischen meinem Verlangen, dir etwas so mitzuteilen, wie ich es mündlich nicht zustande bringe, und meiner Befürchtung, von dir nicht verstanden zu werden, mich unverstanden deiner Geringschätzung auszuliefern.

Was ist ein professioneller Schriftsteller? Jemand, dem öffentliche Anerkennung wichtig oder nicht mehr wichtig ist? Jemand, der den Auftrag zu erfüllen imstande ist, binnen zwölf Wochen einen Roman über die Liebe zwischen einem sprachunkundigen Rosenverkäufer und einer Linguistik-Dozentin, binnen drei Tagen einen Bericht über eine Kindesmisshandlung, binnen zwei Stunden eine druckreife Glosse über die Parallele zwischen dem Gang eines Kamels und dem eines Models fertigzustellen? Jemand, dessen Manuskripte von großen, renommierten Verlagen realisiert, dessen Bücher in zwölf Sprachen übersetzt werden, der zwei Monate im Jahr auf Lesereisen verbringt? Jemand, der von seinem Schreiben gut leben kann?

Obwohl ich davon nicht leben kann, kann ich ohne mein Schreiben nicht leben.

Kerstin Kempker
Alles ins Reine

Um auf Grund zu stoßen, ans Ende zu kommen, um ein Gefühl zu kriegen, kralle ich mich fest mit den Wörtern. Zwänge mich durchs Sprachöhr, am dünnen Buchstabenfaden. Vergreife mich, falle zurück, liege daneben, peile aber immer euch an, mein Ziel, das mich foppt, so viel einfacher zu erreichen scheint. Will eine von euch sein, von uns, was für ein Wort, eine Blase am Fuß, auf die man treten muss. Ziehe die Wörter lang, spanne sie, damit sie euch packen können, puste sie euch an den Hals, auf die Augen. Lose Schreibarme enden in Krallen, die wollen in eurem warmen Fleisch zur Ruhe kommen. In zwei Richtungen führt ihre Spur, lesbar nach rechts, gespiegelt nach links. In die Finsternis hinein, aus ihr heraus, ins Tägliche, das Brot, und heraus, und dann ins Alsob, da erwarte ich sie.

Eine längere Fassung würde mit dem Schwarzbuch Papa beginnen, das meine Schwester und ich mit den Beweisen gegen unseren Vater füllten. Seine bösesten Sätze sammelten wir wie andere Kinder Glanzbilder, Briefmarken oder Schmetterlinge. Für-mich-sind-die-Kinder-doch-tot war unser bestes Stück, unsere blaue Mauritius. Auf dem Treppenabsatz lagen wir Abend für Abend auf der Lauer nach neuen schillernden Objekten, die wir uns später im Wechsel vortrugen.

In dem anderen dicken Buch, dem Strafbuch, bauten wir Wörtertürme von oben nach unten. Ich-Türme, Darf-Türme, Nicht-Türme, an denen wir mal prospektiv, mal retrospektiv parallel arbeiteten, bis wir unsere Vergehen, die schon begangenen und die voraussehbaren, gesühnt hatten. Wir achteten streng darauf, nicht Sätze zu schreiben, sondern Wörter zu türmen. Es war die Wiederholung, die die Wörtertürme und uns stabilisierte. Wir lasen sie uns vor, Ichichichichich und Darfdarfdarfdarfdarf und Nichtnichtnichtnichtnicht, wieder und wieder, niemals die Sätze, die unsere Eltern lesen wollten, meist im Hunderterpack, das wussten wir. Natürlich mussten wir unsere Türme stückeln, denn mehr als dreißig bis vierzig Bausteine bekamen wir nicht auf eine Seite. Wir versuchten, sie so zu bauen, dass sie beim Aneinanderlegen der Seiten nicht schief standen. Überprüfen konnten wir es nicht.

Während wir uns also am Abend im Etagenbett in unserem Keller aus dem Strafbuch die Türme vorlasen, immer im Wechsel, lasen wir uns aus dem Schwarzbuch Papa die Sätze vor, laut und immer im Wechsel. Während wir das Strafbuch, an dessen Farbe ich mich nicht erinnere, nur an seine Größe, seine Schwere und die Dicke des Einbands, offen auf der Kommode liegen ließen und unseren Eltern damit die Möglichkeit gaben, einerseits die Umsetzung der verhängten Strafen zu überprüfen, andererseits die demnächst fälligen Strafen und deren Erfüllung vorzufinden, verbargen wir das Schwarzbuch Papa, das schwarz war und von uns anders genannt wurde, in täglich wechselnden Verstecken.

In einer längeren Fassung müsste ich jetzt auf das Buch zu sprechen kommen, das ich ganz für mich alleine geschrieben habe, kein Tagebuch, es beschrieb nie die Tage, es war der Kerker uner-

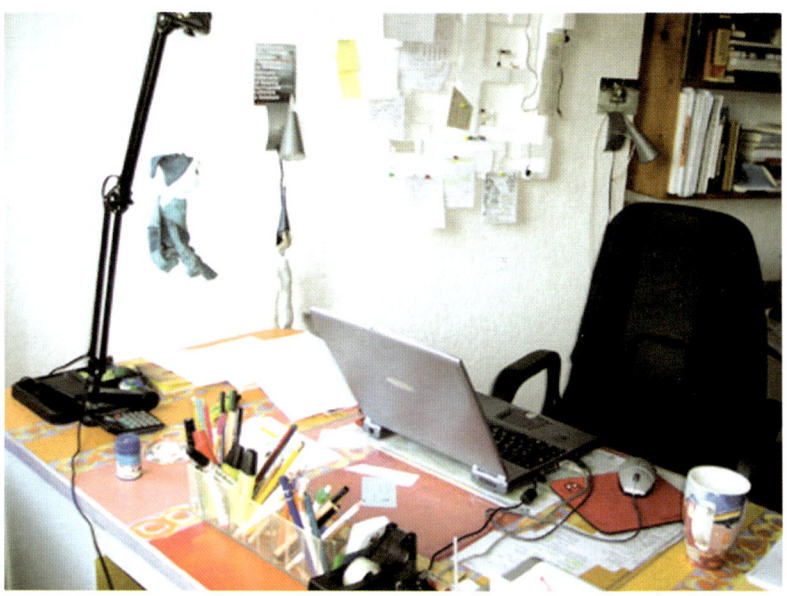

wünschter Gedanken, mein Namenskerker. Das kleine schwarze t füllte die Soldatenfriedhöfe der Seiten. Ich minimierte die Schrift, verzichtete auf Vokale oder erfand Kürzel und schrieb mit links in Spiegelschrift, um nicht entziffert zu werden.

Als sie das Buch sahen, beschlagnahmten sie es, es war ein Beweisstück. In der Anstalt schrieb ich nicht mehr. Es gab keine Gedanken und keine Hände, die schreiben konnten. Nach ein paar Jahren sagte ich, ich brauche eine Schreibmaschine. Sie gaben mir eine Schreibmaschine und ließen mich schreiben, während die Kollegen von der Geschlossenen im VW-Bus in den endlosen Herbstwald fuhren, um Laub zu rechen. Ich habe mich herausgeschrieben, sagte ich, und sie ließen mich gehen. Ich hatte die Torturen notiert und die Toten gesammelt. Vom Chroniker hatte ich ins Fach des Chronisten gewechselt und führte draußen, wo es keinen Bedarf gab für Chronisten, ein Doppelleben. Tagsüber mitten darin, schlug ich abends seine Widernisse in die Tasten meiner standhaften Triumph. Ich tat, was man tut.

Jetzt ist alles getan. Ich trete heraus und heran an andere Möglichkeiten, die in meiner Nähe beginnen und schon bald eine eigene Geschwindigkeit, ihren Geschmack und ihre Richtung nehmen. Mal zögernd, mal froh, folge ich ihnen. Jetzt erst bin ich da, wo andere beginnen. Man könnte sagen, ich bin ein langsamer Mensch. Allmählich schreibe ich mich dahin vor, wo etwas seinen Anfang nimmt.

Befriedigend, eine Drei, hatte ich früher in Schönschrift. Und es ist wahr, es stellt mich zufrieden, manchmal stellt es mich zufrieden, alles, besonders aber das Klebrige, Grobe, Blut und Gestank, zum Guten zu wenden. Der Anstiftung zum Sinn gehe ich gern auf ihren süßen Leim, verteile Gutschriften, verschreibe Wohltaten, schreibe uns rund und gesund, ins Glück und zurück. Zum Schluss schreibe ich alles ins Reine.

Mario Wirz
Am Anfang ist die Angst

Jeder Schriftsteller ist ein Don Quichotte, der einen „unmögli-
chen Traum" träumt, beflügelt vom Wind, der die Windmühlen
dreht, gegen die er kämpft. Der Schriftsteller braucht gleichzeitig
Demut und „Größenwahn", um schreiben zu können, um sich
trotzig mit Worten gegen die Ohnmacht der Worte zu wehren.
Jeder literarische Text ist ein Widerstand gegen die Tatsache, dass
die meisten Wahrheiten nicht in unsere Sprache „passen", sie sind
zu groß und zu mächtig, zu schwer und zu dunkel, um in unseren
Worten zu erscheinen.
Jedes Gedicht, jede Erzählung, jeder Roman kann immer nur einen Bruchteil von Wahrheit beleuchten, immer nur einen Schatten von Wahrheit sichtbar machen.
Und manchmal ist es dieser Schatten, über den wir springen, der
Schriftsteller und der Leser, verbündet in der Angst, das Kauder-
welsch unserer Biografie nicht verstehen, die Zeichen und Rätsel
unserer Geschichte nicht entziffern zu können, verbündet in der
Sehnsucht, dass jemand unsere SOS-Signale und Rufe hört, bereit, uns mit einem Wort zu erkennen und zu erlösen, bereit, auch
die Wahrheiten jenseits der Worte mit uns zu teilen und auszu-
halten. Und manchmal ist es dieser Schatten, der Identität stiftet
inmitten von Chaos und Zerrissenheit, eine heilsame Unruhe, die
wütende Kraft, eine Mauer der Sprachlosigkeit einzureißen. Und
manchmal ist es dieser Schatten, der das erlösende Wort diktiert,
den rettenden Satz, in dem wir Fragmente unserer Geschichte
wiederfinden. Identitätsstiftende Splitter unserer Existenz und
Biografie. Wir können nicht alles „sagbar" machen, aber auch
der unvollkommenste Satz leistet tapfer Widerstand gegen unser Verschwinden, rettet einen Augenblick vor dem Vergessen,
sabotiert den widerspruchslosen Prozess der Verflüchtigung und
Auflösung, stört die unheimliche Routine des Verfalls, ist letztlich
ein kleiner Triumph über den großen Tod.
Es stimmt nicht, dass am Anfang das Wort war. Am Anfang war die

Angst, und sie war es, die sich das erste Wort suchte, und sie wird es wahrscheinlich auch sein, die das letzte Wort hat. Kein Gedicht kann die Angst zähmen, keine Erzählung, kein Roman, aber jedes Wort schreibt Hoffnung, jeder Satz macht uns für einen Augenblick etwas weniger verwundbar, jeder Text weist die Angst in ihre Schranken.
Ich weiß nicht, ob andere Schriftsteller über die Freiheit verfügen, sich ihr Thema aussuchen zu können oder ob auch sie dem Thema gehorchen müssen, das sie aussucht und zwingt, seinen Satz zu sagen, so gut es eben geht.

Am Anfang war die Angst. Ich denke an die deutsche Kleinstadt, die mich bis zum Abitur gefangen hielt. Eine normale, kleine Stadt, stellvertretend für alle kleinen Städte in der Welt. Unerbittlich und übermächtig das Gesetz der Normalität, das jeden bestrafte, der „anders" war, anders dachte und fühlte. Verachtung traf die Lehrerin, die mit einem jüngeren Mann in „wilder Ehe" lebte. Ein Skandal war die Tatsache, dass meine Mutter mit vierzig Jahren ein uneheliches Kind zur Welt brachte, ich war von Anfang

an für alle nur der „Bastard". Früh entwickelte ich die Überlebenstechniken des Außenseiters und flüchtete in die Utopie der Worte und Sätze.

Zunächst als literatursüchtiger Leser, später als größenwahnsinniger Kleinstadtdichter. Ich war der Rimbaud von Frankenberg! So hieß die Kleinstadt, in der ich aufwuchs.

Mit Worten schuf ich mir eine andere Welt, eine „bessere Welt", einen Buchstabenkosmos, in dem meine Gesetze galten. Natürlich war die Macht in den Händen der „Bastarde" und Außenseiter. Schreibend rächte ich mich für jede Demütigung, die ich engstirnigen Nachbarn und kleinkarierten Lehrern verdankte. Sie alle wurden verbannt aus dem prächtigen Reich, das ich mit prächtigen Worten baute. Ich war ein stolzer Buchstabenimperator und gnadenloser Buchstabendiktator.

Meine Sätze waren selbstbewusster und mutiger als der ängstliche Vierzehnjährige, der sie schrieb. Ich erdichtete mir eine starke und unverletzbare Identität, die mich vor meinen Feinden schützte. Meine Feinde, das waren die sadistischen Kerkermeister der „Normalität", die hässlichen Wächter meines Kleinstadtgefängnisses. Am Anfang war die Angst, und danach war das Wort. Mein Schreiben war von Anfang an auch therapeutisch. Ich schrieb aus innerer Notwendigkeit und aus „Notwehr", ich schrieb aus Not. Ich füllte die weißen Blätter mit meinen Träumen und Ängsten, jeder Kränkung, die ich erfuhr, jeder Enttäuschung, die ich erlebte, schreibend war ich nicht mehr so verwundbar, nicht länger den „Kerkermeistern" wehrlos ausgeliefert. Ich erschrieb mir ein Selbstbewusstsein, das mich rettete, erschrieb mir eine Identität, in der ich mich entdecken konnte, jenseits der Normen und Konventionen. Mein Schreiben erwies sich als Rettungsmaßnahme für den jungen, von schlimmen Minderwertigkeitskomplexen geplagten „Bastard", und gleichzeitig war jedes geschriebene Wort eine Waffe, mit der ich gegen die Übermacht der anderen kämpfte.

Die Sätze, die ich schrieb, veränderten mich. Zunächst klammheimlich und introvertiert, dann aber auch äußerlich und öffentlich.

Ich schrieb rebellische Texte für die Schülerzeitung und attackierte ein System, in dem ehemalige Nazis als Lehrer Unterricht erteilen durften. Die Literatur verwandelte einen mutlosen Hosenscheißer in einen mutigen Kämpfer, meine Sätze stifteten Unruhe ... und Identität.

Auch ein Gefühl von Behaustheit und Heimat. Es war nicht mehr so wichtig, ob ich mich in Gesellschaft der anderen als Fremder definierte oder von den anderen als Fremder definiert wurde, in meinen selbst verfassten Geschichten war ich zu Hause, meine Sätze beflügelten mich, liehen mir Flügel, die Grenzen der Kleinstadt zu überwinden. Nicht länger war ich passives Objekt des Kleinstadtterrors, schreibend wehrte ich mich, schreibend leistete ich Widerstand gegen den Kleinstadtapparat der Unterdrückung, schreibend verwandelte ich mich von einem misshandelten Objekt der Kleinstadttyrannei in ein handelndes Subjekt, schöpferisch und produktiv, das seine Texte und seinen jungen Status als „Dichter" dankbar als nützliche Waffe im täglichen Kampf des Lebens begriff.

Am Anfang war die Angst. Ich erinnere mich an mein sprachloses Entsetzen, als ich mit circa sechzehn Jahren meine homosexuellen Neigungen erkannte. Schon vorher gab es diese diffuse Sehnsucht nach gleichgeschlechtlichen Berührungen und Kontakten, aber vorher hatte ich kein Wort für meine unruhigen Träume, keinen Begriff für das, was ich fühlte. Erst mit sechzehn brachte ich meine wirren Empfindungen und die Worte der anderen für diese Empfindungen in einen Zusammenhang. Homosexuell. Schwul. Tunte. Arschficker. Schwanzlutscher. Schwuchtel. Trine. Das war der ältliche Friseur in der Kleinstadt, über den alle lachten und Witze erzählten. Was hatte ich mit diesem affektierten Mann und seinen ondulierten Locken und seiner gespreizten Redeweise zu tun?

Mit sechzehn Jahren kannte ich keine anderen homosexuellen Vorbilder oder Identifikationsfiguren. Exotische Themen wie Homosexualität waren im Lehrplan der Schule nicht vorgesehen.

Es half mir wenig, dass ich im Englischunterricht heimlich Romeo und Julia in Romeo und Julien verwandelte, der Alltag war in den Händen der Heterosexuellen, jede Litfaßsäule dokumentierte ihre Macht, jedes Werbeplakat, jeder Film, jeder Schlager, der die Liebe zwischen Mann und Frau besang. Im Straßenbild wimmelte es von heterosexuellen Liebespaaren, meine Liebe war ein schmutziger Witz oder ein dummer Spruch, eine gehässige Bemerkung oder grölendes Gelächter. Erst später las ich „Giovannis Room" von Baldwin und andere Bücher, in denen meine Gefühle und Träume vorkamen.

Wieder war es die Literatur, die mich rettete. Mit Worten schuf ich mir einen anderen schwulen Gefährten, einen Freund, der meine Träume und Wünsche teilte, mein sexuelles Verlangen und meine Ruhelosigkeit, zu zweit waren wir stark und unverletzbar, kein Witz hatte Macht über uns.

Ich erdichtete uns beiden eine Insel in der Welt, ohne zu wissen, dass es in den Metropolen der Welt reale Inseln für mich und meine Träume gab.

Aber auch mein imaginäres Reich der Liebe bot mir Asyl und Zuflucht, auch mein Buchstabenkosmos stabilisierte mein verzweifeltes und schwaches Ego. Ich schrieb schwule Liebesgeschichten mit Happyend, verklärte die Liebe zwischen Mann und Mann in hymnischen Gesängen, und wieder waren die Worte mutiger und selbstbewusster als ihr verquälter und unglücklicher Autor. Ich hatte noch nicht Genet und Gide gelesen, kannte weder Jean Cocteau noch Klaus Mann, wusste nichts von all den Schriftstellern, die, in welcher Form auch immer, Liebe zwischen Männern thematisiert hatten, aber meine kleinen, kitschigen, schwulen Geschichten verliehen mir Kraft und Fantasie, über die Grenze der allmächtigen und allgegenwärtigen Heterosexualität hinauszudenken und -zuträumen, mit Hilfe meiner Texte baute ich mir zaghaft und langsam eine schwule Identität und ein schwules Selbstbewusstsein. Was ich mir in meinen pubertären Kleinstadtgeschichten herbeigeträumt hatte, bot mir drei Jahre später die schwule Wirklichkeit von Berlin: Männer, die selbstbewusst Hand in Hand durch die Straßen gingen, Männer, die in den Clubs und Discotheken zärtlich und wild miteinander tanzten.

Was als Wort und sehnsüchtige Vision begann, war auf einmal aufregende Wirklichkeit, das Leben hatte sich von der Literatur inspirieren lassen, natürlich nicht von meiner Kleinstadtprosa, aber von einem emanzipatorischen Prozess, an dessen Anfang das WORT stand, ganz egal, ob wir jetzt an Platon oder die Sonette von Shakespeare denken. Jede Wirklichkeit, jede Veränderung beginnt mit einem Wort.

1979 erschien im inzwischen schon legendären schwulen Verlag Rosa Winkel eine Anthologie, die die Vielfalt schwuler Wirklichkeit in den Bekenntnissen und Visionen diverser Autoren einfing, ich war stolz, dass ich mit meinem Text dazugehörte, dass ich schwarz auf weiß ausbrach aus den Gefängnissen der Heimlichkeit und der Selbstverleugnung.

Die Literatur machte aus mir keinen „Helden", aber sie half mir, meine Angst vor diffamierenden Witzen und anderen möglichen Diskriminierungen zu verlieren. Meine Einzelgängerbiografie machte es mir schwer, mich in einer Gruppe zu engagieren, aber auch, wenn ich in meinem „Elfenbeinturm" meine Gedichte und Geschichten schrieb, wusste ich mich in einer großen Gemeinschaft von Verbündeten und Gleichgesinnten, und aus diesem Wissen schöpfte ich meine Kraft. Es gibt schwule Autoren, die sich vehement gegen das Etikett „schwuler Autor" wehren. Das akzeptiere ich, denn natürlich bedeutet dieses Etikett eine törichte Reduktion und fokussiert die Sexualität des Schriftstellers, was bei einem heterosexuellen Schriftsteller nicht geschieht.

Mich selbst tangieren diese Etikette nicht länger, vielleicht war mein Außenseitertraining als „Bastard in der Kleinstadt" in diesem Punkt hilfreich. Ich vergeude keine Energie mehr, mich über den allgemeinen Etikettenwahn aufzuregen, wer mich in eine Schublade packt, wird nur sich selbst finden, ich bin längst woanders. Wenn mich wer auch immer als „schwuler Dichter" bezeichnet, reagiere ich mit Gleichmut, denn ich assoziiere mit „schwul" nicht nur die sexuelle Ausrichtung, sondern auch die existentielle und gesellschaftliche Erfahrung, zu einer Minderheit zu gehören, und deswegen schreibe ich natürlich anders als ein Autor, der sich von Anfang an in Übereinstimmung mit den herrschenden Normen und Konventionen weiß. Ich weiß nicht, wie viele Bücher noch geschrieben werden müssen, wie viele Filme gedreht und wie viele Bilder gemalt, bis die „Etiketten" aus der Welt verschwinden. Aber vielleicht verschwände dann auch die schöne, triviale Lust, die den Homo sapiens daran hindert, allzu „ernsthaft" zu sein, vielleicht ist es gar nicht wünschenswert, dass wir eines Tages nur noch über die Qualität eines neuen Romans sprechen, ohne darüber nachzudenken, mit wem der Schriftsteller gerade schläft.

Am Anfang war die Angst. Ich erinnere mich an den HIV-positiv-Befund im November 1985 und an das dunkle Schweigen, das mich aus der Sprache warf. Ich fiel aus meiner Sprache, ich verlor die Sprache der anderen, die ich nicht länger teilen konnte. Am Anfang war die Angst ... und kein rettendes Wort in Sicht. Ich war paralysiert von der Diagnose „positiv" und wartete auf den Tod. An meiner Seite Depression und Apathie und eine tägliche Überdosis Alkohol. Einige Male ging ich in die Positivengruppe, die die Aidshilfe anbot, um dann wieder in meiner Einzimmerwohnung zu verschwinden. Als schwuler Mann und Autor hatte ich mich emanzipiert, als Positiver sank ich zurück in eine verklemmte und ängstliche Privatheit. Masochistisch und schuldbewusst. Meine Krankheit war nicht das Virus, sondern meine alte und neue Angst vor dem so genannten „gesunden Volksempfinden", ich wähnte mich überall in Feindesland, fühlte mich von jedem Nachbarn bedroht, was würde geschehen, wenn der Nachbar erfuhr, dass er mit der „schwulen Pest" im selben Haus wohnte? Ich sperrte mich zurück in das irrationale und hysterische Gefängnis meiner Kindheit. Ich hatte die Kleinstadt verlassen, um zehn Jahre später in meiner Einzimmerwohnung in die Kleinstadt zurückzukehren. Gefangen in einer Landschaft aus alten Ängsten und neuen Schrecken. Ich kehrte zurück in die Gestalt, die die Wächter der Normalität für mich entworfen hatten, nahm die Gestalt des „schwulen aidsinfizierten Bastards" an, in dem Rahmen, aus dem ich vor zehn Jahren gesprungen war.

Die Zeit verging, und ich stellte fest, dass mich der Tod noch nicht wollte. Eine Theatergruppe in Berlin beauftragte mich, ein Stück für Kinder zu schreiben, was mir in meiner Situation absurd erschien, aber ich schrieb dieses Stück, auch aus pragmatischen Erwägungen, um meinen täglichen Alkoholkonsum zu finanzieren. Mit den Worten und Sätzen fing mein Leben wieder an, und wieder war es die Literatur, die mich rettete.

Ich schrieb Kinderstücke und Boulevardkomödien, aber auch diese „Verdrängungsliteratur" war ein vitaler Anfang, eine verbale Brücke, die mich zurückführte in die Sprache und Wirklichkeit der anderen. Ich definierte mich nicht mehr ausschließlich als „Virusträger" und „Todeskandidat", ich war wieder produktives Mitglied einer Gemeinschaft, lebendig und sterblich wie alle anderen auch. Noch mogelte ich mich an meinen Wahrheiten vorbei, noch war ich nicht bereit, mich schriftstellerisch mit meinem Thema auseinander zu setzen. Der Freundschaft mit dem schwulen Filmemacher und Aktivisten Rosa von Praunheim entsprang in der Zeit von 1989 und 19991 ein heftiger und aggressiver Briefwechsel, der mich aus meinem „Elfenbeinturm" und meiner Privatheit lockte. Mit der Parole der Act-up-Gruppen in den USA „Schweigen = Tod" zwang Rosa mich, mein subjektives und individuelles Schicksal als Aids-Infizierter in einem gesellschaftlichen und politischen Kontext zu begreifen.

Ich teile nicht alle Positionen von Rosa, aber Tatsache ist, dass diese Briefe, die 1995 unter dem Titel „Folge dem Fieber und tanze" im Aufbau Taschenbuch erschienen, der erste Versuch waren, Aids als mein Thema anzunehmen. Natürlich hätte ich mir lieber ein anderes Thema gewünscht, eine andere Wahrheit, aber darum geht es nicht. Ich musste lernen, meinen Satz zu akzeptieren und ihn mit meinen Mitteln so gut und so wahrhaftig wie möglich zu sagen. Schreiben ist immer auch Widerstand gegen den Tod, die furchtsame Sterblichkeit ist kein Privileg der Aids-Infizierten, jedes geschriebene Wort ist auch eine Revolte der Sterblichen gegen den Tod, jedes geschriebene Wort ist auch ein Triumph der Lebendigen über den Tod.

Und wieder waren meine Worte weiter als ich, waren mir voraus, waren selbstbewusster und mutiger als ihr Autor. Schreibend lernte ich, das Virus nicht nur als Unglück zu betrachten, sondern auch als „positiven Imperativ", radikaler zu leben und zu lieben, nicht so lau und „irgendwie", sondern hellwach und bewusst, bereit, auch ambivalente Gefühle zuzulassen, Widersprüchlichkeit und Chaos, jede Empfindung, die das Lebendigsein beweist.

Ich vergeudete mich und die kostbare Zeit nicht länger an die große Kraftanstrengung des gelernten Selbstbetrugs, verschwendete mich nicht mehr an die antrainierte Verweigerung, das Leben in jeder Form und Gestalt anzunehmen.

Der „dressierte Affe" sprang aus dem Käfig und warf alle Lektionen ab, alle Normen und Konventionen, die das Leben und die Liebe verneinen. Eine Kultur der Lebensangst hatte mich gezüchtet und deformiert, eine Kaugummicolakultur, in der Krankheit und Tod als Tabu gelten, als Demonstration von Schwäche und Verwundbarkeit, als unerwünschte Störfaktoren in einem System despotischer Gutgelauntheit und verlogener Harmonie, eine Kultur, die selbst ein schreckliches Krankheitsbild darstellt. Schreibend sprang ich über den Schatten in das Wort und in die Sätze und ließ mich von ihnen vorantreiben.

Und wieder waren es die Worte, die Identität stifteten und mich mit mir und meinem Schicksal und meiner Geschichte versöhnten. 1992 erschien im Aufbau Verlag mein nächtlicher Bericht „Es ist spät, ich kann nicht atmen", ein autobiografischer Text, der mich das Atmen wieder lehrte. Da ich keinen fiktiven Helden geschaffen hatte, keinen Paul oder Thomas, keinen Laurent oder Hans, landete ich mit meinem Ego-Dokument in der Schublade der so genannten „Betroffenheitsliteratur".

Wer als Schriftsteller ernst genommen werden will, muss Abstinenzler sein, wenn er über Alkoholismus schreibt, und kerngesund, wenn er Aids thematisiert. Der Verfasser einer schwulen Geschichte sollte ein anerkannter Heterosexueller sein, wenn er

Wert darauf legt, dass die Etikettenverteiler des Literaturzirkus sein Buch als literarische Leistung würdigen. „Betroffenheitsliteratur" (die „Frauenliteratur", die „schwule Literatur", die „Aidsliteratur" usw.) ist ein tödliches Urteil der Rezensenten, das das literarische Produkt als privates Geschreibsel diffamiert.

Ich betrachte den abwertenden Begriff der „Betroffenheitsliteratur" inzwischen mit Sympathie und begreife ihn als Kompliment, denn eine Literatur, die nicht von ihrem Thema betroffen ist, kann auch keinen Leser betreffen.

Alle meine Bücher sind literarische Inszenierungen, Geschichten, die sich ein ICH erzählt, das schreibend (sein) Leben erfindet und in Literatur verwandelt. Alle Texte sind autobiografisch im Sinne des Zitats: „Jede wahre Geschichte ist eine erfundene Geschichte. Jede erfundene Geschichte ist eine wahre Geschichte."

Solange ich schreiben kann, hat der Tod keine Macht über mich. Am Anfang ist die Angst, und sie diktiert das erste Wort, das Hoffnung schreibt.

„Man kann heute

    kein Gedicht mehr über eine Rose schreiben",

sagen meine klugen Freunde,

und ich schweige.

Ich betrachte die Rose,

    die ich mir selbst geschenkt habe,

meine Rose,

meine Gedicht.

Warum ich Schreiben hasse

Unsere Frage: Ob und warum du Schreiben hasst?
Warum ich schreiben HASSE ... Wer hat das denn behauptet?
Du bist die Einzige, die uns eingefallen ist, von der wir dachten, dass es hinkommen könnte, dass sie Schreiben hasst.
Ja, das stimmt. Hassen ist ja so ein extremer Ausdruck, sagen wir mal, ich hege eine gewisse Abneigung gegen Schreiben.
Kannst du das begründen?
Ja, da gibt es ja verschiedene Ebenen. Das eine ist Schreiben als Technik. Das fängt an mit Rechtschreibung und Grammatik. Ich hatte früher immer totale Probleme mit der Rechtschreibung, Grammatik war ganz gut, von daher aber hatte ich immer schon mit der Technik des Schreibens Probleme gehabt. An und für sich habe ich Schreiben recht gerne gemacht, aber all das, wovon ich immer dachte, das man es ausdrücken können müsste, das habe ich nie hingekriegt. Also die Ebene Schreiben als Möglichkeit, sich auszudrücken. Ich konnte es zwar denken, und mir war klar, da hat man theoretisch diese Möglichkeit, etwas auszudrücken – aber ich bin zu blöd, so etwas umzusetzen.
Das betrifft jedes Schreibgerät, also Stift, Computer, E-Mail, Schreibmaschine, SMS?
Ja. Einmal würde ich sogar in einen Schreibmaschinenkurs geschickt – weil mein Vater das für eine Frau nicht schlecht fand – und musste den gleich wieder abbrechen, weil es nicht ging. Ich besitze keinerlei Talente dafür. Ich habe auch noch nie im Leben eine SMS geschrieben, E-Mails muss ich zwar beruflich schreiben, aber äußerst ungern, privat schreibe ich keine, ich hinterlasse kaum schriftliche Spuren in meinem Leben.
Und du hast auch noch nie einen Liebesbrief geschrieben?
Oh, doch. Im Rahmen meiner Liebesgeschichten habe ich schon das eine oder andere verfasst. Aber ich denke, das war die Geste an für sich, die zählte, nicht das, was draufstand.
Du hast das Schreiben nie vermisst?

Nein, ich habe es nie vermisst. Ich lese aber gerne. Ich habe nie gedacht, da müsste irgendwas passieren, ich muss jetzt schreiben, nie. *Und du hast auch nicht in der Pubertät geschrieben – heimlich Gedichte?* Nein, da hatte ich nie Ambitionen. Nur – man hat ja oft verquere Bilder im Kopf, wie man zu sein hätte, was man machen müsste – und da habe ich gedacht, auch ich müsste ein Tagebuch schreiben. Das habe ich drei Tage lang gemacht, dann fand ich das so langweilig. Und habe es wieder sein gelassen.

Klaus und Julia lernen schreiben

Claudia Haarmann
Die Brückenläuferin

Schreiben ist die eleganteste Art, sich zu entblößen, ohne hinterher nackt dazustehen.

Meine Texte sind Brücken. Ob sie tragfähig sind, entscheiden die, die sie lesen oder hören. Was zählt, ist, dass sie mich tragen. Jedes Mal, wenn ich einen Text beendet habe, probiere ich es aus. Zuerst setze ich eine Zehenspitze auf die Brücke. Wenn sie die Berührung trägt, den ganzen Fuß. Bei den ersten Schritten versuche ich, mich leicht zu machen. Schon bald werde ich nachlässiger und trete fest auf. Auf der Mitte der Brücke bleibe ich stehen. Wenn sie einstürzen würde, gäbe es kein Entrinnen, doch davor habe ich keine Angst: Brücken gehorchen meinem Willen – wenn ich an sie glaube und ihnen vertraue.

290

Als Grundschülerin überquerte ich jeden Morgen eine alte Brücke: Aus massiven Quadersteinen gemauert, für Autos gesperrt, spannte sie sich in zwei Rundbögen über ein schlammgraues Flüsschen. Wir wohnten auf dem Berg, die Grundschule war im Tal auf der anderen Seite des Wassers, die Ufer waren mit mannshohem Schierling überwuchert.

Ohne die Brücke hätten wir Kinder einen großen Umweg über die neue Autobrücke machen müssen, die am Ortseingang gebaut worden war. Das wollte niemand. Der Weg war weit genug. Bis unsere Brücke eines Tages gesperrt wurde. Wegen des Hochwassers.

Wir oben auf dem Berg hörten die, die am Wochenende unten gewesen waren, munkeln: Die alte Brücke sei in Gefahr. Wir glaubten es nicht. Doch die, die unten gewesen waren, bekräftigten: Ächzen dringe aus den Fugen. Es sei eine Frage von Tagen, vielleicht Stunden nur, bis das Wasser sie mit sich risse.

Am Montagmorgen waren die Brote geschmiert, die Regenkappe unter dem Kinn geschnürt, Warnungen ausgesprochen, Ratschläge erteilt worden. Eine halbe Stunde früher auf den Weg geschickt wurde ich und ließ mir Zeit, dachte gar nicht daran, diese blöde, neue Betonbrücke zu benutzen, trödelte den Berg hinab und drückte artig auf die Fußgängerampel, um die Straße zu überqueren. Kein Auto hielt wegen mir.

Die Brücke war mit rot-weißen Bändern abgesperrt. Rot-weißes Geflatter sollte zivilen Ungehorsam verhindern, doch ich war in der dritten Klasse, wusste nicht, was das war und hatte nur noch zehn Minuten Zeit.

Wo war das schlammgraue Flüsschen? Wo die drei Meter Luftraum zwischen Wasser und Brücke? Milchkaffeebraune Wassermassen standen ihr bis zum Kragen, den Kopf hielt sie gerade noch heraus und um den Mittelpfeiler hatte sich allerlei Unrat verkeilt. Ächzen hörte ich sie nicht und hatte noch acht Minuten Zeit.

Zuerst setzte ich eine Zehenspitze auf die Brücke, dann den ganzen Fuß. Wenn sie die Berührung trüge, hielte sie. Noch sieben Minuten. Ich schlüpfte durch die Absperrung hindurch. Bei den ersten Schritten versuchte ich mich leicht zu machen. Schon bald wurde

ich nachlässiger. Auf der Mitte der Brücke blieb ich stehen.
Schaute über den Kragenrand. Tropfen stürzten von der Krempe meines leuchtend roten Regenhutes. Das Wasser zerrte am Dickicht des Unrates, den es zusammengeschoben hatte. Der Anblick des Mülls um den Brückenpfeiler herum gefiel mir nicht. Auf dem Zenit meiner Mutprobe fühlte ich mich mit einem Mal stark und unverletzbar. Wie die großen Jungs spuckte ich in den Fluss. Meine Brücke kriegst du nicht, dachte ich. Es war Zeit. Noch vier Minuten. Über die zweite Hälfte der Brücke lief ich mit festen Schritten und kam pünktlich zur Schule.
Erzählt habe ich niemandem davon. Einige Zeit später erhielten wir die Aufgabe, einen Fantasieaufsatz zu schreiben. Das Hochwasser war in Vergessenheit geraten. Ich schrieb mein Abenteuer auf. Verfremdete die Brücke, den Ort, nahm als Hauptfigur einen Jungen, der älter war als ich, und erhielt Lob für meine Fantasie. So stellte man sich bloß, ohne hinterher nackt da zu stehen. Seither schreibe ich.

Meine Texte sind Brücken, auf denen ich mich austobe. Wenn ich an sie glaube, bleiben sie stehen. Wenn sie mir nicht gefallen, reiße ich sie selber ein. Manchmal lasse ich einen Eckpfeiler stehen und baue eine neue Brücke auf dem Fundament. Wenn sie fertig ist, ruhe ich mich auf ihr aus. In jeder Brücke, die ich baue, steckt ein Teil von mir, den ich preisgebe, wenn ich sie öffentlich zur Schau stelle. Nackt bin ich, wenn ich unter der Dusche stehe.

Was aus der Brücke geworden ist? Sie steht. Wenn Sie über die Bundesstraße 54 in das schöne Sauerland fahren, kommen Sie durch den Ort, in dem ich aufgewachsen bin. Kurz nach der Fußgängerampel sehen Sie zur Linken die Dorfkirche, zur Rechten eine alte Steinbrücke. Wenn Sie den Ort anschauen wollen, überqueren Sie die Brücke. Sie trägt. Sie müssen nur daran glauben.

Wolfgang Fehse

Ein Dichtergenie aus Lettland,
das morgens schwer aus dem Bett fand
kratzte das Kinn,
suchte den Sinn
und stürzte über den Bettrand

Cornelia Lotter
Der lange Weg

Im Grunde genommen habe ich nie nur für mich geschrieben. Selbst meine Tagebücher schrieb ich irgendwann, um sie dem Mann zu schenken, den ich liebte. Damit er – der durch widrige politische Umstände (antiimperialistischer Schutzwall) von mir getrennt war – ganz authentisch, sozusagen vom Hirn über die Hand aufs Papier, meiner tiefschürfenden Gedanken und grenzenlosen Gefühle teilhaftig werden konnte. Ich muss sicher nicht betonen, dass ich diese Tagebuch-Verschenk-Aktion später tief bereute und deshalb auch vor Nachahmung ausdrücklich warnen möchte!

Doch zunächst schrieb ich die Ergüsse meiner überreizten Fantasie, sobald ich des Schreibens mächtig war, auf Butterbrotpapier. Dieses durchsichtige, raschelnde, leicht gräuliche Papier, mit dem früher die Frühstücksbrote eingewickelt wurden. Das erste von mir bediente Genre waren naturgemäß Märchen und die Il-

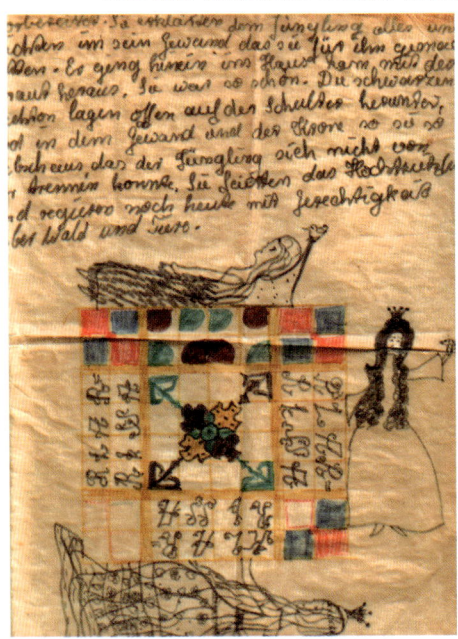

lustrationen – meist in Gestalt von Prinzessinnen – lieferte ich mittels neu erworbener Filzstifte aus dem jüngsten Westpaket gleich dazu. Erstaunlicherweise bin ich heute noch im Besitz einiger dieser zeitgeschichtlichen Dokumente, wofür ich wirklich sehr dankbar bin. Immerhin stellte ich mit Erstaunen fest, dass ich damals noch nichts vom Inzesttabu zu wissen schien, denn, Zitat: „Die Söhne hatten schon Liebe zu ihr (Anm.: der schönen Schwester) gewonnen. Das merkte auch eines Tages der Vater und sprach zu ihnen: Ich weiß, alle drei wollt ihr Marinetta heiraten. Doch erst muss ich eure

Faulheit prüfen. Wer am fleißigsten ist, bekommt Marinetta zur Frau." Überflüssig zu erwähnen, dass ich die Älteste von fünf Kindern war, davon zwei Jungen. Allerdings war mir nie bewusst gewesen, dass sich da unterschwellig irgendetwas Erotisches abgespielt haben soll. Mir sind die Buben nur als Nervensägen in Erinnerung geblieben. Doch nicht nur inzestuöse Gedanken trieben mich um; in einer Geschichte las ich sogar von

grausamen Folterungen, der die Heldin ausgesetzt war.

Heute frage ich mich, wo liegen die Wurzeln solcher Fantasien: das Tauchen in ein Fass mit siedendem Öl oder das bestialische Quälen von Familienangehörigen zum Brechen eines Schweigegelübdes.

Die Märchen wurden von Geschichten abgelöst, die sich zunehmend um zu erobernde männliche Gestalten (gern auch Schlagersänger, Eiskunstläufer und andere Idole) drehten. Diese Prosa hatte – ebenso wie die Märchen – den einzigen Zweck, den tristen Dorfalltag zwischen Schule und Haushaltpflichten erträglich zu gestalten. Flucht also, in Phantasiewelten, in denen immer irgendwann der Prinz auf dem weißen Pferd kam, um mich herauszuholen. Und die Hefte, in die ich mittlerweile schrieb, avancierten zur Lieblings-unter-der-Bank-Lektüre meiner Klassenkameraden während langweiliger Schulstunden. Ab und zu wurde ein Heft von einem Lehrer konfisziert, was für mich stets ein gehöriger Schreck war, spielten doch manchmal auch „verruchte" Fantasien eine Rolle. (Welch starke körperliche Auswirkungen hatte doch das Schreiben solcher Worte wie „Vockerode" oder gänzlich ungetarnt „ficken".)

Über die propagandistischen Gedichte gegen den bösen Klassen-feind, die ein Lehrer an die Zeitung gegeben hatte, will ich hier gnädig den Mantel des Schweigens decken. Während des Studiums fand ich dann einen „Zirkel schreibender Arbeiter", in dem sich – wie in anderen Städten auch – kaum je ein Arbeiter befand, wo mich eine heftige, jedoch wohlmeinende Kritik erwartete. Meine harte Schule des Schreibens, die sich spä-ter in einem ebensolchen Zirkel in einer anderen Stadt fortsetzte. Teilnahme an Seminaren, die jeweils von Schriftstellern geleitet wurden. Höhepunkt 1980 das Zentrale Poetenseminar in Schwe-rin. Daraus resultierend Radio- und Fernsehauftritte. Spärliche Veröffentlichungen in Anthologien und Printmedien. (Papier war ein seltener und teurer Rohstoff und wurde lieber für die hundertste Auflage der Gesammelten Werke von Marx, Engels und Lenin verwendet.)

Nach meiner Übersiedlung in den Westen Deutschlands 1984 – endlich konnte ich das Tagebuchschreiben für den fernen Liebs-ten einstellen, da er jetzt täglich in meiner Nähe sein durfte – woll-te erst einmal niemand mehr das sehen, was ich geschrieben hatte. (Und im Grunde hat sich daran bis jetzt nicht viel geändert.) In den ersten Jahren waren zunächst auch andere Dinge wichtiger als Schreiben: das Zurechtfinden in einer völlig neuen Welt, Sonder-angebotsprospekte studieren, lernen, dass nicht alle Dinge, die auf Wühltischen liegen, angezogen gut aussehen, Umschulung absol-vieren und Beziehung üben. Unter anderem. Ab und zu entstand ein Gedicht, meist nach überwältigenden Naturerfahrungen.

Vor fünf Jahren gab es dann eine Zäsur. In Form einer Diagnose, die das Wissen um die Endlichkeit meines Lebens noch einmal relativierte. Das löste bei mir einen regelrechten Schreibzwang aus, der bis heute anhält. Die Angst, nicht mehr alles aufschrei-ben zu können, was da noch nach außen drängt. Es vergeht kaum ein Tag, an dem ich nicht an einem kürzeren oder längeren Prosatext arbeite.

Leider habe ich bis heute noch keinen Verlag für die Ergebnisse dieses Kreativitätsausbruchs begeistern können. Immerhin erschien im „Heimlichen Auge 2001" meine Geschichte „Die roten Handschuhe" und später Auszüge aus meinem Roman „Jahresringe" im „Heimlichen Auge und in „Scham". Und wer weiß...

Letztens habe ich mir eines von diesen hochmodernen digitalen Diktiergeräten geleistet. Damit ich immer etwas dabei habe, um meine wertvollen Gedanken festzuhalten, falls mich einmal unterwegs ein Geistesblitz ereilen sollte und ich kein Schreibzeug dabei bzw. keine Gelegenheit zum Schreiben hätte. Auch geschickt, wenn ich beim Einschlafen von der Muse – mangels Bettgenossen – geküsst würde, dachte ich ... Das Geld hätte ich mir sparen können. Entweder, dieses süße silberne Ding befindet sich gerade nicht in der Hand-, Sport- oder Jackentasche, die bei mir ist, oder ich scheue die merkwürdigen Blicke meiner Mitmenschen oder nach einem Satz (wenn ich es geschafft habe, mich an die Knöpfe zu erinnern, die ich in welcher Reihenfolge drücken muss und den richtigen Ordner gefunden habe) ist mein Kreativitätsstrom versiegt, was mir mit dem Stift in der Hand nie passiert. Schreiben heißt also immer noch schreiben für mich, am liebsten auf der Tastatur, das geht am schnellsten, und am allerliebsten im Wissen darum, dass das Geschriebene seine Leser findet. Wie dieser kurze Essay. Hoffentlich.

Gabriele Stötzer
Das Land Zukunft

Schreiben ist eine Idee, die in meiner Kindheit gewachsen ist – vollkommen losgelöst von meiner dörflich beschränkten Umgebung, die immer wieder Dörflichkeit und Beschränkung forderte. Es war eher ein Flucht-gedanke, ein Haken in ein späteres Leben hinein, das für mich vorstellungslos war, weil es auf keinen Fall das werden durfte, was ich um mich erlebte. Schreiben war etwas Geheimnisvolles, etwas wie aus einer Gefangenschaft Führendes, wie man nur ungern die Nöte seiner Kindheit beschreibt.

Ich wuchs in einem sozialistischen Land auf, dort hatte man einem höheren Ziel zuzustreben, das Kommunismus hieß. Es ging darum, die ganze Gesellschaft weiterzubringen und gleichzeitig alle Unterdrückten dieser Welt zu befreien. Ein Leben in Superlativen, mit unerfüllbaren Vorgaben, denn der Eintritt des Kommunismus scheiterte immer wieder an der Unzulänglichkeit meiner Mitmenschen, also auch mir. Gleichzeitig war es unmöglich, zu diesen Unterdrückten der Welt zu kommen, denn es war verboten, in andere Länder als die nächsten sozialistischen zu reisen. Dazu war ich als Deutsche mit der Schuld meiner Elterngeneration belastet, die von mir nirgendwo eingelöst werden konnte. Die Devise meiner Eltern war: „Keine Probleme machen und nicht zu hoch hinaus wollen".

Ich versuchte, einen Kompromiss zu finden und lernte einen mittleren medizinischen Beruf. Auch weil ich von Albert Schweitzer gehört hatte, der in Lambaréné einheimischen Kranken half und zu dem ich irgendwie hätte stoßen können. Lambaréné lag im Dschungel, und ich war ein begeisterter Leser des Dschungelbuches, wo der Hauptheld alle Gefahren besteht, weil er die Fähigkeit hat, sich mit Tieren zu unterhalten. Es gab also andere Sprachen, die über unser Verständnis hinausgingen. Als ich ausgelernt hatte, starb Albert Schweitzer und damit mein Ausreiseprojekt.

Ich machte Abendschule und studierte an der Pädagogischen Hochschule Erfurt.

Diesmal versuchte ich mich dem System zu nähern. Ein Stück, das ich damals schrieb, handelte von einer Mitstudentin, die versuchte, Selbstmord zu begehen, und anderen, die unter Langeweile

litten. Es brachte mir von dem Leiter der Studentenbühne eine Kritik ein, die lautete: das sei keine richtige Literatur, das wäre ein „Sprachrohr des Zeitgeistes" (frei nach Marx über Lassalle). Wie konnte man also richtiges Schreiben lernen? Oder wo war dieses geheime Leben, das einen zur Literatur brachte?

Ich schaltete mich an der Hochschule in eine Diskussion um einen menschennäheren und damit erfüllbareren Kommunismus ein. Dafür wurden ich und andere Studenten als Konterrevolutionäre exmatrikuliert. Als einige Monate später der Liedermacher Biermann von einer Gastournee nicht wieder in die DDR und den Sozialismus, für den er im Westen eintrat und gesungen hatte, einreisen konnte, war er der eine Unterdrückte, für den ich stellvertretend eintreten wollte. Wegen einer Unterschrift gegen die Ausbürgerung kam ich ins Gefängnis. Den Knast stand ich auch deshalb durch, weil viele meiner Vorbilder wie Dostojewski oder Solschenizyn selbst im Gefängnis saßen bzw. wie Jara beim Sprechen ihrer Wahrheit ums Leben kamen. Leiden gehörte sowieso dazu. Aber das waren alles männliche Vorbilder. Im Frauenknast kam ich einem anderen Leben näher, einem Frauenleben, das mir meine Mutter und der vordergründig asketische Sozialismus verschwiegen hatten. Die Ablehnung des Systems und der Abstand zu meinem Dorf ermöglichten mir einen Glauben an das Aussichtslose, was hatte ich zu verlieren? Nun nahm ich mir vor zu schreiben und mich öffentlich dazu zu bekennen.

Ich ging weiter den Weg, der Verletzungen brachte. Ich ließ mich lange von meinem Mann mit anderen Frauen betrügen, weil ich dachte, ich müsse für meine Freiheit bezahlen, die darin bestand, nicht täglich, wie es in der DDR Pflicht war, zu arbeiten und meine Träume nebenbei als eine Art Hobby zu betreiben. Ich verkehrte in alternativen Gruppen, veröffentlichte im Untergrund, der sich einmal selbst bekämpfte und dann noch vom ganzen System bekämpft wurde. Ich experimentierte mit Worten, versuchte, in diesem menschlichen Dschungel eine eigene Sprache zu entwickeln. Ich war bestraft, also hatte ich eine eigene Schuld. Eigene Schuld ist auch eigene Kraft. Ich schrie ihnen das, was mir angetan wurde, wieder zurück. Heraus kamen Texte, die von anderen verpönt wurden: feministisch, sexistisch, staatsfeindlich. Was ich mir erarbeitete, war ein Heer von Widersachern, die mich ausstießen, und in diesem Ausgestoßensein fand ich mich. Es waren die Unteren, Geschlagenen, ewig Abgewiesenen. Alle hielten sich mit einer Art Droge über Wasser, mit Alkohol, Tabletten, Sex oder Verrat. Meine Droge war Schreiben. Ich machte mich süchtig daran, mich mir selber in einer Umgebung zu nähern, die persönliche Nähe als große Gefahr oder den größten Schmutz vermittelte.

Was hatte das Rumstreiten mit Schreiben zu tun? Es war eine Form, sich lebendig zu fühlen. Dass es auch einfachere Formen gab, zum Schreiben zu kommen, erfuhr ich glaubhaft erst später, nach der Wende, von Schriftstellern aus den USA, Italien oder Kanada, die in Schreibschulen lernten. So etwas gab es auch in der DDR, ein Johannes-R.-Becher-Institut, wo man sozialistischen Realismus lehrte, der mir wegen seiner Ideologie immer suspekt war und der auch keine gescheiterten Personen, zu denen ich damals gerechnet wurde, annahm.

Was das alles leben lässt, ist dieser Kinderwunsch zu schreiben, der damals und immer wenn der Mut am Sinken ist, wieder auftaucht, weil er rein ist. Dazu gehört, dass ich Schönheit empfand, im Rhythmus, in der Sprache, im Körper, im Menschsein. Und dass die Entdeckung des Mittels, das einen überleben lässt, schon die Auflösung ist, das Ziel: die Schönheit, der Rhythmus, die Sprache.

Ich konnte mir mit dem Schreiben Lösungen verschaffen, die ich im Leben nicht erreichte. Es war wie ein Zaubermittel. Ein Großteil der Literatur der Vergangenheit endete meistens mit dem Tod des Helden. Um groß zu sein, starben auch die Helden (Günderode, Werther, Christa T.) in der beachteten ostdeutschen Literatur. Nicht konform zu gehen, aber gerade das zum Leben beitragen zu wollen, konnte ich meinen Helden zugestehen, ich ließ sie leben. Jeder Schreibakt war erst ein Stöhnen vor der Last des Beginns einer überrealen Aufgabe – und dem Lachen der Lust, wenn es mir am Schluss gelungen war, allen Vorgaben ein Schnippchen zu schlagen. Wie das Ruder eines aus der Bahn gekommenen Schiffes herumzudrehen, nicht mit einer Brise, aber einem leichten Hauch.

Wohin ich es lenken will, sehe ich mit den Jahren immer klarer – es ist das Land ohne Vorstellungen, das Land Zukunft. Es liegt hinter den Superlativen, hinter der Unerfüllbarkeit, die einem von der Umwelt vermittelt werden. Es ist nämlich richtige Arbeit, sich hinzusetzen und etwas zu konstruieren. Wahrscheinlich geht es doch nicht darum, sich allein zu retten, weil man sich damit immer auf der Flucht befindet. Sondern sich selbst ins Gesicht zu sehen, als zureichend anzunehmen und zu beginnen.

Elisabeth Göbel
Der Star des Abends

Schreiben, was Sache ist. Sagen, was Sache ist. „O heilige Einfalt der Beschreibung, stehe mir bei!", bittet Wisława Szymborska[*]. Manchmal beginne ich eine Lesung damit, dass ich dem Publikum ein Gedicht der polnischen Dichterin vorlese, das in einfachen Bildern von der Schwierigkeit, Schriftstellerin zu sein, berichtet. „Kein Boxer zu sein bedeutet, gar nicht zu sein."
Ich lud, wie das so geht, Freunde und Bekannte zu einer Lesung in unseren kleinen Gemeindesaal. Meine neueste Geschichte stand an. Stellte Kerzen hin, Gläser und Wein und sogar Süßes; denn Menschen, die zu Lesungen kommen, sollten, falls sie das Gehörte nicht so goutieren, wenigstens mit einer kleinen Gaumenfreude beglückt werden, damit sie gegebenenfalls ein andermal wiederkommen. Das ist wie mit den Vögeln und dem Vogelhaus. Nur wenn man sie füttert, kommen sie wieder.

[*] *Deshalb leben wir. Gedichte*

Ich beginne also mit dem Gedicht. Es heißt „Autorenabend".
Muse, kein Boxer zu sein bedeutet, gar nicht zu sein.
Das brüllende Publikum hast du uns nicht gegönnt.
Zwölf Zuhörer sind im Saal.
Zeit anzufangen.
Die Hälfte ist da, weil es regnet,
der Rest sind Verwandte. Muse!
Hier lacht das Publikum. Es sind mehr da als zwölf. Meine Verwandtschaft ist groß. Die Futtervorräte auch.
Weiter mit Szymborska:
Die Frauen fielen an diesem ... Abend gern in Ohnmacht,
sie werden es tun, allerdings bei einem Faustkampf.
Nur dort gibt es dantesche Szenen.
Ebenso das Indenhimmelgehobenwerden. Muse.
Kein Boxer zu sein, Poet zu sein,
verurteilt zu sein ...
aus Mangel an Muskulatur der Welt die künftige Schullektüre
vorzuführen, im günstigsten Fall.
O Muse, Pegasus,
Engel unter den Pferden.

Im günstigsten Fall: Schullektüre – das ist, wovon wir immer in irgendwelchen Startlöchern hockenden Poeten wohl manchmal träumen, doch wer mag es sich eingestehen?
Wisława Szymborska erhielt 1996 den Nobelpreis. Danach kam sie auch in die Schulbücher.
Im Publikum sitzt an meinem Leseabend ein Verleger, der einzige Verleger, den ich persönlich kenne, ein netter Nachbar, ein älterer Herr. Kaum habe ich angefangen, das Gedicht vorzutragen, senkt er den Kopf und schließt die Augen. So könne er sich, hat er bei anderer Gelegenheit erklärt, besser konzentrieren. So bleibt er den Abend über. Augen zu und durch.
O Muse, Pegasus,
Engel unter den Pferden.
Und jetzt die letzte Strophe. Wisława Szymborska:

Der Greis in der ersten Reihe träumt behaglich,
seine Verblichene steige aus ihrem Grab und
backe ihm Pflaumenkuchen.
Mit Feuer, mit einem kleinen, sonst könnte der Kuchen
    verbrennen,
fangen wir an zu lesen, Muse.

Ende Wisława. Mein rascher Puls kommt nicht vom Lampen-
fieber. Da sitzt in der ersten Reihe der Verleger, der einzige, den
ich kenne, mit grauer Künstlermähne, geschlossenen Augen und
entspanntem Gesicht, und sieht aus wie der träumende Greis, und
alle anderen Anwesenden denken das wohl auch, seine Frau ganz
bestimmt, die sitzt neben ihm, und sie kann sehr gute Kuchen ba-
cken, und niemals brennt etwas an, da bin ich sicher.
Jetzt schnell meine eigene Geschichte ... Und danke für die
Aufmerksamkeit.
Das Publikum applaudiert. Der Greis in der ersten Reihe öffnet
die Augen. Der Star des Abends. Mein zukünftiger Verleger.
Wer weiß, vielleicht hat er tatsächlich geschlafen. Für meine neue
Geschichte jedenfalls konnte er sich nicht erwärmen. Das gut
gefütterte Publikum flatterte zufrieden von dannen.
O heilige Einfalt!
Ein paar Tage darauf erkundige ich mich. Der Mensch hat einen
Wissenschaftsverlag mit ausgefuchstem Spezialgebiet.
Das erspart uns weitere Peinlichkeiten.
Hören wir niemals auf zu hoffen, Muse.

Recha Jungmann
Meine Art zu schreiben

Schreiben wird für mich zur Besessenheit, wenn ich Gefühle in
Worte fassen möchte und die Worte nie wirklich das auszudrücken scheinen, was meine Gefühle wahrnehmen oder zuinnerst
bewegen. Und doch kann ich nicht aufhören und schreibe und
schreibe; früher waren es Briefe, unendlich viele und viele nie abgeschickt oder mit einem schlechten Gewissen, einem unsicheren
Gefühl, ob ich das, was ich sagen wollte, auch wirklich hinüberbrin-
gen konnte zu der Person, an die es gerichtet war. Ja, selbst wenn
ich Auftragstexte schreibe, oder früher Drehbücher, Exposés,
Kommentare zu meinen Filmen schrieb, waren sie immer an ein
Gegenüber gerichtet. Ich wollte mich mitteilen, unbedingt, und
will es noch. Dies ist wohl die Besessenheit: dass ich mich mitteilen
will ohne je die Sicherheit zu haben, dass ich ankomme, dort auf
der anderen Seite. Ich kann nicht mit der Hand schreiben, es wäre
mir viel zu langsam, meine Gedanken sind schneller und doch
immer noch langsamer als meine Gefühle, denen ich hinterher-

renne mit Worten oder in Worte gebrachten Gedanken, die aus dem Unbewussten aufsteigen, ohne an ein Ende zu kommen.

Schon seit Jahrzehnten schreibe ich in die Maschine, und welche Erleichterung empfand ich beim Schreiben, als ich meine erste elektrische Schreibmaschine besaß, eine IBM, und dann einen Olivetti Schreibcomputer, gegen den ich mich erst gewehrt habe, weil ich doch wenigstens das Verbessern noch mit der Hand machen wollte, das Überkleben von Zeilen, oder ganze Textteile auf einer leeren Seite neu zusammenkleben, diese kopieren und noch mal Worte und Sätze überkleben und noch mal kopieren – dies schien mir noch ein Rest von Sinnlichkeit, mit Geschriebenem umzugehen. Aber auch dieses letzte Bedürfnis nach Handwerk wurde überdeckt von der Möglichkeit, noch schneller schreiben, verändern, verbessern zu können – Texte hin und her schieben, neue Seiten eröffnen, einem Text viele Versionen geben und das Ganze abspeichern zu können. Ich konnte also meine Texte, meine Mitteilungen horten, sicher stellen, ins Unendliche vervielfältigen, ohne dass ich Kisten und Kisten brauchte, um sie zu bewahren. Nun schreibe ich auf einem MacintoshLaptop, inzwischen der dritte. Ein Laptop ist mir lieber als ein großer PC, da bin ich beweglich, ich kann ihn überall mit hinnehmen.

Ich schreibe auch gerne in anderen, wärmeren Ländern, am liebsten in einem Hotel, wo ich ganz für mich sein kann und doch nicht alleine bin. Dies ist für mich Luxus pur, in einem fernen Land, irgendwo am Meer, schreiben zu können, in einem Hotel, das mir das Gefühl von Geborgenheit gibt, allein zu sein und doch unter Menschen, an die mich nichts bindet.

Vor vielen Jahren kam mir ein kleines Büchlein in die Hand von Hélène Cixous: *Die unendliche Zirkulation des Begehrens.* Ich weiß heute gar nicht mehr, was darin steht, nur den Titel weiß ich noch, und dass es um eine weibliche Form des Schreibens geht. Und darin erkannte ich mich wieder, in dieser endlosen Zirkulation des Begehrens, in diesem Schreiben ohne Ende, und selbst wenn ich am Schluss eines Drehbuchs das Wort *Ende* schrieb: nie war es für mich zu Ende, ich schrieb es neu und wieder um und um, bis etwas Neues meine Gedanken beschäftigte, dann vergaß ich das Alte, in das ich so viel Energie gesteckt hatte, an dem ich gefeilt und gefeilt hatte, und feilte an dem Neuen, bis wieder ein Außen mich in eine andere Richtung trieb. Ein Getriebensein ist es wohl, das in meiner Person liegt, das sich auch im Schreiben ausdrückt. Ich nannte mich einmal *eine Besessene*, und mein Gegenüber sagte: *Nicht Besessenheit, Triebhaftigkeit.* Nein, das wollte ich nicht hören, Besessenheit gefiel mir besser, Triebhaftigkeit war mir unangenehm, ich möchte nicht triebhaft sein, *es passt nicht zu meinem Wortschatz, zu meinem Wesen*, sagte ich. Aber vielleicht gibt es kaum einen Unterschied zwischen Besessenheit und Triebhaftigkeit, und doch scheint mir das Erste ein anderes Empfinden auszulösen, und dies ist auch mein Anliegen: Jedes Wort muss meinem Empfinden entsprechen, und dieses Empfinden kann so kleinlich, so genau sein, *es muss stimmen*, wie ich oft sage. Stimmig sein, darum geht es mir, auch im Schreiben, um die Übereinstimmung der Worte mit meinen Gefühlen und/oder Empfindungen; auch wenn ich andere Texte, Bücher lese, bin ich sehr empfindsam, immer spüre ich, wo etwas gewollt ist oder die Sprache eine beliebige, nicht authentisch, nicht lebendig. Aber dieses Echte herzustellen ist kein Leichtes, ich tue mich schwer und mache es mir schwer, und so fällt es mir am leichtesten, drauflos zu schreiben, so schnell ich kann, meinen Gefühlen, Gedanken hinterherschreiben. Doch wenn ich später daran arbeiten, feilen muss, um eben diese Stimmigkeit herzustellen, so ist dies dann ein recht anstrengender und zum Teil auch zäher Prozess. Oft verändere und verbessere ich, bis ich nach Monaten feststelle, dass die erste Version, die schnell geschriebene, grundsätzlich ausdrucksstärker ist, meiner Person entsprechender, d.h. die Sprache des ersten Textes ist eine eigene, während die Veränderungen und Verbesserungen sich oft nach einem herkömmlichen Satzbau richten (zum Beispiel). Und doch ist diese Kleinarbeit, dieses Prüfen auf Schwachstellen im Ausdruck der Worte und Sätze und im Inhalt des Gesagten, ein sehr wesentlicher Teil der Arbeit. Dennoch empfinde ich Schreiben nie als Arbeit, ich kann dabei Zeit vergessen, Sorgen vergessen, oder was mich verzweifelt macht, zu Papier bringen, und dabei entsteht eine Art Reinigung meines Geistes – oder meiner Gefühle? Nie weiß ich, wo der Anfang meiner *Besessenheit* liegt: In meinem Fühlen oder Denken? Sie scheinen sich zu widersprechen, und dies ist wohl die Triebfeder all meines Tuns, und das Schreiben ist mir noch das liebste Tun. Waren es früher Männer, die oft einen unwiderstehlichen Sog auf mich ausübten, so ist es jetzt das Schreiben. Vielleicht, weil ich mich vor einigen Jahren entschieden habe, dies zu meiner eigentlichen Aufgabe zu machen, einer Aufgabe, mit der ich alt werden kann, wo ich nicht wie beim Filmemachen, oder noch schlimmer, bei meinen Arbeiten fürs Fernsehen, von anderen abhängig bin, wo das Geschriebene (Drehbücher, Ideenvorschläge, Exposés, Treatments) nur von einem Redakteur oder Redakteurin gelesen wurden, die meine Energie, die ich da hineingesteckt hatte, in Schubladen verschwinden ließen ohne eine Reaktion, die ein Berührtsein – positiv oder negativ – mir widerspiegelte. *Berühren,* ja, das möchte ich, durch eine Sprache, die ich eine sensible, realistische nennen möchte.

Noch habe ich kein Buch geschrieben, außer Drehbüchern, die aber etwas ganz anderes sind. Zwar habe ich auch dabei schreiben gelernt, mich mit geschriebener Sprache auszudrücken, aber letztlich steht mir jetzt das Vertraute des Drehbuchschreibens im Weg, wenn ich Prosa schreiben will. Ich bin so daran gewöhnt, einzelne Bildsequenzen zu beschreiben und wie sie sich zusammenfügen, dass mir das erzählerische Schreiben schwer fällt, es fehlt mir oft der Zusammenhang, auch inhaltlich.

Vor fünf Jahren habe ich ein Manuskript von zweihundertsechzig Seiten – das ein Buch werden sollte – auf Djerba geschrieben, in nur drei Monaten, in einem kleinen Hotel, in einem Zimmer mit orientalischem Flair, passend dazu der Arbeitstitel: *Der verlorene Traum vom Harem.* Zwei Mal schon habe ich mich Monate an die Überarbeitung dieses Manuskriptes gemacht, doch immer noch stimmt das Ergebnis nicht. Ich habe es ein paar Menschen zu lesen gegeben, die sich mit Büchern auskennen, sie waren in gewisser Weise fasziniert von meiner Sprache oder von dem sehr Intimen, das ich darin zum Ausdruck bringe, und doch war bei allen diese Unsicherheit, ob es ein Publikum dafür gibt, ob das Intime nicht zu intim ist, ob es nicht einer weiteren Überarbeitung bedarf, eines Lektors, der mir sagt, was trägt und was nicht, welche Geschichten rausfallen und welche ausführlicher behandelt werden sollten. Vielleicht trifft ja auf mich und mein Schreiben der inzwischen gebräuchliche Satz zu: „Der Weg ist das Ziel".

Bettina Ahrens
Schreiben als Dialog

In der Lebensphase, in der plötzlich ein unendlicher Kommu-
nikationsfluss in Gang kommt – vor allem bei Mädchen –, gibt es
Situationen, in denen man nicht reden oder miteinander kichern
darf: im Schulunterricht. Der Kommunikationsdrang jedoch lässt
sich einfach nicht stoppen, und so wird auf Papier ausgewichen,
auf Zetteln geredet. Situationsbeobachtungen wie „warum der
Lehrer doof ist", komplexe Beziehungsprobleme wie „A hat mich
vorgestern (nicht) angeguckt", werden ausufernd und detailliert
ausgetauscht und besprochen – in schriftlicher Form. Wie bei E-
Mail-Wechseln, wenn man immer wieder auf „Antworten" klickt,
wird der Text länger und länger – falls das Blatt groß genug ist.
Auch nach der Pubertät verliert sich das nicht unbedingt.
Später, wenn es vielleicht gar nicht mehr nötig wäre, ist für
viele das Ordnen der Gedanken in schriftlicher Form einfacher,
beispielsweise bei Auseinandersetzungen. Und so werden lange
Briefe verfasst – vor allem von Frauen –, an Freundinnen. Aber sie
schreiben auch in Beziehungen, an die Kinder. Nicht unbedingt
romantische Liebesbriefe, sondern Briefe, um alles Mögliche
auszudiskutieren. Diese Ausdiskutierbriefe werden nicht zwangsläufig beantwortet, und so manch eine sehnt sich sicher nach
den kommunikationsfreudigen Pubertätsfreundinnen zurück.
Aber sogar ohne Antwort scheint das schriftliche Diskutieren
Beziehungsstress erträglicher zu machen. Heute sind es nicht
mehr unbedingt Briefe, an ihre Stelle sind E-Mail-Wechsel, Chats
und SMS-Plaudereien getreten.

Liebesbriefe sind natürlich auch eine wichtige Form des Dialogs.
Die Gefühle des anderen in schriftlicher Form, welch ein Glück.
Die eingegangenen Liebes-SMS von neuen Liebhabern oder
Liebhaberinnen werden so lange gespeichert, bis es nicht mehr
geht, und dann, wenn sie gelöscht werden müssen, schreibt man
sie vorher säuberlich ab, inklusive aller Küsse und Herzchen,

310

mit der Hand, vielleicht in ein kleines edles Notizbuch. Man will diese Liebesworte einfach nicht verlieren, selbst die im Telegrammstil nicht. Vielleicht fürchtet man, sonst auch die Gefühle des anderen zu verlieren. Außerdem hat man diese schriftlichen Notizen später als Beweis der Liebe des anderen, falls die sich wider Erwarten verflüchtigen sollte – aber daran denkt man beim Abschreiben natürlich noch nicht. Man schreibt keine eigenen Briefe, sondern die eines anderen ab, vielleicht mit der gleichen Intensität der Gefühle. Und dann sitzt man so manches Mal abends im Bett und liest mit glücklichem Schauder diese abgeschriebenen Liebesworte, im innerlichen – erotischen – Dialog mit dem/der gerade nicht anwesenden Geliebten.

Peinlich nur, wenn sie ein anderer findet, für dessen Augen sie nicht bestimmt sind, wenn diese neue Liebe vielleicht in eine alte einbricht, die schriftlichen Mitteilungen ein Dokument der Untreue, doch das wäre ein anderes Thema ...

Elke Heinemann
Die Dichterin. Eine Art Porträt

Die Dichterin sitzt und spitzt Stifte und Ohren, allzeit bereit, der
Stimme ihres Hirns zu folgen, dessen dunkle Gänge (so stellt sie
sich das vor) zu allerhöchsten Höhen führen, wo ihr Flehen um
Ideen erhört werden mag von jenem Geist, der sie nicht verlassen
soll. (Doch nur sie selbst, bemerkt ein nicht zufällig hier anwe-
sender Kreativitätsforscher, sieht man in traumdurchtoster Nacht
durch das finstere Gefängnis ihres Schädels irren wie durch einen
romantischen Schauerroman.) Die Dichterin weiß davon nichts,
sie weiß nur, dass sie nichts wissen soll, will und kann über das,
was sich in ihrem versiegenen Oberstübchen abspielt, nicht bei
Tag und nicht bei Nacht. Ein neurologischer Defekt (sagt der
Kreativitätsforscher), der „Dichtung" heißt, weil hier mit der
Urkraft des Sisyphos versucht wird zu dichten, was sich nicht
dichten lässt, die Kindheitswunde nämlich, die die Dichterin von
allem und allen anderen trennt, von den biederen, für Zeugung,
Wartung und Pflege kunstproduzierender Personen denkbar
ungeeigneten Mittelschichtseltern selbstredend, von der omnipo-

tenten und -präsenten Mama (schon blickt man von der Galerie auf sie herab, wie sie im Zirkusrund die Peitsche schwingt), vom schwachsinnigen Papa (Logorrhöeiker von Geburt, dessen leeres Geschwätz zu schizophrener Sprachmanie mutiert) und last but not least von sich selbst. (Und der Geist, wo bleibt der Geist?, mag man sich fragen, doch vergeblich, denn er hat sich aufgegeben, heißt es.) Ganz willkürlich vollzieht sich die Dichtung (sagt der Kreativitätsforscher) ohne den Willen der Dichterin, der genauso unfrei ist wie die Gedanken, die sie unfreiwillig kopiert. Könnte ich doch, denkt die Dichterin, Sätze voll Pathos und Melancholie empfangen wie jener Schriftsteller, der den Nachmittag eines Schriftstellers beschreibt. (Man stelle sich stattdessen als Titel „Nachmittag einer Dichterin" vor, der, so stellt sich die Dichterin vor, einen Beitrag in einer Damenzeitschrift überschreiben könnte, in der man das Arbeitszimmer (habitare) der aus Anlass des Artikels schlicht-elegant eingekleideten Autorin (PRADA) vierfarbig präsentiert, ihre zahme Sprechdohle Inge Borg und last but not least den hurtigen Mops Marzel. Auch könnte es ein Kapitel in einem verschollenen Roman der Droste sein, grübelt die Dichterin weiter, in dem ein durch gotische Fensterbögen schießender Sonnenpfeil den Geruch des Siegellacks jenes auf dem Kirschholzsekretär liegenden Briefes atomisiert, der unvermeidlich zu Missverständnissen führen wird und somit zu weiteren Romankapiteln – schön, schön war die Zeit ...) Wenn der Schriftsteller also an einem Nachmittag seine Prosa nicht nur mit dem zuckenden Schatten eines Vogels zu beleben versteht, sondern auch mit Hundegebell, den Geräuschen von Motorsägen und Lastkraftwagen, Schreien und Pfiffen aus Schul- und Kasernenhöfen, kurz, mit Dissonanzen des Alltags, die jeden normalen Menschen nach Ansicht der Dichterin allmählich und gründlich in den Wahnsinn treiben können, dann mag er sich zu Recht demütig vor dem Blatt verneigen, bevor er seinen Weg durch das Leben außerhalb der Kunst aufnimmt. Die Dichterin ringt derweil innerhalb der Kunst um jedes klang- und/oder sinnstiftende Wort, das dem Leben Schönheit und/oder Bedeutung geben könnte, um sich als dann mit zum Gebet verschlungenen Fingern dem Blatt zu Füßen zu werfen. Und während der Schriftsteller mit dem Leben und der Kunst Frieden schließt, der örtlichen Kapelle eine Glocke stiftet und vor sich selbst erbebt, ohne dass jemand auch nur ein wenig Selbstironie von ihm forderte, schreibt die Dichterin flugs Postkarten an einen unvermeidlich unerbittlichen Geliebten, der leider kein idealer, sondern ein bestsellerverwöhnter Leser ist und damit viel zu alltäglich für Musenküsse. Die Form erlaubt ihr, ich zu schreiben und ich zu meinen, obwohl sie sonst dazu neigt, ich zu schreiben ohne ich zu meinen, während der Schriftsteller sein zögerliches, generell zum Abbrechen im Leben und in der Kunst neigendes Wesen zwar nicht „Ich als Schriftsteller" nennen möchte, es aber immerhin „Schriftsteller als ich" nennen kann und dies auch ohne zu zögern oder abzubrechen tut. So viel für heute über den kleinen Unterschied zwischen Leben und Kunst, Frau und Mann, Dichterin und Schriftsteller. Oder dürfen es vielleicht doch ein paar Zeilen mehr sein? Dann werfen wir noch einen Blick in die Karten, die die Dichterin an den unvermeidlich unerbittlichen Geliebten schreibt, den sie mit Wucht in das Ohnmachtsmuster ihrer Kindheit presst, indem sie ihn ohne sein Wissen, Zutun oder Bestreben auf den elterlichen Thron hievt, ein Supermann als Super-Ego, dem sie ihren Körper und ihre Kunst zum Opfer bringen will. Ein schönes Haus möchte sie für ihn aus den Karten bauen, ein Einehehäuschen, das er mit Leichtigkeit zerstören wird. Doch unerfüllte Leidenschaft erfüllt die Dichterin mit umso größerer Schaffenskraft. Eifrig sucht sie nach einer Sprache der Liebe, um Hoch- statt Missachtung zu erzielen. Muss sie doch (so erläutert der Kreativitätsforscher) ihr Dasein schwarz auf weiß unter Druck beweisen, und zwar sowohl dem unvermeidlich unerbittlichen Geliebten als auch den literarischen Moden, Märkten, Meinungsmachern und Machthabern, den biederen, für Zeugung, Wartung und Pflege kunstproduzierender Personen denkbar ungeeigneten Mittelschichtseltern und last but not least sich selbst, selbst wenn sie nicht weiß, wer sie selbst ist. Wer bin ich?, fragt die Dichterin ihr Spiegelbild. Aber ihr Spiegelbild antwortet nicht. Erkenne dich selbst!, sagt die Dichterin zu ihrem Spiegelbild. Selbsterkenntnis ist der erste Schritt zur Erkenntnis, so wie Selbstgemachtes der erste Schritt zur Macht ist. Deshalb will die Dichterin machen, was sie noch nicht gemacht hat. Einen Roman, zum Beispiel, etwas Eingemachtes, das man zu allen Jahreszeiten im Haus hat, eine Buchstabensuppe, die sie umso mehr begehrt, ist sie wieder aufgewärmt. Von Krieg und Frieden ist die Rede, von Schuld und Sühne wie in allen Romanen in der Geschichte des Romans. Die Dichterin erfährt dabei die ferne Lenkung durch das Wort, die übrigens auch dem Schriftsteller bekannt ist. Kaum wagt sie es, das Blatt mit Zeichen zu bedecken, wenn eine Stimme von außen auf sie einzureden scheint, obwohl sie laut und deutlich in ihrem Innenhirn ertönt. Nicht die Dichterin ist es, die spricht, aber sie ist es, die schweigt, wenn der unvermeidlich unerbittliche Geliebte, der leider kein idealer, sondern ein bestsellerverwöhnter Leser ist, die literarischen Moden, Märkte, Meinungsmacher und Machthaber und last but not least die biederen, für Zeugung, Wartung und Pflege kunstproduzierender Personen denkbar ungeeigneten Mittelschichtseltern sie mit Schmutz bewerfen, der ihr von nun an, wie nach einem bösen Fluch, statt Sprache aus dem Mund zu quellen scheint. Verloren sind die Wörter, verlassen ist sie von ihrem Geist und von allen guten Geistern sowie von den biederen, für Zeugung, Wartung und Pflege kunstproduzierender Personen denkbar ungeeigneten Mittelschichtseltern, vergessen wird sie vom unvermeidlich unerbittlichen Geliebten, den literarischen Moden, Märkten, Meinungsmachern und Machthabern und last but not least von sich selbst. Ihr Leben könnte nun so enden wie berühmte Romane beginnen, aber da zwängt sich die always tückische deutsche Sprache erneut zwischen Leben und Kunst, zwischen Kunst und Dichterin und last but not least zwischen Leben und Dichterin und fordert von ihr einen neuen Anfang vom Ende her.

Autorinnen und Autoren:

Ahrens, Bettina, geboren 1954, lebt als Journalistin und Schriftstellerin in Dortmund.

Ananda, geboren 1982, Studium Wirtschaftsingenieurwesen, Auslandsaufenthalte u.a. in den USA und in Peru, lebt in Süddeutschland.

Becker, Ute, geboren 1942, Autorin und Künstlerin in Berlin. Dipl. in Kommunikations- und Wirtschaftswerbung. Mitbegründerin der Alternativen Liste für Demokratie und Umwelt Berlin.

Berndl, Klaus, geboren 1966. Promotion 2001. Freier Schriftsteller und Übersetzer in Berlin. Eine Studie über die preußische Zensurverwaltung 1640-1819 ist in Arbeit und erscheint demnächst. Bis dahin siehe Klaus Berndl: „Ernst Ferdinand Klein (1743-1810). Ein Zeitbild aus der zweiten Hälfte des achtzehnten Jahrhunderts." Münster, Lit, 2004.

Berr, Annette, geboren 1963, Schriftstellerin und Chansonsängerin. Bücher u.a.: „Orgasmusmaschine" (Erotische Erzählungen, 2000), „Orpheus und Sibirien" (Roman, Neuauflage 2003), „Ein Wimpernschlag, der Fallbeil ist" (Gedichte und Lieder, 2004), Schwarzes Öl (Erotik-Thriller, 2006). www.annetteberr.de

Bertram, Nika, geboren 1970 in Aachen, lebt seit 1989 in Köln. Extrem-Anglophilistin und Literatur-Geek. Studierte Anglistik und Informationswissenschaften und arbeitete u.a. im British Council, als Journalistin und EDV-Dozentin. Prosa, Hörspiel, Digitale Literatur. Für ihren ersten Roman „Der Kahuna Modus" (Eichborn, 2001), inkl. Fiction Game und MUD, wurde sie mehrfach ausgezeichnet. Rolf-Dieter-Brinkmann-Stipendium 2000, Stipendium der Arno-Schmidt-Stiftung 2002. Zuletzt erschienen: „Tokai Punch" (Prosa, Eichborn, 2005) und „Frau Venus ist zu meiden" (Prosa, Janus, 2004).

Casper, Sigrun, geboren 1939 in Kleinmachnow. Lebt in Berlin. Romane und Erzählungen, zuletzt: „Zweisamkeit und andere Wortschätzchen" (2004), „Eine andere Katze" (2005).

Dietmann, Ulrike, geboren 1961 in Würzburg, Arbeit als Theaterregisseurin, Veranstalterin, Dramaturgin. Studium „Szenisches Schreiben" an der Hochschule der Künste Berlin bei Heiner Müller, Tankred Dorst, Yaak Karsunke. Ab 1994 Freie Autorin. Theater. Hörspiel. Prosa. Drehbuch, lebt in Calw. Liebesheftromane (Panini-Verlag) unter Pseudonym u.a.: „Küsse in der Toskana" (Chrystal Walter), „Ich kann dir nicht widerstehen, Antonio" (Olympia Hunter). Preise und Stipendien, u.a. Jugendhörspielpreis des MDR für „Spiel mir das Lied vom Leben", Stipendium der Friedrich Naumann-Stiftung. Mitglied bei DeLiA- Vereinigung deutschsprachiger Liebesromanautorinnen. www.ulrikedietmann.de

Fedderke, Dagmar, aufgewachsen in Norddeutschland, Kunststudium an der HdK, Hamburg, Bühnenbilder, Ausstellungen. Sie lebt in Paris, Romane und Erzählungen, u.a. „Die Geschichte mit A." (8. Auflage 2005), „Rendezvous de Charme" (2003)

Fehse, Wolfgang, geboren 1942 in Nürnberg. Zwanzig Jahre Taxifahrer. Seit 1987 freier Schriftsteller, u.a. „Der Bergrutsch ruft" (Limerick), „Die Bunker bei Port de Miramar" (Prosa, Lyrik).

Göbel, Elisabeth, geboren 1939 in Kleinmachnow, Arbeit als Journalistin für Tages- und Wochenzeitungen. Reisebuch „Polonia, du Schöne", Roman „Die Kurgänger".

Günther, Florian, 1963 in Berlin-Friedrichshain geboren, lebt dort. Nach abgeschlossener Druckerlehre diverse Tätigkeiten als Friedhofsgärtner, Anstreicher, Chauffeur, Paketsortierer, Bauarbeiter, Lager- und Fließbandarbeiter, Buchverkäufer, Punksänger, Grafiker, Pizzafahrer, Fotograf ... Veröffentlichungen seit 1993, u.a. in: „Taschenbillard", „Nuttenfrühstück", „Dicker Max & Co.", „Dusel", alle Edition Lükk Nösens.

Haarmann, Claudia, geboren 1963 in Hagen, Studium der Sozialarbeit (Berlin), Forschungsstipendium, Studienorganisation an der HU, veröffentlicht seit 1998.

Heinemann, Elke, geboren 1961, Promotion, Henri-Nannen-Schule, Schriftstellerin und Journalistin in Berlin, „Der Spielplan. Ein Liebesroman", Frühjahr 2006, Edition Nautilus.

Herbst, Alban Nikolai, geboren 1955 in Refrath, studierte Philosophie, arbeitete u.a. als Broker, lebt in Berlin. Bücher u.a. „Meere" (marebuchverlag 2003, z.Z. verboten), „Die Illusion ist das Fleisch auf den Dingen" (2004). Grimmelshausenpreis für „Wolpertinger und das Blau" (1995), Phantastik-Preis der Stadt Wetzlar für „Thetis. Anderswelt" (1998). www.albannikolaiherbst.de

Holtkötter, Stefan, geboren 1973 in Münster, lebte auf einem Bauernhof in Westfalen, bis er nach Berlin zog, wo er heute als Berater und Motivationstrainer für Arbeitslose und als Barkeeper in einer Kreuzberger Nachtbar arbeitet. Er plant eine erfolgreiche Karriere als Krimiautor. „Fundort Jannowitzbrücke" (Piper, 2005)

Jungmann, Recha, geboren 1940, Schauspielerin und Filmemacherin, zurzeit in Okinawa, Japan.

Kempker, Kerstin, geboren 1958 in Wuppertal, lebt in Berlin; leitete das Weglaufhaus und schrieb psychiatriekritische Bücher; seit 2002 freiberuflich. Veröffentlichungen und Preise in DE, AT und CH. 2005 Sylt-Stipendium. www.kerstin-kempker.de

Lange, Britta, ist Kulturwissenschaftlerin und hat 2005 an der Humboldt-Universität zu Berlin promoviert. Zurzeit arbeitet sie als Postdoctoral Research Fellow am Max-Planck-Institut für Wissenschaftsgeschichte in Berlin. Veröffentlichungen bisher unter anderem: „Einen Krieg ausstellen. Die ‚Deutsche Kriegsausstellung' in Berlin 1916" (Berlin 2003). Im Frühjahr 2006 wird ihr Buch „Echt. Unecht. Lebensecht. Menschenbilder im Umlauf" im Kulturverlag Kadmos (Berlin) erscheinen.

Leweir, Litt, geboren 1962, aufgewachsen im tiefsten Südwesten, nicht weit von Freiburg. Seit 1984 in Berlin. Im Brotberuf Sekretärin. Veröffentlichungen: diverse Geschichten, u.a. in „Mein lesbisches Auge" (Konkursbuch), „Sappho küsst die Sterne" und „Bisse und Küsse" (Querverlag) und der Kurzroman „Brook Steinberg" als BOD. In „Verehrte Frau Leweir" haben einige Figuren aus den veröffentlichten Texten einen Kurzauftritt. Mehr: www.textraeume.de

Lotter, Cornelia, geboren 1959 in Weimar, Lehrerstudium 1976-1980, Schuldienst 1980-1982, Altenspflegeheim 1982-1984, Übersiedlung nach Tübingen 1984. Seit 1987 Arbeit als Sekretärin. 1993 Geburt eines Sohnes.

Maiwald, Salean, Psychologie- und Kunststudium in Tübingen, lebt in Berlin als Autorin und Malerin. Mitglied der jüdischen Künstlergruppe MESHULASH, Redaktionsmitglied von GOLEM. Essays, Erzählungen und Lyrik. Bücher u.a.: „Von Frauen enthüllt, Aktdarstellungen durch Künstlerinnen vom Mittelalter bis zur Gegenwart"; demnächst erscheint der Portraitband über deutschstämmige Juden in Israel.

Paul, Ina, geboren 1935 in Berlin, Hochschule für Filmkunst Potsdam-Babelsberg, Dramaturgin beim DFF, künstl. Leiterin im DEFA Studio für Synchronisation. Letztes Buch „Auf und davon" (2004).

Popp, Maria, geboren 1960 in Alzey, lebt als Journalistin in Basel, Veröffentlichungen von Lyrik seit 1982 in Anthologien und Zeitschriften

Penzel, Matthias, Jahrgang 1966. Kindheit in Mainz, Straßburg, Kaiserslautern und Ludwigshafen. Als Journalist zehn Jahre in London, seit 2001 in Berlin. Artikel über Literatur in Rolling Stone und Frankfurter Rundschau, Hörfunk und andere. Veröffentlichungen in Anthologien und Songtexte für Udo Lindenberg. 2004 der Rock'n'Roll-Roman „TraumHaft" (Schwartzkopff Buchwerke, Berlin) und die Jörg Fauser-Biografie „Rebell im Cola-Hinterland" (mit Ambros Waibel, Edition Tiamat, Berlin). Zurzeit Arbeit an „Der Tod in Venice Beach", einem biblischen Formel-1-Roman in zehn Runden

Rabsch, Udo Oskar, Autor und Arzt, Stuttgart. Veröff. Theaterstücke und bisher sechs Romane. In Vorbereitung: Maria Rosenfeld. Div. Literaturpreise. Finalist des Alfred-Döblin-Preises 2003. Text ist eine Gesprächsmitschrift (mit den Herausgeberinnen).

Rathenow, Lutz, 1952 in Jena geboren, 1973-75 Gründer des Arbeitskreises „Literatur in Jena" (bis zum Verbot), Studium Deutsch/Geschichte in Jena. 1977 Ausschluss vom Studium aus politischen Gründen. Übersiedlung nach Ostberlin. Konspirative politische Arbeit in der und gegen die DDR. 1980 Verhaftung und Ermittlungsverfahren wegen des ersten nur im Westen

317

erschienenen Buches „Mit dem Schlimmsten wurde schon gerechnet". Lyriker, Kinderbuchautor, Satiriker, Prosaist, Essayist, Rundfunkkolumnist. Etwa 15.000 Seiten Stasi-Akten als ambivalentes Erbe aus DDR-Zeiten. Zuletzt erschien: „Gewendet – vor und nach dem Mauerfall: Fotos und Texte aus dem Osten" (Jaron Verlag, Berlin 2006, mit Fotos von Harald Hauswald), „Gelächter, sortiert", (Gedichte, Landpresse Verlag 2006).

Reimann, Andreas, 1946 in Leipzig geboren, 1959 erste Gedichtveröffentlichungen, Schriftsetzerlehre, 1965 Beginn Literaturstudium, 1966 Exmatrikulation, 1968–1970 Gefängnis wegen „staatsgefährdender Hetze". Transportarbeiter, Brauereihilfsarbeiter, Buchhalter. 1973 Kinderbuch, 1975, 1977 Gedichtbände. Veröffentlichungssperre, Arbeit für Chansoninterpreten und Rockgruppen. Bücher ab 1990 u.a.: „Die männlichen Zeitalter. Liebesgedichte" (2001), „Zwischen den untergängen. Gesammelte Gedichte" (2004). Stipendien und Ehrungen. www.andreas-reimann.net

SAID, geboren 1947 in Teheran, kam 1965 nach München. Vielfach ausgezeichnet. 2000 wurde er zum Präsidenten des deutschen Pen-Zentrums gewählt. Bücher u.a. „Sei Nacht zu mir. Liebesgedichte" (1998), „Dieses Tier, das es nicht gibt. Ein Bestiarium" (2000), „auf den leib" (mit Fotos von J. Dummler, 2004) www.said.at

Sauer, Ingrid-Maria, 1969 in Schleswig geboren. Studium Anglistik und Geschichte in Berlin und Manchester. Lebt in Berlin. Medienredakteurin in einem Verlag für Bildungsmedien. Prosa in Anthologien und Zeitschriften. 2003 Endauswahl im Literareon-Kurzgeschichtenwettbewerb und Präsentation auf der Leipziger Buchmesse. 2004 2. Preis im Woyzeck-Literaturwettbewerb.

Scholz, Angelika, ist nicht schreibsüchtig. Dafür liest sie zu gern. Sie lebt mit Frau und Kind in Hamburg. Ihr erster Roman heißt „Wünsch dir was" (Orlanda, 2005). Momentan kämpft sie mit ihrem ersten Krimi. Wer dabei gewinnt, ist noch ungewiss. Mehr: www.angelikascholz.de. Ach ja, ihr Schreibtisch ist nicht immer so ordentlich.

Sofronieva, Tzveta, geboren in Bulgarien, Stipendien u.a. Villa Aurora, Los Angeles und Schloss Solitude, Stuttgart, auf allen Kontinenten gereist, wohnt in Berlin und Sofia. Gedichte, Erzählungen und Essays in mehreren Sprachen, mehrere Gedichtbände.

Stötzer, Gabriele, 1953 in Emleben geboren, Medizin. Techn. Assistentin, Abitur auf Abendschule, 1973 Heirat, Studium an der Päd. Hochschule Erfurt (Deutsch/Kunsterziehung), Exmatrikulation im letzten Studienjahr wegen „Verunglimpfen des Ansehens der Hochschule", Bewährung in der Produktion, 1977 ein Jahr Knast wegen „Staatsverleumdung" in der „Mörderburg" Hoheneck, dann Arbeit als Sachbearbeiterin in Schuhfabrik „Talismann", Scheidung. Aktzeichnen und Weben in einer Gruppe um zwei besetzte Häuser in Erfurt, Leitung der „Galerie im Flur" bis zum Verbot 1981, Teilnahme und Organisation von Pleinairs in Hüpstedt (Eichsfeld) bis zum Verbot 1982, schreiben und intensiver Kontakt zur Prenzlauer Berg Szene, Untergrundlesungen, -veröffentlichungen, Fotos, Filme. Ab 1984 Musik in Punkkellern, Organisierung von Punkausstellungen in Abrisshäusern, Auftritte als Gruppe „eog" (erweiterter Orgasmus), 1989 Nominierung zum Klagenfurtwettbewerb, erstes Buch „zügel los" (Aufbauverlag), Gründung der Bürgerinneninitiative Erfurt, Stürmung der Stasi in Erfurt, 1990 Reisen, Gründung Verein „Kunsthaus Erfurt". 1992 Rehabilitation und Zuerkennung des Diploms, Aushändigung der Stasiakten. Lesungen in USA und Europa, Poetik-Vorlesung an der Universität Jena, Stipendien, Ausstellungen, Performanceauftritte, Bücher. Arbeitet für mdr und Tageszeitungen. „Ich bin die Frau von gestern", Büchergilde, Frankfurt am Main (2005)

Tawada, Yoko, 1960 in Tokyo geboren, lebt in Hamburg, schreibt auf Deutsch und Japanisch. Ihr erstes Buch, „Nur da wo du bist da ist nichts", erschien 1987, seitdem viele Buchveröffentlichungen in Deutschland und Japan, zuletzt „Das nackte Auge" (2004). Theaterstücke, zuletzt „Was ändert der Regen an unserem Leben? Ein Libretto" (2005), viele Stipendien, Auszeichnungen und Literaturpreise, u.a. Akutagawa-Sho, Tübinger Poetik-Vorlesung „Verwandlungen" („Die Schrift der Schildkröte" war Teil einer Vorlesung), zuletzt Goethemedaille (2005).

Uske, Holger, geb. 1955 in Riesa, seit 1959 in Suhl. Erste literarische Arbeiten und Lieder 1972/73. Studium der Gerätetechnik, 1979 bis 1990 im Elektrogerätewerk Suhl. 1980 bis 1982

Etablierung der „Lesebühne" in Suhl. Seit 1985 eigene literarisch-musikalische Programme, zuletzt „Zwielicht" (Premiere 2003). 1990 bis 1993 Redakteur bei Thüringer Wochen- und Tageszeitungen. Seit Gründung 1990 Vorsitzender des Südthüringer Literaturvereines. Seit 1993 Pressesprecher bei der Stadtverwaltung Suhl. Verheiratet, zwei erwachsene Söhne. Zahlreiche Veröffentlichungen, zuletzt u.a. „Zwielicht", Erzählungen, Verlag Die Scheune Dresden 2003, Lesungen und Auftritte im In- und Ausland.

Viccaro, Erminia, 1957 in Turin (Italien) geboren, lebt seit 1977 in Deutschland. Bisherige Veröffentlichungen: Preis beim Kurzgeschichtenwettbewerb der taz zum Thema „Strand" (2003), Beiträge im Jahrbuch der Erotik „Mein heimliches Auge" (2003, 2005), „Mein lesbisches Auge" (2004), sowie in der Anthologie „Bisse und Küsse" (Querverlag, 2004) und „Strandgeschichten" (Schiler-Verlag, 2005). Auszüge aus meinem (unveröffentlichten) Roman „Ein Loch im Himmel – Un buco nel cielo" sind in der Sendung „Hörrausch" (Radio Tide) im Juni 2005 vorgelesen worden. Schreib-Schwerpunkte Migration und ungewöhnliche Geschlechtsidentitäten.

Waffender, Corinna, geboren 1964, Literaturwissenschaftlerin, lebt als Autorin, Übersetzerin und Dozentin vorwiegend in Berlin. Seit 1983 Veröffentlichung von Prosa und Lyrik. Literarische Auszeichnung des Autorinnenforums Rheinsberg 2000. Finalistin beim Alfred-Döblin-Werkstatt-Preis 2005. Romane: „Zwischen den Zeilen" (2002), „Schnitt. Minutenromane" (2005). Herausgeberin der Anthologie „Kanzlerinnen, schwindelfrei. Über Berlin." (2005).

Wessel, Claudia, studierte Amerikanistik und Medienwissenschaften, Redakteurin bei der Süddeutschen Zeitung, drei Kinder. „Zu dritt" (Erzählungen, 2004), „Affäre" (Roman, 2005).

Wirz, Mario, geboren 1956 in Marburg, aufgewachsen in Frankenberg. Nach dem Abitur Schauspielausbildung in Berlin. Engagements als Schauspieler und Regisseur. Er lebt seit 1988 als freier Autor in Berlin. Werke: „Es ist spät, ich kann nicht atmen. Ein nächtlicher Bericht." (1992), „Biographie eines lebendigen Tages" (Erzählung, 1994), Mario Wirz/Rosa von Praunheim, „Folge dem Fieber und tanze, Briefe zwischen Alltag, Sex, Kunst und Tod" (1995), „Umarmungen am Ende der Nacht" (Erzählungen, 1999). Lyrikbände: „Ich rufe die Wölfe" (1993), „Das Herz dieser Stunde" (1997), „Sieben Leben hat die Woche" (2003); 1991: Erster Preis des PEN-Club Liechtenstein; 1997: Förderpreis des Landes Brandenburg

Wöhe, Sandra, geboren 1959 als Tochter einer Indonesierin und eines Holländers in den Niederlanden. Krankenschwester und Publizistin, seit 1999 Autorin. Erster Roman „Lass mich deine Pizza sein" 2003. Roman für die Reihe „Liebesleben" in Vorbereitung für Herbst 2006.

Herausgeberinnen:

Gehrke, Claudia, geboren 1953, Verlegerin in Tübingen, eigene Publikationen in Kunstkatalogen und Zeitschriften.

Nössler, Regina, geboren 1964, lebt als freie Autorin und Lektorin in Berlin. Letzte Veröffentlichungen: „Alltag tötet – Geschichten über die Liebe" (2003), „Dienstagsgefühle" (Roman, 2005).

Bildnachweise:

Cover: Pedro Fausto, lebt auf La Palma, Ausstellungen und Kataloge, www.pedrofausto.com
S. 5 Architektur: R. Köberl/M.Tschapeller, Foto: L. Schaller, Grafik: K. Höretzeder (Bücher Wiederin, Innsbruck)
S. 10 Anja Müller, aktuelles Fotobuch: „ichdich" (Frühjahr 2006) www.anja-mueller-fotografie.de
S. 15 Suse Dukes
S. 32, 208, 227, 239 tomboy62, Tom Grosse, Berlin. www.tomboy62.de
S. 161 Reiner Pfisterer, www.reinerpfisterer.de
S. 183 Correggio, 18tes Jahrhundert
S. 253 Pedro Fausto
S. 311 Boucher, Marquise de Pompadour, 1756
Alle Schreibtischfotos: die Autoren und Autorinnen.
Weitere Abbildungen: Archiv der Herausgeberinnen.